侦探政治

理解18世纪法国史

张弛 著

ZHEJIANG UNIVERSITY PRESS
浙江大学出版社

CONTENTS

导　言

　　本书收录的论文，大体上完成于博士论文出版后五年内。我在博士论文阶段研究法国革命，之后关注点转向了旧制度，不过也只限于1715—1789 年这一阶段，未敢延伸到 17 世纪，这主要是为了避免知识缺漏。其实，也谈不上研究，只能说是边读边学。读书从来全凭兴趣。兴趣固然是最好的老师，但有时也会很盲目。而且，研究和读书实在是两件不同的事。研究有规范，有门槛。读书则随性且惬意。读很多，未必做得好研究，因为多读书是做研究的必要条件，但不是充分条件。要做出系统的、扎实的研究，必须要有目的地、有计划地集中阅读，要摒弃感情，限制兴趣，克制激情，对原书的分析持批评态度。对我这样一位对书持有拜物教崇拜的人来说，这是一件很痛苦的事。随着年纪增长，对现实关切加深，我意识到，必须要放弃对这种拜物教崇拜，需要带有一定现实功用主义的立场进行思考，而不是一味地畅游在好奇中。好奇心尽管从未丢失，对新知识永远怀着孩童一样的热情，但是自己知道，毕竟要有所节制。本书其实就是这样一个摸索、摇摆阶段的产物。我试图从政治与文化、制度和思想等几个方面，来理解18 世纪法国如何由绝对君主制国家转变为现代国家。所得很有限，思考也不成熟，仅供批评。

本书第一部分是政治制度史的研究，是我博士论文研究问题的延伸。当时决定研究 1792 年 8 月—10 月这段时期，只不过想要理解，一个从事实上摆脱了 600 年君主制（尽管尚未在宪法上认可），但又没有确立新政体的民族，在短短六七周时间里，是如何感受，如何行动的。博士论文做了一些研究，很浅薄，因为材料不够，也因为对观念的转型了解不足。另外，还需要考察制度问题，所以，绝对君主制的发展与创立及其在革命时期经历的转型，是无法回避的问题。因此，写完博士论文后，有一段时间，我集中阅读了关于绝对君主制的研究。考察这个问题，还有着另一层考虑，与读托克维尔的《旧制度与大革命》有关。这本书前几年在国内很热，讨论很多。托克维尔的不少观点，不仅影响了普通读者，而且对学界理解旧制度法国的历史也有不小影响。毋庸置疑，《旧制度与大革命》充满了洞见，但是他在书中陈述的某些历史事实，是否有代表性？另外，又应当在什么样的思想背景中理解他的观点？这些问题一直困扰着我。在研究革命恐怖统治时，我发现托克维尔的判断与历史不符的情况并不少见。比如他认为就中央集权的发展而言，大革命是旧制度的延续。但实际上，革命初期的情况很特殊，民众反对督办官，要求直接参与政府管理的呼声很高。勒费弗尔在《法国革命史》中一针见血地指出：路易十六的臣民所希望的与其说是掌握中央政权，不如说是争取地方自治。而且，这也得到了制宪议会的认可。代表们有他们自己的考虑，他们对以国王为首的中央政府始终不信任，所以下放行政权，是利用民众监督官员，利用地方监督中央的手段。这一情况，同托克维尔以及以弗雷为代表的"修正派"的观点大相径庭。所以，如果上述理解正确，那么有几个相关问题需要进一步研究：首先，既然反对"专制最可怕的代理人"在革命前就已经成为普遍呼声，那么绝对君主制在18世纪，尤其是在18世纪后半叶到底经历了一个什么样的发展过程？其次，如果1789年的改革废除了旧制度的中央集权体制，那么该如何理解革命时期新确立的体制，这种体制与绝对君主制有何区别？这是本书第一部分的主旨。

中文学界对"绝对主义"或"绝对君主制"的理解至少存在两个主要缺陷。第一是对这个术语本身存有误解。absolutism 经常被译作专制，absolutist monarch 则被译成专制君主制。在佩里·安德森的《绝对主义国家的系谱》中译本问世后，类似的错误依旧存在。第二，学界对绝对主义的理解，受托克维尔的影响太深，所以常常把绝对君主视为无所不能、无所不管的全权君主，作为君权的代表的督办官（intendant）更被视为地方的宰制者，是拿破仑所设省长的前身。在《旧制度与大革命》中，托克维尔提到过一个例子，几乎成为中文学界论证中央集权的经典个案。托克维尔说道：巴黎领导一切，洞悉一切，结果地方连修缮本堂神父住所的要求都要上报中央，而且往往要等两三年才能获批。我一直很好奇：托克维尔从何处知道这个情况？他说的是一般情况，还是特指某一具体情况？因而我想要弄清楚，旧制度时期，地方与中央到底是什么关系。此外更想要追根溯源，还原《旧制度与大革命》的思想语境。这就是写《从国家中心到社会合作：法国绝对君主制研究路径及其转向》一文的目的。这一章试图在学术史和思想史两条脉络下理清"绝对主义"这一概念的生成与发展，并结合 20 世纪 80 年代以来社会史研究的演进，分析修正派的基本观点及其对以托克维尔为代表的"国家中心论"的修正。修正派的代表史家威廉·贝克和莎伦·凯特林，是两位非常有意思的研究者。他们两人政治立场不同，政治信仰不同，研究用的材料不同，研究的目的也不一样，但是都否定了"国家中心论"。他们都发现，王权的运作依赖于社会的合作。贝克证明，这种合作基于所征税款的分摊，绝对王权越强，地方通过各种形式得到的税负份额越高。凯特琳则证明，这种合作基于效忠，效忠不完全是物质的，还是一种政治情感，绝对君主制的成功在于掌控了由不同的贵族大家族所控制的一张张庇护关系网络。修正派的研究涉及绝对君主制的方方面面，包括地方政府的运作、军队管理、行政信息的交流等等，他们强调制度的运作，是一种"活的"制度史研究，以更为细致的经验分析，取代了托克维尔式的印象主义理解，质疑了国家的全能与全权，强调了社会的能动性，而且结合其他相关学科的研究来看，这种修正也绝不是一种孤立的学术趋势，似乎可以纳入社会学家戈尔斯基所谓的"有关近代国家形成的第三波理论"。

《法国革命时期中央集权体制的废弃与重建》分析了另一个问题，即中央集权体制在革命时期的废弃与复建过程。这个问题在拙著《法国革命恐怖统治的降临（1792 年 6 月—9 月）》中已有论述，但不够全面。我认为，革命时期的行政体制经历了从"多样性的中央集权体制"（1789 年之前），经"统一分权体制"（1789—1792 年）这一过渡阶段，最终迈向"统一的中央集权体制"（1793 年至法兰西第一帝国）。

不同的体制适应不同阶段的需要。1789 年 12 月—1790 年 1 月的行政
改革有效地废除了督办官和历史悠久的地方特权，统一了地方行政体
制，同时下放行政权，赋予地方市镇以极大行政自由，放宽了对地方
的监管，建立了一套"统一分权体制"。其中的原因很复杂，我认为，
其实之前很多地方早已自发赶走了督办官，成立了新政府，以应对夏
天的"大恐慌"，这是最重要的原因，因为议会不可能废除这些既成
事实，只能接受，否则就会有挫败群众革命积极性的危险。事实上，
如果不让民众觉得他们此后可以自己管自己，那么根深蒂固的地方特
权很难废除。不过，改革的弊端很快就显现出来了。由于对王权的不
信任，制宪议会对中央政府设置了重重阻碍，同时又由于忌惮民众权
力，议会不敢废除立宪君主制，成立共和国，所以在很长一段时间里
无法建立有效的行政权。这个矛盾在第一次恐怖统治时期（1792 年 8—
10 月）就表现得十分突出：立法议会既得不到选民的信任，更无法号
令地方，于是，第一次恐怖统治表现出一种极端无政府主义的倾向。
这些问题不断累积，促使议会代表开始思考如何重建行政权威。此外，
由于 1792 年 8 月 10 日革命废除了王权，所以分权体制也失去了存在
的必要性，这便推动了集权体制的恢复。所以，革命时期，首倡革命
中央集权的，不是山岳派，而是 1792 年夏天掌权的吉伦特派。当然，
重建的过程很复杂，而且主要动力来自经济方面，而不是政治方面。
因为在很长一段时间里，特派员很自由，不受节制，可以"便宜行事"，
这实际上是革命形式的本质所决定的，但是经济情况的不断恶化却不
容地方自行其是，要想经济统制有所成效，就必须统一步调。所以，
此时的"恐怖统治"（Terreur）只能被视为中央集权重建的起步阶段，

只有到了危机相对缓和、统治相对稳定的热月政府和帝国时期，法国的中央集权才得以真正稳固。

上述研究还有一段有待填补的空白，即绝对君主制如何过渡到 1789 年体制。理解这一过渡阶段十分重要。一方面，1789 年改革是旧制度外省议会改革的延续和推进，而且革命时期有关公民身份以及财产权的理解，在旧制度末年已经比较成熟。所以，需要分析外省议会改革。我做过初步研究，看过一些地方行政材料，但始终无法得出满意的解释，核心问题在于新建立的省议会运行时间很短，而且由于 1787 年以后法国进入一个现存行政秩序"失范"的状态，地方更多是在观望与等待，缺乏行动，所以要评价这个新制度的成效不那么容易。据我所知，国外的研究也不多。法国学者雷努万（Pierre Renouvin）在 1921 年出版的研究是唯一一部可靠的系统研究。美国年轻学者米勒（Stephen Miller）最新的成果可能有参考价值。在国内研究西方政治制度史，条件有限，能用到的行政档案有限，所以，尽管讨论方法论和研究范式转型并不难，但是，不容易得出既有经验材料支撑，又有理论新意的观点。

本书的第二部分是关于"政治语境"的。所谓"政治语境"，指的就是理解政治的合适的历史背景。研究外国史，最容易犯的错误是时代错置。某些概念，看着熟悉，但是因为时代不同，内涵就完全不一样了。我第一次接触达让松的《法国古今政体论》时，就深有体会。我留意到达让松的研究也同制度有关。因为在 18 世纪思想史中，达让松第一个明确提出要全面改革地方行政体系。他建议保留督办官，但是督办官不直接介入地方行政，只作为国王代表，起监督作用。真正负责地方事务的，是由民众和督办官共同任命的地方官员。大体上，这就是达让松所谓的民主制与君主制融合的意思。对现代人来说，达让松的想法都显得很新奇：什么样的民主能与君主制融合？这正是达让松的与众不同之处，因为"他在某种程度上相信有必要将民主的程序和制度引进法国的统治方式之中"。此外，《法国古今政体论》文本本身也很有魅力，有许多需要解开的"谜"。这本书在达让松去世后才正式问世，此前一直以手稿形式流传。《各国古今政府论》在18世纪总共刊印过两次，1764年印本以手稿为底本，1784年印本出自达让松之子。但是，两个版本内容差别很大。另外，达让松档案手稿在1871年罗浮宫图书馆失火中毁于一旦。上述情况既给研究增添了难度，也增加了乐趣。摸清了思想脉络，实际上也就是恢复文本的应有之义，是一个从陌生到熟悉的过程。18世纪法国有一场著名的论战，即"王权派"与"贵族派"之间的较量。"王权派"认为法国王权是罗马帝制的延续，封建则是倒退，绝对君权才是合理的制度。"贵族派"认为法国的制度源于法兰克人的征服，其结果是确立封建制度，而绝对君权才是一种变态。达让松实际上是"王权派"的一员，他写《法国古今政体论》，就是为了驳斥"贵族派"布朗维利埃的观点。而且他的想法也比较符合绝对君主制理论：全权的君主统而不治，有如上帝，地方则实行一定程度的民主。站在现代的角度，达让松首创自由行政理念："若想管得好，就应管得少。"但是站在历史的背景下，达让松或许体会到了法国君主制的危机，想要借助这种有限的民主制来调和国家与社会、中央与地方之间的矛盾，避免他所谓的"错误的民主制"

的出现。错误的民主制会带来无政府主义，这是 18 世纪人的普遍想法。

达让松还设想，为重塑地方行政体制，就需要全面废除贵族等级。这在当时可以算是比较激进的想法。他的想法也反映出一个贯穿 18 世纪政治思想的主线，即社会如何能够，以及通过何种方式方能在政治领域表达自身。财产权便是与之相关的核心问题。从重农学派开始，财产和税收开始被明确认为是个人政治身份的尺度。1787—1789 年的改革逐步落实了这种思想。但是，尽管《人权和公民权宣言》宣称人人生而平等，但事实并非如此。在 2500 万法国人中，享有被选举权资格的公民只有 250 万，享有投票权的积极公民只有 400 万，剩余的都是消极公民。如何理解这种差距？口诛笔伐者不在少数，当年激进革命者就是如此，后来批评资产阶级革命虚伪的那些社会主义者也是如此。但是，这或多或少都偏离了语境。

对革命时期的财产问题，我一直很有兴趣。休厄尔的《工作与革命：从旧制度到 1848 年劳工的语言》给我留下了很深的印象。革命前后，关于财产的理解很不一样，直到 18 世纪后半叶，财产才被理解成劳动的产物。在哈佛大学交流学习的时候，我曾与导师伊戈内（Patrice Higonnet）讨论过这个问题，越来越觉得有兴趣，于是决定深入研究。后来才发现，革命者尽管把财产作为公民权的标准，但是并不认为财产就是社会秩序的基础，相反，他们处在前现代到现代社会的转型阶段，加上古典主义的复兴，社会政治秩序的核心是德性，而不是财产。财产之所以重要，不过是因为财产代表了德性。除了财产之外，还有很多因素需要考虑，比如是否有志于公共事务，是否有独立的理性。所以，仆人尽管很富裕，但是没有公民权，因为他们没有独立人格。把握了这个角度,也就不难理解革命时期"国有财产"为何要分成小块进行售卖。原因在于革命者希望通过这项措施,能"让尽可能多的公民同土地相连",创造更多有固定地产因而拥有政治美德的公民。从这一点来看,革命时期的资产阶级并不把自己看成是封闭的特权阶级,相反,他们认为等级被废除后,资产阶级的大门对所有人都是开放的。资产阶级从意识和觉悟上认为自己有别于无产者,这其实是革命的产物,而不是革命的起因。所以,热月政变的意义非同小可,因为正是在这个时期,革命政府第一次剿灭了平民运动(风月危机),第一次对地方的平民组织进行了全面的清洗(芽月危机)。这标志着,资产阶级开始意识到,他们与无产者的利益有根本上的不同。为维持秩序,必须要确立富人对穷人的统治。因此,可以认为,不是现代意义上的资产阶级开启了法国革命,而是法国革命锻造了现代意义上的资产阶级。

本书第三部分研究"政治文化"《谁是无套裤汉:身份意识与法国革命前后政治文化变迁探析》,既是在分析政治文化,实际上也是在剖析政治语境。受到了索南舍尔(Michael Sonenscher)《无套裤汉:法国革命中的 18 世纪象征》一书启发对革命时期的无套裤汉,一直都有兴趣。读博士期间,我很爱读索布尔的《共和二年巴黎的无套裤汉》。这本厚逾千页的国家博士论文体现了 20 世纪 50 年代社会史研究的典型风格:好统计,爱分类,逻辑清晰,但分析简单。索布尔要为这群被"污名化"的激进民众恢复真实面貌。通过爬梳史料,他证明,无套裤汉有统一的政治态度,他们厌恶贵族、特权和政治不平等,珍视人民主权,强调直接民主,但是他们没有明确统一的社会利益,因为很富的食利阶层和温饱的小店主都可以算无套裤汉。但是他们对社会秩序却有比较一致的看法：提倡国家干涉，鼓励限价，赞成个体直接劳动，反对贫富分化。索布尔的研究非常经典也很扎实，但是有几个问题没能解决。首先，现存的无套裤汉档案是热月政变之后审讯革命民众的记录，而在那时候，激进革命者已成为一种表象，与现实有一定距离，从这些材料回溯革命时期的历史现实，可能会存在问题。其次，无套裤汉这个称呼实际上在旧制度时期就已经存在，但含义与革命时期很不一样。换言之，作为文化表象的无套裤汉，比作为革命身份的无套裤汉的存续时间更长。所以，有必要从文化史的角度进行一番研究。《谁是无套裤汉：身份意识与法国革命前后政治文化变迁探析》主要研究从旧制度到大革命的政治文化的转变。在旧制度时期，无套裤汉是依附文人的象征，带有自嘲的意思，那些初出茅庐、未曾得到某贵妇人庇护，因而无法跻身文人世界的知识分子，会称自己是"无套裤汉"。到旧制度末年，这个词越来越带有嘲笑和抨击特权的意思，因为当时的文人世界已是一个封闭的世界，跻身上流社会的文人和"蜗居"在"格拉布街"的下层文人，简直有天壤之别。此外，无套裤汉又同性别政治有关，因为革命前赏赐文人穿上"套裤"的大多是贵妇人，所以，革命初期的革命者对玛丽·安托瓦内特的不满就常常用"套裤"借题发挥，"有套裤汉"被看成是被女性玩弄于股掌之人，而"无套裤汉"则是反王权的共和派。经历了这些转型，无套裤汉才最终过渡到索布尔所揭示的那种形象。所以，政治文化的研究实际上也是一种语境的还原，经过历史的重重洗礼，很多言辞已变得面目全非，甚至连当时人都已忘却。

《历史语境中的历史行为：以1792年法国国民公会选举为例》实际上是我博士论文的"副产品"。1792年8月10日的革命不仅废除了君主制，而且取消了积极公民与消极公民的区别，实现了法国历史上，乃至欧洲历史上第一次普选。立法议会规定，凡是年满21岁的法国人，在本地定居一年以上，且不是家仆，只依靠自己的劳动为生，就享有选举权。此次选举对法国革命更有直接影响，因为选举将产生一个负责立宪的国民公会。但是，最令我感兴趣的，是选举过程中各政治派系之间的争斗。由于议会和政府都已丧失了威信，所以选举基本上可以说是在没有监督的情况下进行的，是一场真正意义上"无政府主义"的选举。最有意思的是，选举过程中那些激进派不可谓不活跃，但是在国民公会代表中却是温和派占多数。这到底应该怎么解释？而且，部分也受到澳大利亚史家帕特丽思（Alison Patrick）的影响，我对"唱票"分析有着莫名的兴趣。经过分析，我认为，原因可能在于选举的政治文化。因为站在现代人的立场上来说会很自然地认为，为赢得更多选票，理应在选举中加大宣传力度，但是对前现代社会而言，尤其对一个尚处在"选举学徒期"的法国民族而言，却不是这样。他们不仅还不习惯在公开场合发言，甚至对公开宣讲自己的政治观点或政治主张有些厌恶。而且对民众的日常生活而言，激进政治本身就要付出很大代价，所以山岳派越是加大宣传力度，越有可能适得其反。不过，这只是原因之一，影响选举的因素有很多。我并没有想要给出全面的解释，这需要更多材料。地方政治史的研究难度很大，因为刊印的材料再多，在解决一个具体问题时依旧显得十分单薄，不动用档案，便无法推进研究。

　　《理解法国革命中的农民》是一篇书评，发表在《上海书评》上。有志研究法国革命以来，乔治·勒费弗尔一直是我的偶像。在很多场合，无论是私下的读书课，还是在与外国朋友的交谈中，我都会利用一切机会，表达对对勒费弗尔的敬仰之情。我也是个爱屋及乌之人，所以毫不夸张地说，勒费弗尔的所有出版物，我都会"倾囊"收藏，包括他在索邦大学的一套油印讲稿。为什么敬仰他？有很多原因。首先他是个柏拉图意义上的纯粹的人，不仅信奉共和主义，而且俨然就是一个 18 世纪的共和主义者，生活简单朴素，讲原则。他的研究也是如此：不花哨，不取巧，言必有物，论必有据。另外，勒费弗尔的研究十分严谨，这在法国史家中不多见。他不像马蒂厄那样只用对自己有利的证据，也不像布罗代尔那样随心所欲地使用证据，丝毫不顾及论证本身是否得当。马蒂厄的激情令人佩服，布罗代尔的博学也让人敬仰，但是他们的著作不够严谨。勒费弗尔与他们完全不同，他对材料的使用和分析都十分慎重，对人和事的判断恰到好处，能深刻地体察到革命者在那种环境下的特殊的心态与心情。他对革命是同情的，但这种同情并没有导致他做出任何有失公允的判断。比如他在《1789 年大恐慌：法国大革命前夜的谣言、恐慌和反叛》中分析生活在饥饿边缘的法国农民普遍的焦虑不安。这一情况对解释 1789 年夏天大恐慌的出现是绝对有力的证据。但是，勒费弗尔并不夸张，他觉得：一方面地方差异非常大，这种心理在各地的强度并不一致；另一方面也不能把档案文书记载的情况就当作事实，事实会更复杂，而且农民的心态对此也会有所影响。钟情勒费弗尔，还有一个原因，我非常迷恋他那种一以贯之的风格。勒费弗尔对研究有自己的理解，绝不为销量而改变自己的风格，所以，《1789 年大恐慌》原本可以写得更引人入胜，更好卖，但勒费弗尔没有这样做，因为在他看来，心态史不过是一种分析方法而已，这是理解底层民众的手段。理解农民才是他的目的。这也正是他打动我的另一个地方。勒费弗尔研究大恐慌，是要证明农民并不是被动地卷入革命，而是有他们自己目的的。只有站在农民的立场上，我们才可以理解他们的所作所为，即便这些作为看起来有些荒唐。他要证明农民并不是历史的配角。在合适的时候，民众会以他们的方式发出他们自己的声音。勒费弗尔的研究，与 30 年后英国史家汤普森十分类似。两位史家都对底层充满同情，而且都站在底层民众的视角分析历史。这种历史研究蕴含的抱负和感情，令人感动。在当今这样一个以"流量"取代"质量"的时代，勒费弗尔的研究给我提供了一片安宁的世外桃源。很感谢《上海书评》提供一个机会，让我能阐发这些在正式学术论文中无法表达的理解和感情。

本书第四部分，"再评法国革命"部分收入两篇文章。《"社会"的回归：近十年内国际学界法国大革命起源研究的转型》最初成稿于 2009 年夏天。当时，刚翻译完威廉·多伊尔的《法国大革命的起源》，觉得或许有必要写个导论，"狗尾续貂"，补上 1999—2009 年间出版的有关革命起源的研究动态。起初，不觉得这是件难事，因为之前读了不少相关研究，但是一动笔，发现要想从众多研究中找到一条脉络，而不是简单罗列介绍，并不容易。一连好几天，都不知道该如何下笔。但是，突然有一天，"灵光一现"。这或许是我第一次在写作过程中体会到"灵感"。我发现，20 世纪 80 年代修正派忽视了"社会"这个维度。修正派发现，贵族和有产者读类似的书籍，表达类似的观点，并且在陈情书中提出了类似的诉求，于是认为共同的阅读与文化融合了贵族和有产者，使其成为反对旧制度的共同力量。这就是所谓的"精英融合论"。但是，这种看法存在问题。简单地说，言辞的可塑性很强，某个词语在与不同词语发生关联时，完全可以表达不同的意思。比如"平等"一词，当它与权利相关联时，可以表示人与人的平等，但它也可以与特权关联，则表示一种公平的关系，即有多少贡献，享有多少权利。所以，特权及特权代表的差异表示了贡献与身份特权之前的平等关系，贵族由此来证明特权的合理性。可见，贵族阐述的平等概念，与近代民主的关系并不十分密切。从这个角度来看，也就不难理解，为何在分析革命起源这一问题中，贵族研究十分关键。这实际上也是关系到语境问题，因为在社会史的范式中，对贵族的理解总存在着各式偏差。也正是出于这个原因，近年来有关革命起源的新解释，同样是从贵族研究入手。从文章初稿完成至今，又过去了十年。这十年来，似乎没有出版过有分量的革命起源研究，有参考价值的可能只有《从赤字到洪水滔天：法国大革命的诸种起源》一书。当年从斯坦福大学出版社拿到这本书后，书评很快写完，但觉得单薄，没有单独发表，最后就略加修改，成为起源研究这份初稿的补正。在这本论文集中，最值得一看的是贝克（Keith Michael Baker）的文章。贝克"宝刀不老"，以一贯清晰有逻辑的笔调，辨析了旧制度时期启蒙哲人的惯用话语，从中梳理出核心的言辞，并分析了这些言辞内涵不断激进化的过程，这一过程的结果是有关旧制度的基本假设遭到了挑战，并使人们可以想象一种革命性的转变。贝克的研究总是很耐读。索恩舍的书也是如此。

作为"剑桥学派"中唯一一位治法国史的学者，他的论著优点十分突出，材料丰富，丰富到令人难以置信的程度。《洪水滔天之前：公债、不平等和法国大革命的思想起源》一书几乎可以当作 18 世纪思想文本指南使用。另外，他的观点新颖。但这些特点同样也是他的缺陷。索恩舍往往会使用一些其他研究者很少注意的材料，解读确有新意，但让人觉得有刻意求新之嫌。这同伊斯特凡·洪特的研究有点类似。福雷斯特（Alan Forrest）曾对我说，索恩舍的问题原本完全可以用更清晰、更简单的方式进行解释。我认为，他的判断很有道理。

《从起源争论到历史分析：欧美学界关于法国大革命恐怖研究述评》是关于大革命恐怖统治的研究综述。这原本是博士论文中的一章，后经修改，发表在《史学理论研究》上。在法国革命研究中，除了起源问题外，恐怖统治是另一个争执不休的问题。不同的观点代表了对革命的不同立场，水火不容。论战始于 19 世纪中叶，至 20 世纪初达到顶峰，在 20 世纪 60 年代以后有所缓和。我觉得，这主要是因为持"环境论"的一派（他们是民主派、共和派）中没能出现像马蒂厄、勒费弗尔这样的大师级人物。扎实的经验研究更少。其中的原因有很多。一方面，"环境论"要证明恐怖如何在革命外部危机的推动下产生。这是一种经验主义的解释，不仅需要大量的材料，更需要把这些研究综合成完整的解释。与修正派的"意识形态论"解释相比，难度更大。因为任何像法国革命这样一个重大事件，都十分复杂，必须要照顾各方面的因素，解释又得恰如其分，才算得上优秀的综合分析。索布尔、哥德肖（Jacques Godechot）在这方面的能力都远不如勒费弗尔。另一方面，擅于解释历史细节问题，但在历史综合和历史抽象方面，略显不足，而且整体解释框架比较简单，不过是一种"冲击—回应"论。相比较，"意识形态论"优点很突出。这是一种观念文化研究，重视环境、心态、观念之间的复杂关系，并不把恐怖统治看成是应付外界危机的机械反应。相反，"意识形态论"更强调能动性，强调不同派系基于不同目的而发明恐怖，利用恐怖。这是葛尼菲在《恐怖的手段：论 1789—1794 年革命的暴力》中阐述的主要观点。所以，很明显，相较于"环境论"而言，"意识形态论"更能体现革命时期的复杂性。与之相关的话语分析也更精致，更引人入胜。而在十几年中，恐怖研究越来越重视这种主体的能动性以及主体的感受，相比之下，单纯分析外部环境的研究越来越少。这种趋势，也符合文化史、心态史，尤其是情感史的发展。不过，现在看来，这份综述还存在一些问题。比如，之前认为恐怖研究中意识形态的色彩越来越淡薄，但实际上可能并非如此。瓦尼克有关革命情感的分析蕴含了一种非常激进的立场，在她看来，"祖国在危机中"、"不自由，毋宁死"是分水岭，开创了一个秩序生成的新阶段，而秩序生成的主要动力和主要来源，便是主权人民。除此之外，恐怖研究还与音乐史、艺术史等领域产生了交集，涉及革命时期的音响世界和感官世界，这对丰富历史理解很有帮助，但并不能提供新的解释。这实际上也是文化史的主要缺陷。

本书第五部分收入的是有关历史社会学的研究。对历史社会学产生兴趣，还是在本科时代。那时候读书完全没有章法，也没有人指导，拓展知识面，主要靠逛书店。"开蒙读物"是上海人民出版社的"社会与历史译丛"。迈克尔·曼的《社会权力的来源》、佩里·安德森的《绝对主义国家的系谱》以及《从古代到封建主义的过渡》陪我度过了 2003 年春夏那段日子。读研期间，在王红生、李康、牛可、俞金尧几位老师的影响下，我对历史社会学越来越有兴趣。那是最快乐的读书日子，对奖学金、升学、发表毫无概念，只想着寻个借口找老师谈心聊天。《从脱离到深嵌：威廉·休厄尔的文化概念》是硕士研究生阶段阅读的小结。当时选这位史家作为研究对象，完全是因为被他的《工作与革命：从旧制度到 1848 年劳工的语言》一书吸引。休厄尔研究的迷人之处在于，既有经验材料，又有理论反思，而且能将多学科的概念和方法与历史经验分析结合起来，并能形成一种"双向"反思，既反思了社会科学方法的"僵硬"，又能不断完善对经验材料的处理方式。休厄尔的文章不算很多，其中最值得反复阅读的是他有关马赛工人、劳工语言以及事件史的三项研究。关于马赛工人研究的价值，不在于结论，而在于从中能看出社会史家如何调整理论假设与经验事实之间的偏差。我在另一篇关于心态史的文章中分析过这个问题，此处不赘述。休厄尔分析了劳工语言以及分析攻占巴士底狱的两份研究，是有关历史变迁的经典研究。历史变迁是历史社会学关心的经典问题，出色的研究不少，但是真正能既有微观分析，又有宏观视野；既有理论突破，又有经验基础的研究的，并不多。我认为，斯考切波、理查德·拉克曼等人的研究，虽然视角新颖，但是太依赖二手研究，而且很大程度上只是把原来的问题放在新框架下进行一番新的阐述，对原有问题本身推进不大。所以，历史学界对他们的研究并不重视，也情有可原。不过，在我的阅读范围内，休厄尔是例外，尤其是他关于劳工语言的分析，非常精彩地证明了同一套言辞在不同时代背景下如何会生成不同的意义，这个过程又同主体的实践有何关联。事件史是一个很有生命力的领域，尤其是经历了疫情的人，都会切身体会到历史事件那种不可抗拒、不可预见的巨大力量。从理论和方法论的角度来看，事件史更是突破结构限制、展现实践效应的有效的研究取向。

这番思考，也是之后两篇论文力图呈现的内容。彼得·伯克的著作《法国史学革命：年鉴学派，1929—1989》是研究年鉴学派的经典之作，立场公允，内容充实，介绍全面。20 世纪 70 年代末，年鉴学派传入国内，并对 80 年代中叶以后的社会史以及之后的文化史都产生了一定的影响。国内学者译介的年鉴学派的代表作有不少，比如布罗代尔的《15 至 18 世纪的物质文明、经济和资本主义》、勒华拉杜里的《蒙塔尤》等，但有关年鉴学派创立和发展的全面介绍和译作的研究却不多。《法国史学革命》填补了这个空白。事实上，读过的人都可能会觉得，此书语气平缓，立场公允，几乎看不出伯克这位自称年鉴学派的"圈外人"对年鉴学派到底是什么态度。这正是《年鉴学派的一种形象：一个"圈外人"提供的视角》想要分析的问题。

《法国史学革命》一文中出版于 1990 年。此时，正值年鉴范式遭遇最严重危机的时候。夏蒂埃在《作为表象的世界》（这篇文章发表于 1988 年）中把这场危机称之为"社会科学的整体危机"，是"全局性解释体系"瓦解的时刻。产生危机的原因很多，从外部来说，整个世界的政治局势正经历着前所未有的动荡。从学科内部来说，布罗代尔去世后，年鉴学派出现了碎化的现象，而且社会史的理论范式也出现了裂痕。在夏蒂埃看来，种种裂痕不可能通过修修补补加以弥合，80 年代末的危机预示着研究范式的转型，类似的迹象在其他学科中早已依稀可辨。在文中，夏蒂埃毫不客气地批评了布罗代尔的史观，他所强调的三类弃绝实质上就是对布罗代尔的模式（modèle braudélien）的背叛。"社会"不能再被简单地范畴化，人的分类不能再被视为收入、职业的反映。新的研究模式必须突出实践与社会世界的关系，也就是说，人们是借由他们的实践和行动所创造的文化，才构筑起身份认同的区分，这一区分是不外在于人的，而是人的实践的产物。夏蒂埃的批评只是众多批评中的一种。90年代以后，随着"超越文化转向"、"人文科学的历史学转向"等修正思潮的出现，再加上后现代主义愈演愈烈的趋势，人文学科的确进入了某种类似"百家争鸣、百花齐放"的状态。各种理论范式纷呈上演。究竟如何取代社会史范式，众家或许尚未达成共识。但是，有一个迹象很明显，就是类似60年代那种地方社会史的写作模式越来越不常见。这一模式表现为，先描述地理气候，而后分析经济结构与人口结构，再简述历史与传统，最后进入主题和某一中时段或短时段问题。而今的社会史写作方式更多样，角度更新颖，理论来源也更丰富。《文化与实践》一文阐述的就是"实践史学"对结构与能动关系这一理论问题的回应。

　　总体来说，20世纪90年代以后的史学理论异彩纷呈，也确提出了不少在经验研究中值得不断反思的理论问题。但是，史学研究的推动与发展，与每个具体领域中的具体研究所形成的问题域和提问方式分不开，更也无法摆脱对史料的依赖。当然，我们完全可以像庶民研究者那样对同样的材料提出完全不同的问题，从中发现"淹没在国家主义命令的喧嚣中的细微的语音"。但是，史料的性质仍然会在很大程度上决定研究的走向。绝对君主制研究得以转向，同史家放弃中央政府的行政档案，关注地方材料有很大关系。恐怖研究之所以能关注到主体感官和主体感受的层面，更与史家注意到日记、回忆录、狱中书简的价值有很大关系。当然，材料的影响也不是绝对的。归根结底，具体来看，史学研究是一项非常个体化的活动，尽管从整体上的确能辨析出某些趋势动向，但是，要像劳伦·斯通那样能准确地预见到未来的学术趋势，恐非常人所能为。

本书的出版得到浙江大学"双一流骨干基础学科建设"经费的资助，特此表示感谢。同时本书也是"中央高校基本科研业务费专项资金资助"的成果。同时感谢浙江大学历史学系和世界史专业，感谢陪伴的师友，正是你们的批评，让我觉察到自己的不足，而正是你们的宽容，给了我宝贵的自由。也要感谢我的学生，与你们一起的读书、讨论，是校园生活中最有价值的回忆。还需要感谢本书的责任编辑谢焕先生，他总会不厌其烦地回答我提出的一个又一个问题。

第一部分

政治体制

一　从国家中心到社会合作
法国绝对君主制研究路径及其转向 [①]

在西欧近代国家发展历程中，绝对君主制是上承封建时代等级制国家（Ständestaat），下启 19 世纪现代国家的过渡阶段。[②] 等级制国家大致出现在 12 世纪末—14 世纪初，基本特点是统治者与各类团体是国家政治结构的基本构成要素。领地统治者的统治依赖于定期召开的全国范围或特定区域内的各类等级大会，比如市镇居民大会、教士议会、三级会议等，目的在于就内政外务听取臣民代表的建议，并就征税问题争取他们的同意。与领主－附庸关系不同，等级会议不是统治者的扈从，也不是依附者，而是"合伙人"，既要维护自身的权利，又与统治者共同构成了整个统治制度。[③] 史家把等级国家的这个特点称

---

① 本文原刊于《历史研究》2018 年第 4 期。

② 有些西方学者不同意这个分期。比如佩里·安德森就不接受等级制国家这个概念，认为绝对主义是从封建制发展而来，参见佩里·安德森：《绝对主义国家的系谱》，刘北成、龚晓庄译，上海：上海人民出版社，2001 年，导论部分。美国史家梅杰（J. R. Major）自创了"文艺复兴君主制"（Renaissance Monarchy）这个概念，认为这是绝对君主制的前身。参见 J. Russell Major, *From Renaissance Monarchy to Absolute Monarchy: French Kings, Nobles, & Estates*, Baltimore, MD: Johns Hopkins University Press, 1994.

③ Gianfranco Poggi, *The Development of the Modern State: A Sociological Introduction*, Stanford, Calif.: Stanford University Press, 1978, pp. 51-54.

之为"权力二元性"。[1]

15 世纪末 16 世纪初，欧洲的一些主要国家逐步摆脱了这种"权力二元性"，统治的形态相应发生了变化。通常认为转型的原因有内外两部分。从外部来说，主要是迫于国际军备竞赛的需要以及教皇和帝国这两股力量的威胁，国家不得不提高税赋，组建常备军，提升组织动员能力。[2]16 世纪，欧洲只有 25 年未发生过大规模军事行动，在整个 17 世纪，只有 7 年没有发生国家之间的大战。[3] 同时，国内频繁的骚动与叛乱也需要平定。受这两方面推动，税赋不断提高，国家权力趋于集中，而等级议会则成了君权的阻碍，遭到削弱。此外，在思想方面，经中世纪教会法学家和近代早期人文主义学者的阐释，复兴的罗马法为君主垄断立法权铺垫了理论基础："国王不受法律约束""国王的意愿便是法律""唯国王是立法者"构成了王权论的核心箴言。[4]正如法学家魏尔所言："罗马法是绝对主义的学校。"[5]有关"国家理性"

---

[1] Émile Lousse, "Parlementarisme ou corporatisme?: Les origines des Assemblées d'États," *Revue historique de droit français et étranger*, Quatrième série, Vol. 14, No. 4 (1935), pp. 683-706. Roland Mousnier, *La Monarchie Absolue en Europe: du Ve siècle à nos Jours*, Paris: PUF, 1982, pp. 109-110. 塞缪尔·芬纳：《统治史（卷二）：中世纪的帝国统治和代议制的兴起：从拜占庭到威尼斯》，王震译，上海：华东师范大学出版社，2014年，第446-447页。

[2] Roland Mousnier, *La Monarchie Absolue en Europe: du Ve siècle à nos Jours*, p. 145. 这也是政治社会学家的基本观点，如见 Charles Tilly ed., *The Formation of National States in Western Europe*, Princeton, N.J.: Princeton University Press, 1975; Brian Downing, *The Military Revolution and Political Change: Origins of Democracy and Autocracy in Early Modern Europe*, Princeton, N.J.: Princeton University Press, 1993.

[3] 佩里·安德森：《绝对主义国家的系谱》，第18页。

[4] Rex solutus legibus est（国王不受法律约束）、Quod principi placuit legis habet vigorem（国王的愿望便是法律）、Princeps solus conditor legis（立法者唯君主）。参见 Michèle Fogel, *L'Etat dans la France moderne de la fin du XVe au milieu du XVIIIe siècle*, Paris: Hachette, 1992, pp. 67-72. Fanny Cosandey & Robert Descimon, *L'absolutisme en France: histoire et historiographie*, Paris: Seuil, 2002, 第 1 部分第 1 章。

[5] Georges Weil, *Les Théories sur le Pouvoir Royal en France pendant les Guerres de Religion*, Paris: Hachette et cie, 1892, p. 272; Henri Morel, "L'absolutisme français procède-t-il du droit romain?," in *Histoire du droit social: mélanges en hommage à Jean Imbert, publiés sous la direction de Jean-Louis Harouel*, Paris: PUF, 1989, pp. 425-440.

（raison d'État）的论辩推动了政治权力的世俗化和政治功利主义的兴起。以立法权为主要形式的主权被视为一国内统一且绝对的至高权力，而且这种权力只属于君王。博丹在宗教战争时期写下的著名论述，不仅拯救了濒临瓦解的国家，而且也将主权塑造为国家存续的必要条件，正如后来博须埃所言："否则，一切都将陷入混乱，国家便重回无序。"[①]

17 世纪是西欧绝对君主制发展的巅峰时期，大部分国家都在不同程度上取缔了等级会议。自 1629 年至内战爆发，英国的国会（Parliament）经历了最漫长的休会期。大革命前法国的最后一届三级会议于 1615 年闭会。卡斯蒂利亚和葡萄牙的议会（Cortes）历史终结于 1665 年。 4 年后，巴伐利亚的州议会（Landtage）也宣告结束。不久，普鲁士大选侯在征税中不再征求臣民的同意，军队成了贯彻他个人意志的手段。而波兰的经历为绝对君主制的合理性和必要性提供了有趣的"注脚"，由于贵族势力坚如磐石，波兰始终无法建立强大的君主制，国家能力受限，无法应对地缘政治的压力，最终被瓜分。[②] 正如安德森所言，绝对君主制是第一种国际性的国家制度。[③]

路易十四治下的法国无疑是欧洲绝对君主制的典范。在与教宗漫长的争端过程中，法王逐步确立了至高无上的形象，国王的意志视同法律。1439 年，法国便组建了常备军，并建立了维持军队的常规税军役税（taille）。百年战争致使君权在财政和军事上最终摆脱了中世纪的局限性。递至 17 世纪，三十年战争进一步推动王权的发展，督办

① Jacques-Bénigne Bossuet, *Politics drawn from Holy Scripture*, translated and edited by Patrick Riley, Cambridge: Cambridge University Press, 1990, p. 83.

② 佩里·安德森：《绝对主义国家的系谱》，刘北成、龚晓庄译，上海：上海人民出版社，2001 年，第 4 章。

③ 佩里·安德森：《绝对主义国家的系谱》，刘北成、龚晓庄译，上海：上海人民出版社，2001 年，第 6，44 页。

官被派往外省，成为贯彻政令、削弱地方显贵的中央集权工具。路易十四亲政后，废除内阁制（Régime du ministériat），削弱司法大臣和高等法院的权力，建立由他个人领导并仅有少数显贵参与的御前会议（Conseil du roi），完成了黎塞留与马扎然的事业。传统观点认为，17 世纪末，法国绝对君主制结构达到至臻至善的境地。

历史社会学家和政治史家一般将绝对君主制视为近代国家的一种特有的国家形态，研究颇丰。相比之下，我国学界接受这个概念比较晚，对国外的学术动态了解略显不足，而且经常将"绝对君主制"等同于"专制"。① 事实上，这完全偏离了时代语境，因为在当时人看来，这两个概念完全不同，"绝对君主制"首先要服从神法，因为这是受上帝所托而造福民众的制度，此外还需要服从自然法，君权不能侵犯自然权利，最后也不能违背王国的基本法（Lois fondamentales），因此"绝对君权"是一种温和的权力，相反"专制"则是"专断的"、不受任何约束的。一般而言，只有反对王权的人才会将绝对王权视同"专制"，加以抨击，比如投石党时期的贵族以及 18 世纪中叶的高等法院。②

本章尝试综述的问题聚焦于绝对君主制的具体运作，关系到这项制度何以能维持社会秩序，实现某种程度的政治整合，而不是分析制度创建的成因或近代国家的形成问题，因此下列论著的研究时段大多

---

① 刘北成指出，在很长一段时间里，不少学者都将"绝对主义"与"专制"这两个名词混为一谈。参见佩里·安德森：《绝对主义国家的系谱》，第1-2页（"中译者序言"）。孟德斯鸠：《论法的精神》，许明龙译，北京：商务印书馆，2009年，译者附言（第88-95页）。综述见王云龙，陈界：《西方学术界关于欧洲绝对主义研究》，《史学理论研究》2004年第2期。

② 关于"绝对王权"与"专制"的简单梳理，参见 Roland Mousnier, "Réflexions critiques sur la notion d'absolutisme," *Bulletin de la Société d'Histoire moderne*, 54/16, (nov.-dic. 1955), pp. 2-8. Mousnier Roland, *La monarchie absolue en Europe du Ve siècle à nos jours*, Paris: PUF, 1982, 导论部分; Henri Morel, "Absolutisme," in *Dictionnaire de philosophie politique*, publié sous la dir. de Philippe Raynaud et Stéphane Rials, Paris: Presses universitaires de France, 1998, pp. 1-8.

集中在 17 世纪后半叶到旧制度末年。本章将 19 世纪以来西方学界有关法国绝对君主制的研究大体分为两类：其一是进步史观下的"国家中心论"，其二是强调社会基础的"社会合作论"。"社会合作论"这个概念为威廉·贝克所创，其文《路易十四绝对主义：社会合作》概述全面，条理清晰，但在论述时段、具体议题以及评析等方面还有不少局限。[①] 本章首先分别介绍两类范式的代表论著及其基本观点，评析各自的特点与缺陷，并在此基础上，结合比较政治学和历史社会学的整体动向，联系具体历史问题，对今后的学术动态做一番展望。需要指出的是，绝对君主制的研究是一项涉及行政体制和社会结构方方面面的庞大课题，限于篇幅，在这里只能择要述之。

进步史观中的"国家中心论"

"绝对主义"（absolutisme）是伴随着 19 世纪现代国家的诞生而出现的新词。在 1797 年问世的《试论古今革命》中，夏多布里昂第一次使用这个术语，指的是被 1789 年革命者抨击并颠覆的专制君权："我非但远没有投入绝对主义的怀抱，反而对立宪执迷不悟。"[②] 所以在诞生之初，"绝对主义"被等同于"专制"，其内涵完全是负面的，指的是一种与新兴的宪政体制对立的政治制度。

复辟时期，受到当时特殊的政治与思想氛围的影响，"绝对主义"

---

①　William Beik, "The Absolutism of Louis XIV as Social Collaboration," *Past and Present*, No. 188 (Aug. 2005), pp. 195-224.

②　François-René Chateaubriand, Œuvres complètes, Tome 1, Paris: Ladvocat, 1826, p. xxxix. 中译参见：夏多布里昂，《试论古今革命》，王伊林译，上海：华夏出版社，2015 年，第 21 页。absolutisme 被译作"专制"。该词诞生的思想背景分析，参见 Denis Richet, *La France Moderne: l'esprit des institutions*, Paris: Flammarion, 1973, p. 37.

一词的消极含义逐渐褪去。① 面对王党的复辟和极端派控制的议会，自由派思想家不得不采取更温和的方式证明革命的合理性与必要性。他们不再将革命看成是激进的断裂，或是启蒙思想的结果，而将其视为历史缓慢演变的结果。正如当时的政治思想家库赞所言：革命只是完成了一项始于数个世纪前的工作。② 因此，革命的必然性通过历史发展本身的不可阻挡而得以彰显。既然革命是历史延续的结果，那么新旧体制之间也不再是截然对立的。时人对待绝对主义的态度也随之发生改变。以基佐为代表的自由派从法国的民族传统中找到了他们所珍视的政治原则的历史根源，他们将绝对君主制的建立视为近代法国的起点，而平等是这个新社会的构成原则。③ 保守派同样需要美化君主制。在《1814 年宪章》颁布后，这项任务变得更加迫切，因为这部宪章与 1791 年宪法关系甚密，接受宪章有肯定革命的嫌疑。所以，保守派同样要从民族自身的历史中找到宪政的基础，贬低革命的意义。比如，德尔巴尔在《波拿巴的两院制历史》中将古代的"三月会议"和"五月会议"看成是制宪议会的前身。④ 在《古代法国法律合集（420—1789）》的两位编者看来，代议制是法国的传统，法国人事实上要比

---

① 参见 Stanley Mellon, *The Political Uses of History: A Study of Historians in the French Restoration*, Stanford, California: Stanford University Press, 1958.

② Victor Cousin, *Cours de l'Histoire de la Philosophie (Lecture I): Histoire de la Philosophie du XVIIIe siècle*, tome 1, Paris: Pichon et Didier, 1829, pp. 8-9, 34-36.

③ F. Guizot, *Archives philosophiques, politiques et littéraires*, tome 4, Paris: chez Fournier, 1818, pp. 200-205. 转引 Lucien Jaume, *Tocqueville: The Aristocratic Sources of Liberty*, Princeton: Princeton University Press, 2013, p.277.

④ François Thomas Delbare, *Histoire des deux chambres de Buonaparte, depuis le 3 juin jusqu'au 7 juillet*, Paris: Gide fils, 1815, pp. iii-xiv. 所谓"三月会议"和"五月会议"很可能是 18 世纪推崇贵族特权的思想家塑造的"神话"。如布朗维里耶曾指出法国建国伊始便有"三月会议（Champ de Mars）"，所有的政令都必须经该议会的讨论通过，方能落实。查理曼时代，除了三月会议以外，还有五月会议（Champ de Mai）。相关论述参见汤晓燕：《十八世纪法国思想界关于法兰克时期政体的论战》，《中国社会科学》2018 年第 4 期。

英国人更自由，更有权利保障，唯有知古才能鉴今，才能避免重蹈革命的覆辙。[1] 因此，自由派和保守派基于不同目的，都力图证明君主制的价值。

在上述背景下，勒蒙泰和托玛开启了绝对君主制历史研究的先河。这两位史家的政治立场有所不同，勒蒙泰是有自由倾向的保王派，而托玛的著作是与七月王朝的"正统派"论战的产物，但他们都要证明绝对君主制的正当性，并盛赞它在统一国家、培育民主与身份平等方面的贡献。[2] 勒蒙泰的著作体现了那个时代历史撰述的特点，该书前半部分是法令文献汇编，后半部分评述史实，极富思辨色彩，其间穿插了不少哲理性的评论。他对路易十四治下法国社会的结构转型和舆情转变做了极富洞见的剖析，认为人民从路易十四的统治中得到的是文明与德性，民主与稳定，而君主制给这个国家带来了高度的统一性。[3] 托玛的著作则堪称制度史研究的典范，研究方法与叙述风格与勒蒙泰截然不同，但得出的结论大致相同。他也强调国家统一、政治统一和德性统一，这既是法国的特点，也是法国的荣耀与力量的根源。绝对君权将众人的意愿凝结为一人的意愿，这便有了中央集权，革命的合法性实际上就是在于继续向这个目标推进。在他看来，统一就是解放，而"这种解放一旦完成，一旦这种胜利的思想在这个人为的社会（société positive）中植入一种形而上的统一性（unité métaphysique），新世界

---

① Jourdan Isambert & Decrusy, eds., *Recueil général des anciennes lois françaises, depuis l'an 420 jusqu'à la Révolution de 1789*, Tome 1, Paris: Belin-Le-Prieur, 1821-33, pp. ix-x, xi-xii.

② 思想背景参见 Hugues de Changy, *Le Mouvement Légitimiste sous la Monarchie de Juillet: 1833-1848*, Rennes: Presses universitaires de Rennes, 2004.

③ Pierre-Edouard Lémontey, *Essai sur l'établissement monarchique de Louis XIV et sur les altérations qu'il éprouva pendant la vie de ce prince*, Paris: Deterville, 1818, pp. 333, 380.

由此而生"。① 对绝对君主制的正面评价，意味着这两位作者势必敌视特权体制。在勒蒙泰看来，这类体制就是封建势力的残余，君权绝对化的基本前提就是驯服贵族，压制特权。② 托玛的批评更具政治哲学的味道。他从勃艮第的地方史研究中发现，特权捍卫的是私利，既是分裂的根源，也是国家统一的阻力，在特权社会中，人人为己，彼此形同陌路，既无公益，爱国更是奢谈。他强调有两种自由，一种是特权的自由，一种是王权统一下的自由，只有后一种自由才是真正的自由。③

上述两位作者不约而同地将绝对君主制的确立视为一场"真正的革命"。④ 那么，这场革命如何取胜？勒蒙泰的解释更精彩。他认为这个过程主要包括以下几个步骤。首先停止召开全国三级会议，因为这就能让民众失去聚合的中心，使其彼此孤立，便于君王"分而治之"。其次，他认为靠着以下手段，路易十四逐步驯服了一切"旧势力"：用民主的思想对付贵族；用无政府的手段对付亲王；用暴政对付民众；国家的行政化使贵族脱离采邑，成为政府中领取薪水的官员，而不再履行保护民众的义务；令那些没有家世的人充任内阁成员，便于君王控制；利用权力无限的督办官控制地方，而将老贵族"圈养"在凡尔赛，用奢靡与文明来腐化贵族的尚武与反叛精神。

勒蒙泰和托玛的研究及其解释奠定了此后近一个世纪学术研究的

---

① Alexandre Thomas, *Une Province sous Louis XIV: Situation Politique et administrative de la Bourgogne de 1661 à 1715*, Paris: Joubert, 1844, pp. xix-xx, 440, 441.

② Pierre-Edouard Lémontey, *Essai sur l'établissement monarchique de Louis XIV et sur les altérations qu'il éprouva pendant la vie de ce prince*, pp. 342-343.

③ Alexandre Thomas, *Une Province sous Louis XIV: situation politique et administrative de la Bourgogne de 1661 à 1715*, pp. vii, x.

④ Pierre-Edouard Lémontey, *Essai sur l'établissement monarchique de Louis XIV et sur les altérations qu'il éprouva pendant la vie de ce prince*, p. 411. Alexandre Thomas, *Une Province sous Louis XIV: situation politique et administrative de la Bourgogne de 1661 à 1715*, p. ix.

基调。这种主导范式可以称作"国家中心论"。这种"国家中心论"带有进步史观的特点，借用巴特菲尔德对"辉格主义史学"的批评，具体表现为用当下作为准绳和参照来研究过去，将历史对象轻易地归入到促进进步或阻碍进步两个群体之中，将历史的结局视为目的的实现，而把历史变化归因于某个明显而直接的能动因素。[1] 在绝对君主制的研究中，这种进步主义具体表现为将绝对君主制视为进步的因素，而特权和等级被视为落后的表现，认为法国近代国家的建设，本质上便是进步的绝对君主制取代落后的特权等级制度，而制度史演进的基本过程，则表现为绝对王权压制并控制特权的过程。这里的特权概念比较宽泛，既指贵族特权，也包括其他一切政治团体的权利，如市镇、省三级会议等所享有的封建权利。正如托玛所言，"我所写的历史本质上就是一个为特权所限制的绝对主义过渡到一个战胜了特权的绝对主义"。[2] 制度史研究中的这种进步思想与复辟时期的政治文化有密切关系，上文已有涉及，此处不再赘述。除此之外，"国家中心论"还包括以下几个相互联系而各有侧重的方面：第一，把国家看成一个独立的实体，对立且有别于另一个更庞大的、更基础性的实体，即社会，绝对君主代表国家，而特权代表社会，绝对君主制的建立，就是国家

---

[1] 　赫伯特·巴特菲尔德：《历史的辉格解释》，张岳明、刘北成译，北京：商务印书馆，2012年，第10，13，32页。对于这一传统，国外学界有两种称呼，法国学者常用"历史雅各宾主义"（jacobinisme historique），如见François-Xavier Emmanuelli, "Pour une réhabilitation de l'histoire politique provinciale: L'exemple de l'Assemblée des communautés de Provence, 1660–1786," *Revue d'histoire du droit français et étranger*, Quatrième série, vol. 59, no. 3 (juillet-septembre 1981), p. 431-450. 英语世界的学者基本用"辉格主义史学"，如见Julian Swann, *Provincial Power and Absolute Monarchy: The Estates General of Burgundy, 1661–1790*, Cambridge: Cambridge University Press, 2003, p. 1. 这两个称呼意思接近，但笔者认为进步史观的"国家中心论"立场更为公允，故采纳此说。

[2] 　Alexandre Thomas, *Une Province sous Louis XIV: situation politique et administrative de la Bourgogne de 1661 à 1715*, p. 29.

通过汲取资源、垄断暴力工具，逐步制服社会的过程。[①] 第二，从方法论上看，这种范式是静态的制度分析，即关心制度本身的渊源流变，但不太关注制度的具体运作，单方面重视政令法规，却较少关注依托于政令与制度的日常政治活动。借用米尔达尔的一个形象比喻，即只关心捕鼠器的设计，而不了解老鼠的实际情况。[②]

在勒蒙泰和托玛之后，关于绝对君主制的研究时有行世，内容各有侧重，各具特点，但大多都具备上述特点。比如托克维尔的著述也带有明显的"国家中心论"的色彩。他同样承认绝对王权是中央集权的创造者，除朗格多克和布列塔尼之外，其他地区的省三级会议都丧失了活力，徒有虚名而已。[③] 托克维尔可能是第一个明确指出绝对君主制有"普世价值"的人，在他看来，从封建时代的不平等发展到身份平等的政治进程是普世性的，而承担这一使命的就是绝对君主制，"民主倾向于中央集权，因为缺乏自由，人民夺取地方贵族的权力，只能

---

① 政治学家米歇尔对此有精彩的分析，参见 Timothy Mitchell, "Society, Economy, and the State Effect," in George Steinmetz, ed., *State/Culture: State-Formation after the Cultural Turn*, Ithaca, N.Y.: Cornell University Press, 1999, pp. 76-97.

② 乔尔·S. 米尔达尔：《强社会与弱国家：第三世界的国家社会关系及国家能力》，张长东等译，南京：江苏人民出版社，2012年，第5页。

③ Alexis de Tocqueville, *L'Ancien Régime et la Révolution*, introd. par Georges Lefebvre, note préliminaire par J.-P. Mayer, Paris: Gallimard, 1952–1953, pp. 108-109, 123-128, 253. 实际上，认为朗格多克省三级会议要比其他地区更完善，更活跃，也更值得效仿，这种观点在18世纪中叶就已出现。比如达让松在1740年时就说过：布列塔尼三级会议的贵族不守规矩，而且心存嫉妒，勃艮第也不安分，只服从一个"专制政府"（这里指的是身为总督的波旁公爵——引者注），阿拉斯的贵族胆子太大，眼光狭隘，普罗旺斯的地方议会都是平民，既无竞争的意识，也没有任何财富，唯有朗格多克省三级会议是最好的（转引自 Albert Babeau, *La province sous l'ancien régime*, tome 1, Paris: Firmin-Didot et cie., 1894, p. 29）。米拉波在《论三级会议》中也将朗格多克省三级会议视为地方行政改革的典范（Mirabeau, *Mémoire sur les États provinciaux, précédé d'une préface intitulée Lettre à M. de S. C.*, s. l., s. n., 1757, p. 134）。

把权力交给中央"。[1]

可以认为，"国家中心论"的上述特点实际上同 19 世纪法国建立民族国家的主流意识形态若合符节，既是在当时的意识形态氛围中酝酿而成的，反过来又强化了既有的意识形态。对第三共和国的学者而言，"国家中心论"有难以抵挡的魅力，因为它给革命前的法国历史披上了合法的外衣，民族的历史不再有黑暗与光明、落后与进步之分。共和国因此拥有了光荣的集体记忆，这无疑有助于塑造统一而坚固的民族与国家认同。绝对君主制的历史研究就成了"国家建设"的一部分。在这种爱国主义与进步主义的推动下，当时不少学者倾向于将中世纪到法国大革命的整段历史都看成是绝对君主制确立与完善的漫长历程。比如拉维斯在他主编的《自起源时代至大革命时的法国史》第七卷中指出，科尔贝尔的重商主义也只不过是国家自我发展过程的一个环节而已。[2] 公法史家德克拉勒认为，绝对君主制把国家视为一个实体（entité），并将民族的存续与国家联系在一起。[3] 奥利维耶－马丁的《法国公法史》对战后法国制度史影响深远，他认为绝对主义的观点既非诞生于路易十四时期，也不是起源于亨利四世时代，而是起源于中世纪一种关于王权的传统观点。换言之，自中世纪起，法国便朝

[1]　Alexis de Tocqueville, *L'Ancien Régime et la Révolution*, introd. par Georges Lefebvre, note préliminaire par J.-P. Mayer, Paris: Gallimard, 1952–1953, p. 55.另见Alexis de Tocqueville, *The Old Regime and the Revolution*, edited and with an introduction and critical apparatus by François Furet and Françoise Mélonio, translated by Alan S. Kahan, Vol. 1, Chicago: University of Chicago Press, 1998, p. 259.

[2]　Ernest Lavisse ed., *Histoire de France depuis les origines jusqu'à la Révolution*, Tome 7, part 1, livre IV, section I-II, Paris: Hachette et cie, 1900-1911, pp. 267-274.

[3]　Joseph Declareuil, *Histoire Générale du droit Français des origines à 1789 à l'usage des étudiants des facultés de droit*, Paris: Librairie de la Société du Recueil Sirey, 1925, p. 444.

着一个统一的、不可分割的、独立的王权的方向发展。[1]

20 世纪，实证史学的兴起进一步强化了"国家中心论"及其背后的进步史观。由于研究方法的科学化以及大量档案材料的使用，"国家中心论"蕴含的价值判断反而变得更为深藏不露。巴尔热（Georges Pagès，1867—1939）是 20 世纪上半叶最重要的制度史家，也是绝对君主制研究的奠基者。在《论 16 世纪—17 世纪末法国行政体制演变》这篇开创性论文中，他提出了一套更为精致的理论框架，认为这两百年间法国行政体制的发展经历了三个阶段：地方性（caractère local）行政模式、区域性（caractère régional，以 16 世纪后半叶为转折）行政模式和中央集权（administration centralisée）行政模式，这一发展过程的本质在于用由王权下派并控制的行政官员（以督办官为代表）逐步取代由地方自己组建的且带有一定自治倾向的行政机构，后者以大法官辖区管理（administration bailliagère）为代表。巴尔热细致分析了 16 世纪后半叶财政体制改革带动的行政管理方式的变化，随着财权的统一，财税区（généralité）得以确立，其职权在路易十三时期逐步拓展到行政领域，而督办官体制的出现是这一发展趋势的必然结果："不能想象绝对君主制不用专员。"[2] 巴尔热的研究十分扎实，但在认识论与方法论上，与上述"国家中心论"并无本质区别。从认识论的角度看，他同样强调绝对君权与特权体制乃是根本对立的，他认为旧制度

---

[1]　François Olivier-Martin, *Histoire du droit français des origines à la Révolution*, Paris: Éditions du Centre national de la recherche scientifique, 1948. 有关公法学界对绝对君主制的研究，参见综述 Jacques Poumarède, "Penser l'Absolutisme approche historiographique des ouvrages pédagogiques en histoire des institutions françaises," in *De la res pública a los estados modernos: Journées internationales d'histoire du droit*, Donostia-San Sebastián, 31 de mayo -3 junio de 1990, Virginia Tamayo Salaberría (ed. lit.), Bilbao: Servicio Editorial Universidad del País Vasco, 1992, pp. 261-274.

[2]　Georges Pagès, "Essai sur l'évolution des institutions administratives en France du commencement du XVIe siècle à la fin du XVIIe," *Revue d'histoire moderne*, T. 7e, No. 1 (1932), p. 37.

下法国的所有制度都有两个存在的基础，其一是权威无限的绝对君主制，其二是享有特权的团体，此二者奠定了君主制的双重基础，但彼此不能兼容，因为前者强调统一与连续，后者是分裂与断裂。① 而最终是由君主制发动了一场革命，压制了特权，发展出了一套全新的"行政中央集权"（centralisation administrative）。② 而从方法和材料来看，巴尔热的研究几乎完全基于法令条文的分析，基本不涉及政治史，也不关心制度的具体运作。尽管他承认制度史分析最好能涉及官员和制度的日常活动，但在这篇论文以及同年出版的《亨利四世至路易十四时期法国君主制的君主制》中，依旧看不到制度的具体运作。③

　　穆尼埃（Roland Mousnier，1907—1993）是"国家中心论"的另一位主要代表。他继承了导师巴尔热的衣钵，将德克拉勒和奥利维耶—马丁等阐发的公法理论、结构功能主义的社会学解释和制度史相结合，建构了新的解释范式，对 20 世纪中叶的制度社会研究具有典范意义。④ 穆尼埃对"制度"的理解较为独特。在《绝对君主制下法国的制度（1598—1789）》一书的导论中，他指出"制度"首先包含两个要素：第一是代表主导观念，界定何为群体公益（bien public）。第二是实现这些公

① Georges Pagès, "Essai sur l'évolution des institutions administratives en France du commencement du XVIe siècle à la fin du XVIIe," p. 113. 另见 Georges Pagès, *La monarchie d'ancien régime en France de Henri IV à Louis XIV*, Paris: A. Colin, 1932, pp. 71-72.

② Georges Pagès, "Essai sur l'évolution des institutions administratives en France du commencement du XVIe siècle à la fin du XVIIe," p. 119; Georges Pagès, *La monarchie d'ancien régime en France de Henri IV à Louis XIV*, Paris, A. Colin, 1932, p. 157. 在《路易十四与路易十五时期的行政君主制》（索邦讲稿）中，巴尔热将这种君主制称之为"行政君主制"（monarchie administrative），始自路易十四时代，终于大革命 [Georges Pagès, *La Monarchie Administrative En France sous Louis XIV et Louis XV (Les Cours de Sorbonne)*, Tome 1, Paris: Centre de Documentation Universitaire, 1932, p. 1]。这个概念后为穆尼埃沿用。

③ Georges Pagès, "Essai sur l'évolution des institutions administratives en France du commencement du XVIe siècle à la fin du XVIIe," p. 43.

④ 黄艳红：《罗兰·穆尼埃的社会史研究》，《史学理论研究》2012 年第 4 期。

益的手段，即程序（procédure），表现为某些强制性的行为模式。在他看来，这两个要素是制度存续的充分必要条件，而制度存续的结果，便是令松散的个体变成有机的群体。[①] 因此在他的分析中，制度具备三种性质：第一是目的性，因为它蕴含了有关公益的共识；第二是规范性，因为它规划了人们思考、言说和行动的基本方式；第三是整合性，因为上述共识和规范塑造了一致性。可见制度对社会的整合而言，具有不可或缺的功能性意义，而从另一方面而言，对于这些规范的任何挑衅都是禁止的，都是对社会和国家延续的威胁。正如穆尼埃所言："对近代早期的法国社会而言，危险便来自特殊主义、碎化（émiettement）、缺乏整合以及各利益群体之间的冲突，这会导致社会的分离，乃至内战以及解体，并会因外部力量而分崩离析，这样的一个社会需要特别强大的国家，方能生存。"[②] 因此，制度史的研究，就相当于国家能力的研究，因为两者都实现了表达和落实居支配地位的权威共识的作用，而特殊主义与特权被看成是在社会自我整合过程中势必涤荡清除的对象。穆尼埃另外又从公法理论的角度给予了解释，他认为等级社会本身缺乏公法，因为特权是私法性质，因此在这样的社会中，高居一切等级团体之上的绝对君王必不可少，他是公法唯一的体现，只有他才能扮演调停一切纠纷的角色。[③]

基于上述方法论和理论层面的理解，穆尼埃认为法国旧制度转型

---

① Roland Mousnier, *Les Institutions de la France sous la monarchie absolue*, tome 1, Paris: PUF, 1974, pp. 5-8.

② Roland Mousnier, *Les Institutions de la France sous la monarchie absolue*, tome 1, p. 496.

③ Roland Mousnier, "Discussion sur le rapport 'les Fondement économique et sociaux de l'absolutisme' présenté par Erik Molnár," *Comité international des sciences historiques*; XIIe congrès, Vienne, 1965, Actes, Section IV/4, 1965, p. 677. 转引 Fanny Cosandey & Robert Descimon, *L'Absolutisme en France: Histoire et Historiographie*, Paris: Seuil, 2002, p. 172.

的两大基本趋势，其一是从等级社会（société d'ordre）进入阶级社会（société des classes），其二是从军事贵族，经官职持有者的出现，而最终迈向中央派官。前一种发展趋势构成了《绝对君主制下法国的制度（1598—1789）》第一卷对卢瓦索、圣西蒙、多玛和巴纳夫等人的思想史展开分析，揭示社会身份的标准从以荣耀与尊贵到财富的转型。穆尼埃在第二卷中分析了后一种趋势，对他而言，官职持有者和中央派官之间的冲突，似乎尤为关键。官职持有者群体的发展是近代法国国家发展的第一阶段，即"司法管理"，其体现着国王是第一法官这一传统理念，但因官职的世袭与不可撤销，因此相对低效，而且无法形成有效的责任制。而中央派官（以督办官为主）的发展则孕育了"行政管理"，具有现代官僚科层制的特性，相对高效。[1] 穆尼埃将旧制度最后 300 年视为官职持有者与中央派官的斗争历史，中央派官最终胜出，本质上代表一种更高效的、更具整合能力的国家形式。他把这个转型称之为"一场伟大的革命"。[2]

除了上述总体分析之外，"国家中心论"还具体反映在两个子课题上。首先是关于省三级会议的角色与作用的看法。可以说，整个 19 世纪，乃至 20 世纪初期，史家对这类地方机构都存有根深蒂固的"轻视"，无不认为这是一种过时的制度，而且造成了动荡。比如在托玛笔下，勃艮第省三级会议是骚乱的根源。1842 年，史家富瓦塞问道："在

---

[1] 据笔者所知，穆尼埃最早在《法国君主制制度转型及其与社会身份的关系》一文中提出从司法管理向行政管理的转型，参见 Roland Mousnier, "L'Évolution des institutions monarchiques en France et ses relations avec l'état social," *XVII siècle*, Nos. 57-72 (1963), pp. 65-66. 该文收入文集 Roland Mousnier, *La plume, la faucille et le marteau: institutions et société en France du moyen âge à la révolution*, Paris: PUF, 1970, pp. 215-230.

[2] Roland Mousnier, *La vénalité des offices sous Henri IV et Louis XIII*, 2. éd. rev. et augm, Paris: Presses universitaires de France, 1971, pp. 666-667.

路易十五时期勃艮第三级会议成了什么？"他回答说："徒具虚名而已。"[1] 同样，在里芙看来，朗格多克省三级会议只不过是一种"业已消逝的权力的幻象"，名存实亡。[2] 加雄在 1921 年出版的《朗格多克史》中依旧认为，自 17 世纪上半叶几道关键敕令颁布后，省三级会议已经完全驯服，只不过是王国行政机器的一个零件。[3] 总之，史家基本认为省三级会议在路易十四之后丧失实权，只是一个摆设。

其次是对督办官和督办官体制的认识。[4]19 世纪初，史家就已经将督办官视为中央集权的象征。比如西斯蒙蒂的《法国史》是当时较有影响的通史，在第 24 卷中他说督办官既给外省的行政管理带来秩序与服从，但"同时也引入了专制的原则与滥权"。[5] 马旦在《法国史》中把督办官刻画成"外省小独裁者"的形象。[6] 他们之所以会得出这样的结论，主要原因在于他们用的史料基本是 18 世纪的贵族回忆录，这些贵族对督办官充满敌意，因此刻意夸大了他们的权力。比如马旦用的就是布朗维里耶的观点，而此人是 18 世纪初叶"贵族反动"的代表。在第二帝国之后，这种观点被写进了中学教材。根据埃玛纽埃里的系统梳理，此后 130 余年间，几乎所有的研究都在强化同一

　① Théodore Foisset, *Le Président de Brosses: Histoire des Lettres et des Parlements au XVIIIe siècle*, Paris: Olivier-Fulgence, 1842, p. 204.

　② P. Rives, *Etudes sur les Attributions Financières des Etats Provinciaux et en particulier des Etats de Languedoc au Dix-Huitième siècle*, Paris: Ernest Thorin, 1885, p. 64.

　③ Paul Gachon, *Histoire de Languedoc*, Paris: Boivin et Cie, 1921, p. 217. 转引自 *Des États dans l'État: les Etats de Languedoc, de la Fronde à la Révolution*, par Stéphane Durand, Arlette Jouanna et Elie Pélaquier, avec le concours de Jean-Pierre Donnadieu et Henri Michel, Genève: Droz, 2014, p. 11.

　④ 综述参见 François Xavier Emmanuelli, *Un Mythe de l'Absolutisme Bourbonien: l'Intendance, du milieu du XVIIème siècle à la fin du XVIIIème siècle France, Espagne, Amérique*, avant-propos du Doyen Georges Livet, Aix-en-Provence: Université de Provence, 1981.

　⑤ Jean Charles Léonard Sismondi, *Histoire des Français*, tome 24, Paris: Treuttel et Würtz, 1840, p. 206.

　⑥ Henri Martin, *Historie de France depuis les temps les plus Reculés jusqu'en 1789*, tome 14, Paris: Furne, 1859, p. 330.

个主题，即督办官是"全权的，是绝对君主制与国家统一的主要推动因素"。①

及至 20 世纪六七十年代，"国家中心论"一直占据着支配地位。当时，英美学界的研究尽管已经起步，而且涌现了不少经典之作，如沃尔夫研究的文艺复兴时代税收体系，马修斯研究的 18 世纪包税商，巴克斯特研究的中央国库，但大体上只能追随法国学者，无力挑战他们的权威。② 而在当时，穆尼埃的影响很大，有一大批追随者，并借着经济社会史的势头，采用了计量等方法，对 17 世纪法国各地的民众骚乱进行了系统全面的研究，目的就是要证明绝对君主制扮演了维持稳定、重塑法国的进步角色。③ 比如皮洛尔热对普罗旺斯的研究以及贝尔塞对关于西南民众运动的统计，均表明地方叛乱在 1660 年之后明显衰退。穆尼埃的著作《绝对君主制下法国的制度（1598—1789）》是对这一批学术成果的总结。在此书中，他毫不掩饰历史叙述中的"国家中心论"立场：16—17 世纪构建中的君主国家是现代化的最佳推进器，是理性化的最佳代表。④

---

① François Xavier Emmanuelli, *Un Mythe de l'Absolutisme Bourbonien: l'Intendance, du milieu du XVIIème siècle à la fin du XVIIIème siècle France, Espagne, Amérique*, p. 24.

② Martin Wolfe, *The Fiscal System of Renaissance France*, New Haven: Yale University Press, 1972; George Tennyson Matthews, *The Royal General Farms in Eighteenth-century France*, New York: Columbia University Press, 1958; Stephen Bartow Baxter, *The Development of the Treasury, 1660-1702*, Cambridge: Harvard University Press, 1957.

③ René Pillorget, *Les Mouvements Insurrectionnels de Provence entre 1596 et 1715*, Paris: A. Pedone, 1975; Yves Marie Bercé, *Histoire des Croquants: Étude des Soulèvements Populaires au XVIIe siècle dans le Sud-Ouest de la France*, 2 tomes, Genève: Droz, 1974.

④ 转引 André Burguière, *The Annales School: An Intellectual History*, trans by J. M. Todd, Ithaca: Cornell University Press, 2009, p. 141.

修正派的"社会合作论"

大约在 20 世纪 80 年代，英美学界兴起的修正派，在新的经验研究基础上，展开了针对"国家中心论"解释范式的全面反思与冲击。从整体学术史角度看，修正派的出现与"政治的回归"这一整体学术转向桴鼓相应。而从外部环境来看，西方社会在工业化和现代化进程中社会结构的深层变化，社会分化与对抗的日趋激烈，以及各类弱势人群的抗议，都对制度史和政治史研究产生了影响，诸如此类的现象和问题都不是一个作为制度的国家概念所能涵盖的。[①] 因此，修正派更留意社会内部不同的利益团体，更重视社会各构成群体之间的张力，他们认为"国家中心论"将绝对君主制的胜利看成是国家制服社会的结果，不过是一种由中央俯视地方的视角，只关注中央意愿，忽视这种意志如何落实到地方层面，也不顾及地方是如何回应中央等问题。所以，对应于上述进步史观下的"国家中心论"，修正派提出了"社会合作论"。

在修正派阵营中，最有影响的当属贝克和凯特琳两人。他们同一年获得博士学位，都研究地方史，[②] 但是他们的政治立场则完全不同。贝克是左派史家，崇尚马克思主义历史学，对波尔日涅夫、安德森等人的研究情有独钟。凯特琳则属保守派，奉穆尼埃为 20 世纪最有影响

---

① Timothy Mitchell, "Society, Economy, and the State Effect," in George Steinmetz (ed.), *State/Culture: State-Formation after the Cultural Turn*, Ithaca, N.Y.: Cornell University Press, 1999, pp. 76-78.

② William Beik, *Governing Languedoc: The Practical Functioning of Absolutism in a French province, 1633-1685*, Ph.D., Harvard University, 1969; Sharon Kettering, *Red Robes and Barricades: the Parlement of Aix-en-Provence in a Period of Popular Revolt, 1629-1649*, Ph.D., Stanford University, 1969.

的史家，而且关注政治精英。① 两人的研究风格也有差别。贝克从事社会史研究，其代表作《17 世纪法国的绝对主义与社会》关注朗格多克省三级会议管理与运作中的等级利益问题，用的是阶级分析方法。凯特琳研究传统的政治史，在《17 世纪法国的庇护、掮客和委托人》中，她借用穆尼埃提出的团体忠诚概念，分析政治官僚体系上下级之间的朋党以及政治官僚上的恩庇现象。但两人的研究关心同一个问题，即与前朝相比，绝对君主制的统治何以更加成功。他们的回答从不同角度颠覆了"国家中心论"。

　　贝克不相信仅靠压制与驯服，绝对君主制的统治就能得以稳固。他认为更深层的原因应该在社会经济层面。通过研究朗格多克省三级会议的运作，他发现，这个机构远不是"徒具虚名"的，而是个调节各方关系、分配利益的平台，是王权与外省、国家与社会政治博弈的场所。② 国王依靠三级会议，满足征税、驻军、宗教控制等的需要，而省三级会议也必须依靠王权，因为这些问题不仅与本地有关，也牵涉到其他地区的利益，而每个地方都有自己的人脉关系网，都想避重就轻，但没有一个地方能掌控全局，所以得依靠中央的统筹。贝克认为，外省与王权的对抗是个虚构的神话，因为省三级会议不是现代代议制机构，根本代表不了整个外省的利益，其捍卫的只不过是一群寡头政治的利益。③ 全书最精彩的部分，就是通过税款的去向分析地方寡头与

---

　　① 　S. Kettering, "Roland Mousnier," in Philip Daileader & Philip Whalen, eds., *French Historians 1900-2000: New Historical Writing in Twentieth-Century France*, Chichester, West Sussex, U.K.; Malden, MA: Wiley-Blackwell, 2010, pp. 437-442.

　　② 　William Beik, *Absolutism and Society in Seventeenth-Century France: State Power and Provincial Aristocracy in Languedoc*, Cambridge; New York: Cambridge University Press, 1985, pp. 128, 146.

　　③ 　William Beik, *Absolutism and Society in Seventeenth-Century France: State Power and Provincial Aristocracy in Languedoc*, p. 219.

王权之间的利益分摊。贝克比较了 1647—1677 年朗格多克省征收的直接税的具体用度，发现路易十四亲政后，允许地方截流的额度越来越高，而这部分截留款项通过不同的渠道，最后落入了各级地方显贵、法官、税收官等人的腰包。[①] 类似的情况也出现在中央向地方借贷等金融活动中。据此，贝克证明贵族之所以驯服，不是因为摄于中央的强权，而是因为他们能从新体制得到更多的利益。因此，贝克认为，路易十四统治成功的秘密在于绝对君主制更有效地保障了统治阶级的利益。[②]

凯特琳从穆尼埃的研究中获得灵感。穆尼埃特别重视制度与心态的关系，提出了政治效忠、庇护关系等一系列概念，用以强调等级社会的团结与整合。他认为忠诚乃是近代早期人际关系的基本纽带，是后封建社会团体秩序的表现，以情感为基础的政治效忠与庇护是忠诚关系的基本表现。穆尼埃其实要证明，阶级分析，或将经济利益视为政治关系的本质基础，是无法理解法国旧制度的。[③] 凯特琳借用了穆尼埃的观点，但做了重要的修正。她认为政治忠诚的基础不是情感，而是物质利益关系，政治效忠与政治庇护关系的基础是以双方能实现互

---

①　William Beik, *Absolutism and Society in Seventeenth-Century France: State Power and Provincial Aristocracy in Languedoc*, pp. 267-268.

②　William Beik, *Absolutism and Society in Seventeenth-Century France: State Power and Provincial Aristocracy in Languedoc*, p. 31.

③　Roland Mousnier, *Les Institutions de la France sous la monarchie absolue*, tome 1, p. 85; Roland Mousnier, "Les concepts d' 'ordres', et d' 'états', de 'fidélité', et de 'monarchie absolue' en France de la fin du XVIe siècle à la fin du XVIIIe," *Revue Historique*, Tome CCXLVII, No. 2, 1972, pp. 289-312. 另见纪念穆尼埃的文集 *Hommage à Roland Mousnier: clientèles et fidélités en Europe à l'époque moderne*, publié sous la direction de Yves Durand, Paris: PUF, 1981. 穆尼埃、索布尔和拉布鲁斯有关 "等级" 和 "阶级" 概念的正面交锋，当为一段有趣的学术史，参见 *L'histoire sociale, sources et méthodes*, Colloque de l'École Normale Supérieure de Saint-Claud (15-16 mai 1965), Paris: PUF, 1967, pp. 26-30. 英译参见 Jacques Revel & Lynn Hunt, eds., *Histories: French Constructions of the Past*, translated by Arthur Goldhammer and others, New York: New Press, 1995, pp. 147-153.

惠互利为前提。① 这样一来，她实际上否认了穆尼埃提出的那种颇带浪漫主义色彩的政治图景。凯特琳认为，效忠本质上就是利益与资源的权衡问题，是一个持续不断的讨价还价的过程，正因为如此，所以不仅同时效忠多个恩主的情况十分普遍，而且弃旧投新的现象也层出不穷。② 基于此，凯特琳分析了外省的统治精英是如何通过一个多层次且彼此重叠的庇护关系网络，被整合进全国政治舞台中的，而中央层面的政治精英也得以利用外省的资源，联系这双方的纽带就是政治掮客。③ 比如，在普罗旺斯省，奥佩德家族控制了从省议会到奥朗治市镇议会的大部分要职，而中央税赋得以在该省顺利落实，全赖于这个家族与内阁大员的私人关系。④ 关键在于，凯特琳发现从 16 世纪到 17 世纪，掮客群体有了根本的改变，在 16 世纪，这群人大多由外省的总督或副官的各类嬖从构成，脱离于国家的控制，而到 17 世纪，经黎塞留的改革，一个直接或间接效忠于中央各部大臣的掮客网络建立起来。通过这套前所未有的"内阁委托人网络"（ministerial clienteles），绝对君主制逐步实现了国家的整合与中央集权。⑤ 凯特琳认为，通过有效改造并合理利用政治庇护网络，绝对君主制一方面可以把不可靠的势力边缘化，另一方面可以拉拢并赢得更多贵族的支持，最终成功地调整了政治权威、经济利益等多种统治资源的分配。⑥ 所以，绝对君主制更加强大，是因为它有效地利用了传统的政治庇护体系。

---

① Sharon Kettering, *Patrons, Brokers and Clients in Seventeenth-Century France*, New York: Oxford University Press, 1986, p. 21.
② Sharon Kettering, *Patrons, Brokers and Clients in Seventeenth-Century France*, pp. 38-39.
③ Sharon Kettering, *Patrons, Brokers and Clients in Seventeenth-Century France*, p. 206.
④ Sharon Kettering, *Patrons, Brokers and Clients in Seventeenth-Century France*, 第 2 章。
⑤ Sharon Kettering, *Patrons, Brokers and Clients in Seventeenth-Century France*, pp. 141-142.
⑥ Sharon Kettering, *Patrons, Brokers and Clients in Seventeenth-Century France*, pp. 234-236.

从方法论来说，贝克与凯特琳的研究都把政治史与社会史结合起来，只是具体做法不同。贝克把绝对君主制这项政治体制的创制放回到社会史的层面进行考察，探究谁是体制的受益者。凯特琳则是把政治关系放到物质利益层面中加以分析，她关心的是政治是如何运作的。[①]但他们都重视不同精英集团的政治参与，并揭示了社会与国家之间的互动。最重要的是，他们都认为绝对君主制得以确立，靠的是赢得贵族的合作，而不是压制贵族。所以，根据他们的研究，绝对君主制实际上是保障一个由君主、官员、地主、教士等组成的统治阶级的阶级利益的制度。[②]他们笔下的阶级，借用贝克的界定，指的是因与资源、权力和获取劳动成果的关系不同，导致的社会经济利益对峙的社会群体。[③]

这套解释与先前的"国家中心论"大相径庭。后者将绝对主义国家看成是进步的，是现代性的动力，而传统的等级团体社会则是落后与分裂的，绝对君主制的确立本质上就是一种现代国家统治制服并改变传统社会的过程。在贝克与凯特琳看来，这种对立根本不存在，因为王权与贵族在社会利益问题上没有本质矛盾，而作为一种国家形态或政治制度，绝对君主制的确立只不过是因为体现并保障了统治阶级的共同利益。正如贝克所言，绝对君主制所体现的根本不是现代性，而是一个传统保守的，并且捍卫封建利益的落后制度，其代表的是一

---

① William Beik, *Absolutism and Society in Seventeenth-Century France: State Power and Provincial Aristocracy in Languedoc*, p. 339; Sharon Kettering, *Patrons, Brokers and Clients in Seventeenth-Century France*, p. 205.

② 这里借用贝克的"阶级"概念。

③ William Beik, *Absolutism and Society in Seventeenth-Century France: State Power and Provincial Aristocracy in Languedoc*, p. 7.

个处于转型过程中的封建社会的最后一个阶段。[1] 贝克为这种新的研究范式取了一个恰如其分的名字："社会合作型绝对主义"。[2]

将研究的视角从制度或政治转向社会，强调社会合作与经济利益的分享，而不是简单化地考虑政治冲突与对立，这代表的不仅仅是研究视角的转换，而是从根本上重新思考绝对君主制的本质与性质。20世纪80年代之后的学术研究，基本上沿着"社会合作"模式展开，问题意识得以转变，研究的切入点也发生了变化。修正派集中考察了17世纪后半叶至18世纪的制度史和政治史，逐渐形成了一种与"国家中心论"不同的解释范式。下文分几个关键议题加以简述。

其一是重估省三级会议的角色。在贝克的影响下，不少史家开始重新考察省三级会议的历史，挑战了传统认识。关于勃艮第省三级会议的研究不少。[3] 其中斯旺的新作考察了该省的政治与制度史，指出该省的实权机构乃是由省三级会议领导的常设组织，即由分区税务长（élu）组成的常委会。这个机构尽管只有7人，但组织完备，分工明确，工作勤勉。他们的主要任务，除了在省三级会议休会期管理地方事务外，还包括每年赶赴巴黎，与中央各部官员当面递交并协商由他们起草的、包含地方所有要求的"谏诤书"。[4] 分区税务长人脉很广，其中

---

[1]　William Beik, *Absolutism and Society in Seventeenth-Century France: State Power and Provincial Aristocracy in Languedoc*, Cambridge; New York: Cambridge University Press, 1985, p. 339.

[2]　William Beik, "The Absolutism of Louis XIV as Social Collaboration," *Past and Present*, No. 188 (Aug. 2005), pp. 195-224.

[3]　仅举几例：考察财政如 Mark Potter &Jean-Laurent Rosenthal, Politics and Public Finance in France: The Estates of Burgundy, 1660–1790," *The Journal of Interdisciplinary History*, Vol. 27, No. 4 (Spring, 1997), pp. 577-612；考察农民与领主问题如 Hilton Rott, *Peasants and King in Burgundy: Agrarian Foundations of French Absolutism*, Berkeley: University of California Press, 1987; Jeremy Hayhoe, *"Judge in their own cause": Seigneurial justice in northern Burgundy, 1750 – 1790*, Ph. D., University of Maryland, College Park, 2001.

[4]　Julian Swann, *Provincial Power and Absolute Monarchy: The Estates General of Burgundy, 1661–1790*, Cambridge, U.K,: Cambridge University Press, 2003, pp. 132-133.

不少是国务大臣的亲戚[1]。他们本人直接向该省的总督兼"庇护人"孔代亲王负责，后者在朝野上下更是一呼百应。这些有利因素保证了分区税务长的权力与地位。与他们相比，督办官只不过是个辅助角色，就连省三级会议的议事也无法直接参与。[2]勒盖对北方三个小型三级会议省（阿图瓦、康布雷西，佛兰德—瓦隆）的研究，得出了类似的结论。这三个地方也都设有与勃艮第类似的常委会，并直接同中央的一个专门机构联络，即"省三级会议省办事处"。[3]勒盖系统分析了这两个机构之间的联络与通信，发现它们交流频繁，内容涉及各类地方事务。在得到中央授权后，省三级会议承揽了包括公共建设、社会管理、经济建设等大部分事务，而其自身的行政组织也得到了完善。因此，现在学界的普遍认识是，省三级会议不是绝对主义中央集权化的障碍，相反是中央王权的得力助手。

其二是重估督办官的角色。修正派认为，不能太强调督办官的权力，因为这些人的主动性受到地方政治环境的限制。相关论证主要围绕以下几个角度。首先是任期问题。邦尼的研究证明督办官在同一地区的任期越来越长。在黎塞留执政末期，督办官的平均任期不到 3 年，

---

[1]　Julian Swann, *Provincial Power and Absolute Monarchy: The Estates General of Burgundy, 1661-1790*, p. 51.

[2]　Julian Swann, *Provincial Power and Absolute Monarchy: The Estates General of Burgundy, 1661-1790*, p. 47, 78.

[3]　Marie-Laure Legay, *Les états provinciaux dans la construction de l'état moderne aux XVIIe et XVIIIe siècles*, Genève: Droz, 2001, 第 1 部分第 1 章。三级会议省办事处的全名是"财政总监下设的三级会议省办事处"（bureau des pays d'Etats au Contrôle général），成立于 1723 年，专门负责三级会议地区的诉讼与陈情书，但他们实际上常私下向某省三级会议通气，或透露某些风向，或汇报某大臣的性情喜好，常收取好处费。根据 Legay 的分析，在关系省三级会议地区的事务中，除了财税之外，其他所有事务基本上由这个办事处负责。有关朗格多克省与三级会议省办事处的联络情况，参见 Arlette Jouanna, "Les Relations directes avec la Cour," *Des États dans l'État: les Etats de Languedoc, de la Fronde à la Révolution*, par Stéphane Durand, Arlette Jouanna et Elie Pélaquier, avec le concours de Jean-Pierre Donnadieu et Henri Michel, Genève: Droz, 2014, pp. 293-316.

18 世纪则平均为 5 年，有 50 名督办官任期超过 15 年，而在路易十六时期的 68 名督办官中，24 人任期超过 20 年，任职 10 年以上的有 39 人，只有 8 人任期少于 5 年。[1] 第二是行政经费问题。埃玛纽埃里称督办官为"完全没有资源的官员"，比如 1789 年中央下拨给 36 个督办官辖区经费仅 31 万里弗，不到中央总支出的 1.3%。[2] 布罗索对弗朗什－孔泰地区督办官的研究证实了这个判断，以 1782 年为例，该地督办官只有 16000 里弗可用，而年度开销平均高达五六万里弗。[3] 第三是人手问题。通常情况下，随督办官上任的仅 1 名贴身秘书，协助他工作的助理官全部来自地方。修正派的研究发现，助理官员通常为地方豪族把持，所以是个相当稳定、任期很长的职位。格雷夫统计了 32 个督办官辖区，发现助理官员任职十几年或几十年的情况不在少数。[4] 在弗雷维尔研究的布列塔尼三级会议省，韦迪耶就当了 22 年的总助理官（subdélégué général）。[5] 弗朗什－孔泰地区的情况类似，整个 18 世纪，子承父业的助理官占 22%。[6] 上述情况表明，无论是在人力还是财力上，督办官既然无法依赖中央，那就只能倚重地方了。此外，任期变长意味着他们与地方的关系越来越紧密，而且越来越稳定。基于此，修正派认为，在 18 世纪，督办官与其说是中央的人，不如说是地方的人。

[1]　Richard Bonney, *Political Change in France under Richelieu and Mazarin, 1624-1661*, Oxford: Clarendon Press, 1978, pp. 49-50, 426-427, 452; Paul Ardascheff, *Les Intendants de Province sous Louis XVI*, translated by Louis Jousserando, Paris: Alcan, 1909, pp. 80-81, 129.

[2]　François Xavier Emmanuelli, *Un Mythe de l'Absolutisme Bourbonien: l'Intendance, du milieu du XVIIème siècle à la fin du XVIIIème siècle France, Espagne, Amérique*, pp. 49-50.

[3]　Colette Brossault, *Les Intendants de Franche-Comté, 1674-1790*, préface de Daniel Roche, Paris: La Boutique de l'Histoire, 1999, p. 402.

[4]　René Grevet, "D'actifs relais administratifs du pouvoir exécutif: Les 32 bureaux d'intendance à la fin du XVIIIe siècle," *Annales historiques de la Révolution française*, 2003, N° 2, p. 12.

[5]　Henri Fréville, *L'Intendance de Bretagne, 1689-1790: Essai sur l'Histoire d'Une Intendance en Pays d'Etats au XVIII siècle*, tome II, Rennes: Plihon, 1953, p. 15.

[6]　Colette Brossault, *Les Intendants de Franche-Comté, 1674-1790*, p. 102.

修正派的判断，也针对穆尼埃的观点提出了补正。他们认为，穆尼埃所谓的官职持有者与中央派官者之间的 "300 年的冲突"，略显简单。督办官不能被简单地视为地方的对立面，而且与官职持有者之间也存在复杂的联系。格鲁德的统计表明，督办官与官职持有者同属一个社会群体，而且在 18 世纪，督办官贵族化和世袭化的趋势比较明显。① 换言之，这个群体已显露 "团体化" 的趋势。在修正派看来，穆尼埃提出的冲突，更准确地说，不是两类泾渭分明的社会群体之间的对立。比如里歇认为，那些先前捍卫官职特权的官职持有者，一旦成为大臣或督办官，便会转而捍卫政府权威。因此他认为，18 世纪高等法院与御前会议和督办官之间的政治分歧，与其说与职位的性质（即世袭的或可废除的）有关，不如说与文化和传统赋予这些职位的表象有关。② 安托万提出了不同的看法，他从君主制国家层面加以分析，认为这种对立既不是社会冲突，也不是团体冲突，而是有关国家行政原则的对峙，其根源在于现代科层体制的确立和拓展，中央派官所代表的不是国王本人，而是一个去人格化的国家。③

修正派的第三类重要议题是重新界定绝对王权与地方特权的关系。他们认为，两者的关系不是对立，而是互惠合作。柯林斯发现，布列塔尼三级会议省的情况与贝克笔下的朗格多克省比较类似。该省贵族的主要收入是领主捐税和土地租税，他们希望提升间接税而尽可能降低直接税。因此，省三级会议将大部分税赋转移到间接税上，这

---

① Vivian R Gruder, *The Royal Provincial Intendants A Governing Elite in Eighteenth-Century France*, Ithaca, N.Y.: Cornell University Press, 1968, pp. 53, 134, 110.

② Denis Richet, *La France modern: L'esprit des institutions*, p. 85.

③ Michel Antoine, "Colbert et la Révolution de 1661," *Un Nouveau Colbert: actes du Colloque pour le tricentenaire de la mort de Colbert*, organisé par le Ministre délégué à la culture représenté par Jean Favier Paris: Éditions SEDES/CDU, 1985, pp. 107, 109.

既满足了国王逐年增加的税赋要求，并赢得了自行管理本地举税的特权，又保障了这些土地贵族的利益。[1] 所以，一些表面看似是维护地方利益的政策，实际上既有利于中央，也有利于地方。比如三级会议省应对普遍税的策略是"一次性支付"（abonnement）。在斯旺看来，这既避免了中央直接干涉地方税收，确保了省三级会议的独立性，同时也使得中央政府无须担心征税周期之长，避免了最终实征税额不确定等麻烦。[2] 体现这种互惠关系的另一个例子是金融问题。近期研究表明，18 世纪中央越来越倾向于向三级会议省举债，因为利息低，[3] 而且不需要通过高等法院的注册，更方便。在 18 世纪后半叶，路易十五和路易十六总共从阿图瓦、康布雷西、佛兰德、布列塔尼、勃艮第和朗格多克六个三级会议省借了 3 亿 3000 万里弗，占国王财政收入的四分之一。[4] 成为中央政府的债权人，这对地方也很有利。比如 1689 年勃艮第三级会议以 80 万里弗的巨款换取了此后 7 年半内索恩河入市税的收益，他们用这笔收益做抵押，吸引了不少金融家来本地投资。[5] 波特和罗森塔尔发现一个更有意思的现象，即 18 世纪，勃艮第省三级

---

[1]　James B Collins, *Classes, Estates and Order in Early-Modern Brittany*, Cambridge; New York, NY: Cambridge University Press, 1994.

[2]　所谓普遍税，指的是按比例提取的税款，中央只能规定比例，实际征收多少，事先无法知晓，因为政府根本不知道税赋的基数（地产或人口）。"一次性支付"指的是省三级会议事先商定一个税赋数额，一次性交给中央，此后实际税率以及实征税款多少，都与中央无关。

[3]　一般向金融家或银行家借债的利息是 9%~10%，而省三级会议只需要 5%，勃艮第三级会议的利息更低，只有 2%~4%，参见 Julian Swann, *Provincial Power and Absolute Monarchy: the Estates General of Burgundy, 1661-1790*, 2003, p. 321.

[4]　Marie-Laure Legay, *Les États Provinciaux dans la Construction de l'État Moderne: aux XVIIe et XVIIIe siècles*, pp. 200, 220, 343-344, 346; Julian Swann, *Provincial Power and Absolute Monarchy: the Estates General of Burgundy, 1661-1790*, pp. 295, 300-301, 320-323, 327-328; Stephen Miller, *State and Society in Eighteenth-Century France: A Study of Political Power and Social Revolution in Languedoc*, Washington, D.C.: Catholic University of America Press, 2008, p. 105.

[5]　Julian Swann, *Provincial Power and Absolute Monarchy: The Estates General of Burgundy, 1661-1790*, 第 10 章。

会议逐渐成为一个全国性甚至国际性的投资平台。他们统计了 1660—1790 年该省三级会议债权人的身份，发现不仅外来的投资者渐多，而且不同身份的人越来越多，除了财政官员，还有军官、贵族、司法官员、商人等等，投资的份额也越来越多。[1] 勒盖的研究总结了近期的观点，她认为省三级会议构成了君主制实现自我现代化的工具，对一个囊中羞涩且执行能力有限的君主制来说，这既有效转移了一部分负担，而且也实现了行政方面的权力下移，是实现现代化和中央集权的有效的平台。[2]

最后，修正派也纠正了军事与战争在国家建设中的作用。[3] 通行的观点认为"绝对君主制是税赋的儿子"[4]，而军事是税赋增加的关键因素。持这种看法的，不仅有"国家中心论"者，还包括政治社会学家，如美国学者布莱恩·唐宁就认为面对军事威胁，所需动员资源的程度决定了西欧国家在现代化过程中出现的不同的政治制度。[5] 修正派借用"精英利益分享"和"庇护网络"视角，提出了"新军事史"，以林恩和罗兰兹为代表。[6] 林恩的《伟大世纪的巨人》是部"百科全书

---

[1]　Mark Potter & Jean-Laurent Rosenthal, "Politics and Public Finance in France: The Estates of Burgundy, 1660–1790," *The Journal of Interdisciplinary History*, Vol. 27, No. 4 (Spring, 1997), pp. 577-612. 尤其参见第 598 页上数据 2，第 599 页上表 4。

[2]　Marie-Laure Legay, *Les états provinciaux dans la construction de l'état moderne aux XVIIe et XVIIIe siècles*, 结论部分。

[3]　此处评述参考 William Beik, "The Absolutism of Louis XIV as Social Collaboration," *Past and Present*, No. 188 (Aug. 2005), pp. 195-224.

[4]　Denis Richet, *La France Moderne: l'esprit des institutions*, p. 77.

[5]　如布莱恩·唐宁：《军事革命与政治变革：近代早期欧洲的民主与专制之起源》，赵信敏译，上海：复旦大学出版社，2015 年。

[6]　John A Lynn, *Giant of the Grand Siècle: The French Army, 1610-1715*, Cambridge; New York: Cambridge University Press, 1997. David Parrott, *Richelieu's Army: War, Government, and Society in France, 1624‑1642*, Cambridge, U.K.; New York: Cambridge University Press, 2001 Guy Rowlands, *The Dynastic State and the Army under Louis XIV: Royal Service and Private Interest, 1661-1701*, Cambridge; New York: Cambridge University Press, 2002.

式的"研究，涉及 17 世纪法国军事史的方方面面，包括军队管理、供给、职位、荣誉和训练等。罗兰兹的研究更为具体，关注路易十四亲政后的四十年（1661—1771），核心问题是贵族精英和国家军队发展的关系。林恩和罗兰兹虽然并不否认军队建设在路易十四时期有了革命性的发展，但是却认为支撑军队的那些政治与社会制度并没有根本改变。罗兰兹认为路易十四的军队依旧是妥协的产物，是用确保贵族地位和家族利益来换取贵族的服从与效忠，军队的建设靠的不是制度的理性化，而是利益得到保障的数以千计的有产者精英的支持和拥护。[①] 林恩提出，在战争和军事的推动下并没有形成一个强大的中央税收机器和分配体制，因为税制的运转实际上有两个不同层面：首先是地域性层面，如省三级会议、收税员和金融家等，在税收和分配方面他们依旧是半独立的；其次是军队本身，林恩认为这基本上就是个被大贵族垄断、王权难以直接介入的"国中之国"。罗兰兹的书也涉及同样的问题，他认为军队之所以得以规训，陆军国务秘书一职得以享有显赫的地位，靠的都是勒泰利耶家族。[②] 林恩提出的第三个层次是贵族自己出钱供养自己的部队，相当于国家间接对贵族征税。这部分金额占全部军费开支的 25% ~ 30%。[③] "新军事史"否认军事发展带来了国家体制的现代化与理性化。他们将国家看成是庞大的庇护机器，军队层面的创制，不是来自大刀阔斧的制度改革，而是基于维护家族利益和个人利益的产物。正如林恩所言，结果，军队越来越变成一个独立的团体，而国

[①] Guy Rowlands, *The Dynastic State and the Army under Louis XIV: Royal Service and Private Interest 1661-1701*, Oxford: Oxford University Press 2012, p. 23.

[②] Guy Rowlands, *The Dynastic State and the Army under Louis XIV: Royal Service and Private Interest 1661-1701*, Oxford: Oxford University Press 2012, p. 51.

[③] 转引自 William Beik, "The Absolutism of Louis XIV as Social Collaboration*," Past and Present*, no. 188 (Aug. 2005), p. 215.

家"家产制"这个特点始终没有根本改变。

与"国家中心论"相比，修正派问题意识的核心是，绝对君主制的有效性及其社会基础——这项制度是如何运作的？是什么原因使它能在一定程度上保证秩序的稳定？他们不太关心制度创立的原因，也很少分析与之相关的思想史和观念史。[①]因此，一方面他们的研究集中在 17 世纪后半叶至 18 世纪这段历史，即绝对君主制的阶段，而不是宗教战争至 17 世纪上半叶建立绝对主义的阶段。另一方面他们的研究是基于具体情景的经验主义分析，而不是简单化的功能主义解释。他们的观点与"国家中心论"针锋相对，不认为绝对王权根本改变了政治与社会的组织原则。相反，恰恰是因为法国特定的政治权力结构以及君权绝对化所采取的特殊发展路径，致使传统的团体和特权变得更加稳固。全国三级会议停止召开，这虽然是王权强大的表现，但从长远来看也导致了它的虚弱，因为国王失去了一个得以统一协调地方问题的平台，也使得他自己的政策无法得到全国的支持。于是，国王不得不面对各种地方政治势力以及某种程度上带有分裂倾向且彼此殊异的政治团体。而处理这些关系，靠的是从地方市镇一直延伸到中央的复杂的多层次的庇护网。政治的效忠换来经济上的补偿，特权通过表明自己的价值而得到承认，王权也正是因为更有效地维护了原有的社会政治格局而得到认可。绝对君主制在逐步完成政治整合的同时，团体主义和特权制度也变得更加牢固。因此，根据修正派的分析，法国的绝对君主制并不标志着与过去的断裂，也不代表一种激进的改革蓝图，而是始终存于这样一个中央集权不断成熟，但分权非但没有消除，

① William Beik, *Absolutism and Society in Seventeenth-Century France: State Power and Provincial Aristocracy in Languedoc*, pp. 5-7.

反而更为牢固的异质性的政治体中。①

重新界定"绝对君主制"

　　修正派与"国家中心论"争论的焦点问题是绝对君主制与等级社会的关系，这本质上就是政治与社会的关系。在这个问题上，两派的看法截然不同，因而他们在对绝对君主制概念的理解以及对该制度的定性等问题上也存在根本分歧。

　　"国家中心论"认为绝对君主制的确立是现代国家控制和重塑传统社会，并逐步建立政治与行政理性化的过程，而这一目标与地方团体主义和等级社会无法兼容，因此绝对王权的确立意味着等级议会、封建领主以及特权贵族这三类社会力量受到牵制。② 相反，修正派认为传统的社会力量不但没有被制服，反而更加积极有效地参与到国家建设中。国家的行政结构的确在完善，但充斥并控制从中央到地方各层级要职的是贵族庇护网络。中央对地方资源的汲取能力也的确有了上升，但特权团体与地方显贵从税收中截流的份额也同比上升。军队的发展也没有终结军官职位家族化世袭化的趋势。换言之，团体等级社会始终牢牢地捆绑着绝对君主制，而唯有取得社会精英的支持与参与，绝对君主制才能稳固。所以，"国家中心论"强调国家的能力，而修正派重视社会的力量，前者的分析视角是自上而下的，后者则可以说是自下而上的底层视角。

---

　　① 可参见 David Parker, *The Making of French Absolutism*, London: E. Arnold, 1983, 结论部分。

　　② Roland Mousnier, "L'Évolution des institutions monarchiques en France et ses Relations avec l'Etat social," *XVII siècle*, No. 58-59 (1963), pp. 57–72. 穆尼埃在这篇文章中分析了这三类社会力量及其依托的制度如何一步步走向衰退。

两派对绝对君主制的界定也完全不同。"国家中心论"倾向于将绝对君权看成是无所不能的。在《5 世纪至今欧洲的绝对君主制》一书中，穆尼埃分析说，"绝对的"（absolu）这个概念有两层含义：首先是"完美的"，因为该词来源于拉丁文 absolvere；其次是不受任何习惯法与世俗权威限制，而限制王权的唯有神法、自然法与基本法。[①]迪蒙表达了类似的看法，认为绝对君主制就是这样一种政治组织，所有权力只属于国王一人，他无须听从教会，也不需要对人民负责，普通法与他无关，国王本人就高居法令之上。[②]梅杰也给出了一个类似的界定，他说："在这样的制度下，国王能够控制垂直的纽带，这些纽带对维持社会整合来说很必要，并拥有一支顺从的军队和足够规模的官僚体制，在通常的情况下（正常的，而非例外的）落实他的意愿。"[③]修正派不认可这样的界定，柯林斯认为，这种界定只关注国王借助立法行为能做什么，而不关心他实际上能做成什么，并不是一个有效的历史分析工具。[④]柯林斯认为："绝对君主制不是统治体系，也不是国家建设的过程：绝对君主制是一种信念，国王在制定实在法上有绝对权威，17、18 世纪的法国君主制是'绝对的'，仅仅意味着君王试图通过其制定的法律来统治法国，从而将政治话语放置在畅行无阻的王权权威领域。"[⑤]

[①] Roland Mousnier, *La monarchie absolue en Europe du Ve siècle à nos jours*, Paris: PUF, 1982, pp. 11-12.

[②] François Dumont, "Royauté française et monarchie absolue au XVIIe siècle," *XVIIe siècle*, vol. 58-59, 1963, pp. 5-6. Dumont 区分了两类君主制，"传统君主制"（monarchie traditionnelle）和"绝对君主制"。

[③] J. R. Major, *From Renaissance Monarchy to Absolute Monarchy: French Kings, Nobles, & Estates*, p. xxi.

[④] James Collins, *Fiscal Limits of Absolutism: Direct Taxation in Early Seventeenth-Century France*, Berkeley: University of California Press, 1988, 结论部分。

[⑤] James Collins, *Classes, Estates and Order in Early-Modern Brittany*, p. 14.

基于上述分析，不难发现，"国家中心论"和修正派的"社会合作论"事实上是在两个不同的层面上论述绝对君主制。前者更多基于绝对主义的理论层面和应然层面，后者则分析制度的经验层面和现实层面。很明显，"国家中心论"所强调的君权绝对化，中央对地方的控制，正是那些为绝对君主制辩护的思想家和法学家倡导的目标，但这既不等同于现实，也没有阐明制度是如何具体运作的。"国家中心论"将这两个层面错误地混为一谈，只顾及制度的设计，不考虑其现实，只看中央颁布的法令法规，而不分析它们是如何落实执行的。可以说，这正是他们遭到批评最集中的地方。[1]梅塔姆甚至讥讽穆尼埃代表作的《绝对君主制下法国的制度（1598—1789）》读起来就是某位16、17世纪的绝对主义理论家在说话，全书只有政治理论框架，完全没有任何历史事实，是静态的社会与制度的图景的结合。[2]意大利史家瓦维斯也评论道：这样的制度史根本不是历史，只是在描绘权力的应然状态，全然不顾事实本身。[3]荷兰史家科斯曼强调，如果把绝对君主制视为高于社会，且不受社会约束的制度，那就等于承认绝对君主制是一种没有社会基础的政体，根本无法实现。[4]

不过，修正派对穆尼埃的批评略显苛刻。穆尼埃的研究虽然存在某些问题，但是由于他对"制度"有自己的理解，其制度史研究亦有

---

[1]　Peter Campbell, *Power and Politics in Old Regime France: 1720-1745*, London; New York: Routledge, 1996, p. 14.

[2]　Roger Mettam, "Two-Dimensional History: Mousnier and the Ancien Régime," *History*, no. 66 (1981), pp. 221-232.

[3]　J. Vicens Vives, "The Administrative Structure of the State in the Sixteenth and Seventeenth Centuries," in Henry J. Cohn ed., *Government in Reformation Europe 1520 - 1560*, London: Macmillan 1971, p. 60.

[4]　E. H. Kossmann, *Politieke Theorie en Geschiedenis*, Bert Bakker: Amsterdam, 1987, pp. 127, 129, 134-135.

其独特的旨趣，有别于传统的路径，不能一概而论。如前所述，穆尼埃将制度视为一种支配性的价值观念与文化认同，是凝聚并整合社会群体的不可或缺的因素。这意味着，第一，制度史学研究的首要问题不是分析制度的运作，而是通过分析行政规范、法令文件和"有助于理解和把握人们真实的日常关系的一切材料"，[①]了解他所谓的"主导观念"和"程序"；[②] 第二，这套承担整合功能的价值规范必然是规范性的，因此制度史研究相应地会倾向于强调主导观念的权威性和统一性。综合上述两点，可以认为，穆尼埃的制度史研究更接近价值观的表象研究，而与社会史或政治史的研究有所不同。[③]

修正派与"国家中心论"的第三点分歧表现在，他们质疑"绝对君主制"这一概念的有效性。洛斯基干脆说所谓"绝对主义"其实就是个神话。[④]汉谢尔表明，该术语乃是 19 世纪政治思想的产物。[⑤]科尔奈特和布尔坎这两位法国史家也提出，如果用绝对君主制来概括 17 世纪的伟大成就，那么实际上就是被君王加诸在自己身上的那套话语与形象所蒙骗了。[⑥]有学者甚至抛弃这个概念。如德国史家菲尔豪斯的

[①]　Roland Mousnier, *Les Institutions de la France sous la Monarchie Absolue*, tome 1, Paris: PUF, 1974, pp. 5-8.

[②]　在《1450 年至今的社会分层》一书中，穆尼埃把这种支配性的价值规范称之为"基本原则"（basic principle），参见 Roland Mousnier, *Social Hierarchies: 1450 to the Present*, translated from the French by Peter Evans, edited by Margaret Clarke, London: Croom Helm, 1973, p. 11.

[③]　基于这一理解，就能明白《绝对君主制下法国的制度（1598–1789）》一书的结构。该书首先梳理了从卢瓦索至巴纳夫的思想，目的是把握当时人对社会结构表象之认识的变化，其次梳理世系、家族、婚姻、团体等，这些组织的文化与信念影响甚至塑造了所隶属之个体的观念，即价值身份认同。

[④]　Andrew Lossky, "The Absolutism of Louis XIV: Reality or Myth?" *Canadian Journal of History*, vol. XIX (April 1984), pp. 1-15.

[⑤]　Nicholas Henshall, *The Myth of Absolutism: Change and Continuity in Early Modern European Monarchy*, London; New York: Longman, 1992.

[⑥]　Joël Cornette & Laurent Bourquin, *La Monarchie entre Renaissance et Révolution, 1515-1792*, Paris: Seuil, 2000, p. 142.

代表作《绝对君主制时期的德国（1648—1763）》再版时，他决定删除旧作标题中的"绝对君主制时期"这个措辞。在前言中他说："我之所以还称这段历史为绝对君主制时期，是因为找不到其他更合适的词而已。"[①] 另有史家提出了替代概念，比如"巴洛克国家"（État baroque），这个概念为某些英法史家所接纳。在给《巴洛克国家》和《古典国家》两卷论文集作的序言中，史家拉杜里写道：这个词更适合分析这个"不断产生裂隙的绝对主义框架"。[②] 英国学者坎贝尔给这个术语做了界定："这类国家是政治－经济实体（socio-political entity），其结果与社会交织在一起，试图凌驾于社会之上，但最终不得不与后者妥协。巴洛克国家赋予自身一套宏大的蓝图，沉浸在绚烂的表演中，但却保留了大部分骗人的特征，它所实现的远不及它所承诺的。'巴洛克国家'的政治结构和局限性深深嵌入在社会结构中，其权力运作的方式尽管扎根过去，却也符合其时代的典型特征。"[③]

修正派和"国家中心论"最根本的分歧在于对绝对君主制性质的认识上，这同他们对政治与社会关系的不同理解有关。"国家中心论"把绝对君主制视为非常特殊的国家形态，它压制了社会，高于社会，而且不受任何社会力量的约束。从理论上说，这是一种不依赖与任何社会阶层合作，且不体现任何社会群体利益的统治方式，其实也就是一种毫无社会基础的国家形态。从这个意义上说，"国家中心论"笔

① Rudolf Vierhaus, *Staaten und Stände: vom Westfälischen bis zum Hubertusburger Frieden, 1648 bis 1763*, Berlin: Propyläen, 1984, p. 10. 此书第一版为 *Deutschland im Zeitalter des Absolutismus (1648-1763)*, Göttingen: Vandenhoeck & Ruprecht, 1984. 转引自 Wolfgang Schmale, "The Future of 'Absolutism' in Historiography Recent Tendencies, " *Journal of Early Modern History*, Volume 2, Issue 2 (1998), p. 193.

② Emmanuel Le Roy Ladurie, "Introduction," in *L'Etat baroque: regards sur la pensée politique de la France du premier XVIIe siècle*, textes réunis sous la direction de Henry Méchoulan, étude liminaire de Emmanuel Le Roy Ladurie; préface de André Robinet. Paris: J. Vrin, 1985, pp. ix-xxxv.

③ Peter Campbell, *Power and Politics in Old Regime France: 1720–1745*, pp. 4-5.

下的绝对君主制可以说是自成一格、独一无二的国家形态，与之前的等级国家和之后的宪政国家完全不同，因为这两种国家形态都有较为明确的阶级基础。相反，修正派倾向于从社会经济发展的角度，强调绝对君主制的阶级性。贝克和凯特琳都认为这是捍卫贵族特权等级利益的守旧的政治体制。英国学者帕尔克也有类似的看法，在《法国绝对主义的社会基础》一文中，他指出绝对君主制是法国在面对国际竞争和政治压力的状况下，对原有的体制做出调整的结果，尽管某些政策利于商业资本主义的发展，但本质上依旧是封建等级社会的产物。[1]因此帕尔克也否认绝对君主制是现代化的推动力。在《旧制度的阶级与国家：迈向现代的道路？》一书中，他把绝对君主制看成统治工具，既调节阶级的内部冲突，又捍卫阶级统治。因为这是一种在等级分裂业已产生的情况下，重新整合统治集团的制度。[2]

将绝对君主制看成阶级统治的工具，并与社会经济基础关联，从这个角度来观察，修正派可被视为马克思主义史学的复兴。马克思和恩格斯在各自的经典著作中都指出过，欧洲的绝对君主制诞生的社会条件是土地贵族与资产阶级之间的势力均衡。[3]这一论断至少包含两层意思，首先，绝对君主制是国家发展的一个特殊阶段，因为在这一时期，社会已不是纯粹的封建社会，但资本主义社会尚未完全成型，封建贵族并未退出历史舞台，因此绝对君主制作为表面上的调停人而暂时得到了相对于两个阶级的某种独立性。其次，绝对君主制是个过渡阶段，

---

[1]　David Parker, "The Social Foundation of French Absolutism 1610-1630," *Past & Present*, No. 53 (Nov., 1971), pp. 88-89.

[2]　David Parker, *Class and State in Ancien Régime France: the Road to Modernity?* New York: Routledge, 1996, p. 268.

[3]　转引佩里·安德森：《绝对主义国家的系谱》，第3—4页。

因为这一时期的社会就处于封建主义向资本主义发展的过渡阶段。马克思主义史学家基本遵循上述思路，只是在某些问题上存有分歧。波尔日涅夫认为绝对君主制的使命是更有效地压制民众叛乱，并使其驯服，为此需要利用资产阶级的力量，以克服贵族与绝对君主制之间的张力。[①]柳勃林斯卡娅则认为资产阶级相对独立，同绝对君王之间是种互惠互利的合作关系。与波氏不同，柳氏认为资本主义已经出现，但不足以从根本上影响当时的社会结构。[②]安德森也承认绝对君主制本质上是受到威胁的贵族的新的政治盾牌，是一种重组的封建制度，但不认为资产阶级已是一种独立的政治力量。[③]修正派与马克思主义史学家观点又有不同，主要表现在以下几点：其一，修正派进行的主要是国家制度研究，且对等级社会内部的经济利益与政治矛盾的分析更为细致，也不那么僵化；其二，修正派基本不承认法国资产阶级已成为独立的政治力量，因此他们分析的重点不是传统特权与资本主义的关系，而是王权与特权的关系；其三，也是最重要的一点，修正派认为绝对君主制是封建性的，是封建社会发展的最后阶段，而不是新社会与新国家的起点。

　　总之，"国家中心论"的解释较为僵化，且有流于肤浅之嫌。他们太过重视政治理论与法学理论，而且对政治思想采取一种近乎"断章取义"的做法，一方面只关注那些颂扬君权的理论家，甚至对那些持反绝对主义立场的思想家弃置不顾，[④]另一方面只分析法令政策，

---

　　① B. F. Porshnev, *Les soulèvements populaires en France de 1623 à 1648*, pp. 23-24, 543.

　　② Aleksandra Lublinskaya, *French Absolutism: The Crucial Phase 1620–1629*, translated from the Russian by Brian Pearce, with a foreword by J. H. Elliot, London: Cambridge University Press, 1968, p. 330.

　　③ 佩里·安德森：《绝对主义国家的系谱》，第1部分，第1章和第2章。

　　④ 比如 Roland Mousnier, "Réflexions Critiques sur la Notion d'Absolutisme," *Bulletin de la Société d'Histoire moderne*, No. 16, (novembre-décembre 1955), pp. 2-8.

对政策最终是否落实，以及如何落实，却并不关心。事实上，如果只看中央文件，或只看科尔贝尔本人下达的文书，那就只能看到一名全权的中央大臣如何督促地方官员，而无法看到每道命令的执行所牵涉的复杂的人际关系。修正派则采取"社会的视角"，将体制与经济基础联系，从社会而不是国家，从政治体制的边缘而不是中心分析绝对君主制的运作，他们不局限于分析政治领袖，而是关注更广泛的社会精英集团，他们既重视体制设计者的个人意图，也更细致地分析在政治生活中反复出现的折中与妥协。他们对整套体制的判断，不是依照法令或政治文件所折射的权威意志，而是根据制度运作中潜在的利益分布。修正派这种以地区研究和微观政治分析为切入点的分析方式，清楚地彰显了绝对君主制理论与实践、政令文本与实际执行之间的张力。①

"社会中的国家"

20 世纪 80 年代，政治社会学、比较政治制度研究、历史社会学等研究领域在告别了行为主义和世界体系论之后，埃文斯、斯考克波等学者纷纷倡议，重新将国家作为制度分析的核心要素。这股学术潮流被称为"国家中心主义"。② 但不久，由于过分强调国家的自主性，对国家能力过于乐观，"国家中心主义"受到了各方面的挑战。时至20 世纪 80 年代末 90 年代初，米格代尔、米歇尔等提醒学界应当关注

① Joël Cornette & Laurent Bourquin, *La Monarchie entre Renaissance et Révolution, 1515-1792*, Paris: Seuil, 2000, p. 193.
② 彼得·埃文斯，迪特里希·鲁施迈耶，西达·斯考克波：《找回国家》，方力维等译，北京：三联书店，2009 年。

国家与社会力量的互动以及国家有效性问题。米歇尔在《国家的限度：超越国家中心取向及其批判》这篇具有转折意义的论文中，系统梳理并批判了 19 世纪以来的国家中心主义理论。他认为韦伯的经典界定，即将国家视为合法垄断暴力的组织，就是一个典型的静态概念，既没有说明这种垄断的框架是如何构成的，无形中也假设了国家早已以一种无可争辩的方式分离于社会，且高居社会之上。[①] 米格代尔将新的研究取向称为"社会中的国家"，认为其宗旨就是要理解社会团体如何介入国家之中，削弱或扭曲国家自身所宣称的那种至高无上的权威，并借此导致社会与国家的相互改变（mutual transformation）。[②] 为此，他提出了一个新的定义，包含两部分：其一是国家所代表的支配性形象，即象征统一、单一、独立、集权的国家，通过仪式、象征、文化等表现出来；其二是国家的实践，即政府官员、国家机构以及各类社会群体的行为与行动。作为形象的国家趋向同质性，实践层面的国家趋向异质性。所谓"社会中的国家"就是这种张力的集合体。[③]

结合上述学术语境，不仅有助于理解绝对君主制研究转向的整体学术背景，也有助于结合具体问题，把握研究的不足与缺陷。"国家中心论"的问题上文已做论述，此处不再重复，下文主要评析修正派。

---

① Timothy Mitchell, "Mitchell, Timothy-The Limits of the State Beyond Statist Approaches and Their Critics," *The American Political Science Review*, Vol. 85, No. 1. (Mar., 1991), pp. 77-96. 另见 Timothy Mitchell, "Society, Economy, and the State Effect," in George Steinmetz (ed.), *State/Culture: State-Formation after the Cultural Turn*, Ithaca, N.Y.: Cornell University Press, 1999, pp. 76-97.

② 乔尔·S. 米尔达尔：《社会中的国家：国家与社会如何相互改变与相互构成》，李扬等译，南京：江苏人民出版社，2013 年，第 254 页。

③ 乔尔·S. 米尔达尔：《社会中的国家：国家与社会如何相互改变与相互构成》，第一章。高尔斯基在《超越马克思与欣策：近代早期国家形成的第三波理论》[Philip S. Gorski, "Beyond Marx and Hintze? Third-Wave Theories of Early Modern State Formation," *Comparative Studies in Society and History*, Vol. 43, No. 4 (Oct., 2001), pp. 851-861] 一文中也有类似的倡议。根据他的概括，所谓第三波国家形成理论，重点在强调被统治者的能动性以及宗教的作用，强调国家不是强制性的。

很明显，他们的研究主要集中在三级会议省，或是分析省三级会议，或是分析这类地区的督办官，而对那些由督办官直接负责的财税区缺少分析，这固然是因为财税区的档案很不完整，而三级会议省，尤其是省三级会议的材料保存较好。[1] 但是这种倾向不可避免地影响了他们的判断。这表现在以下两个方面。

首先，过于强调地方精英团体的统一性。修正派令人信服地证明了省三级会议这个建制确能起到合作协商的作用，但是这并不等于地方精英本身就一直是团结的。有两点原因，第一，特权和利益总是排外的，因此从某种程度上说冲突是必然的。比如就征税权问题，勃艮第省三级会议与第戎高等法院之间的冲突便断断续续延续了半个世纪。[2] 类似的情况在其他地区也经常出现。第二，省三级会议不是现代代议制体系，根本无法代表整个省的利益，大体上只有上层精英才能在这套体制中受益，且长期垄断席位，而那些被排挤在外的人自然很容易变成体制的反对者，这部分解释了为什么在革命前夜涌现出大量抨击省三级会议的出版物。[3] 第三，分裂也存在于地方之间，各地的省三级会议尽管比较活跃，但是在整个 18 世纪，几乎没有出现类似革命

---

[1] 存放财税区档案的巴黎审计法院，由于火灾或革命等原因，遭到严重破坏。见 Joël Félix, *Economie et finances sous l'Ancien Régime: guide du chercheur, 1523－1789*, sous la direction de Michel Antoine, introduction de Françoise Bayard, Paris: Comité pour l'histoire économique et financière, 1994, 导论部分。另见 Jean-Philippe Genet, "The Government of Later Medial France and England: A Plea for Comparative History," in Christopher Fletcher, Jean-Philippe Genet & John Watts, eds., *Government and Political Life in England and France, c.1300–c.1500*, Cambridge: Cambridge University Press, 2015, pp. 41-77, 特别参见第 8–10 页。感谢武汉大学熊芳芳提供上述材料。有关三级会议省材料的保存情况，可参见 *Des États dans l'État: les Etats de Languedoc, de la Fronde à la Révolution*, 导言部分。朗格多克的省三级会议纪要已经电子化。

[2] Julian Swann, *Provincial Power and Absolute Monarchy: The Estates General of Burgundy, 1661-1790*, 第九章。

[3] 比如 1788 年 de Beauffort 在其 *Mémoire présenté aux Etats d'Artois* 公开了本地三级会议的开支，引起哗然。参见 Marie-Laure Legay, *Les états provinciaux dans la construction de l'état moderne aux XVIIe et XVIIIe siècles*, p. 448.

时期的那种地方联邦运动，即便面对普遍税这样的全国性问题，它们之间也很少有一致的行动。这是因为各省三级会议自视独立、与众不同，从不认为它们是一个整体。这种分裂性自然与地方特权的本质有关，因此中央所遭遇的整体性的地方阻力不是很大。[1]

相应地，修正派过于强调王权的妥协以及这种合作模式的可延续性。诚然，在汲取并分配社会资源方面，它们有共同的利益诉求，但这不足以保证它们之间的结盟就是牢不可破的。类似的例子很多，比如 1750 年财政总监马肖征收的廿一税，决定统一财税区和三级会议地区的征收方式，取消后者的"一次性支付"的特权。朗格多克省三级会议予以反对，其陈情书措辞强烈，结果被强制解散。[2] 此外，诸如直接税这样的新举措，必定会构成王权与特权之间的交锋，因为这些措施可能会重新调整社会结构，重新界定纳税者扮演的政治角色。科瓦斯从行政、体制与话语三个层面，分析了直接税引发了特权与王权之间的交锋。他的研究正中修正派的要害：合作型绝对主义为何引发了精英对制度的不满？[3]

此外，修正派对督办官的评价也可能有失偏颇。他们从三级会议省地区得出的结论可能无法拓展到全国，贝克坦陈他得出的"朗格多克合作模式"不具有普遍意义。此外，18 世纪的新现象，比如督办官

---

[1]　但这种跨省的研究很少。相关论述可参见 Marie-Laure Legay, *Les états provinciaux dans la construction de l'état moderne aux XVIIe et XVIIIe siècles*, pp. 71-72. Arlette Jouanna, "Les contacts et les liens idéologiques avec les autres Etats provinciaux," in *Des États dans l'État: les États de Languedoc, de la Fronde à la Révolution*, pp. 296-361.

[2]　Arlette Jouanna, "Le conflit de 1750: le refus du don gratuit et la séparation des états," in *Des États dans l'État: les Etats de Languedoc, de la Fronde à la Révolution*, pp. 489-512. 布列塔尼的情况参见 Armand Rebillon, *Les Etats de Bretagne de 1661 à 1789: leur organisation, l'évolution de leurs pouvoirs, leur administration financière*, Rennes: Imprimeries Réunies, 1932, 第五章。

[3]　Michael Kwass, *Privilege and the Politics of Taxation in Eighteenth-Century France: liberté, égalité, fiscalité*, Cambridge; New York: Cambridge University Press, 2000, p. 314.

在同一地区任期变长、调任频率降低，甚至抗辩中央，这些情况不能简单被视为督办官角色的地方化以及中央集权松弛的表现，因为在相关的分析中，理应考虑到这一时期的特殊性。首先，较之前一个世纪，18 世纪的地方行政更重视地方舆情与国民利益。不仅中央主动鼓励地方的积极性与自主性，[①] 而且督办官由于受启蒙的影响，更重视国民的福祉，也强调行政的人性化，他们不会简单粗暴地执行政令，而通常会慎重地权衡地方与中央两方面的利益。相应地，这一阶段中央与地方之间的行政关系更开明。但是在兼顾地方利益的同时，督办官从未将自己视为地方的代言人。比如 1779 年布列塔尼督办官拉博夫在批注本省雷恩高等法院的备忘录中指出，督办官乃是御前会议的代表和执行员。[②] 他们很清楚，自己始终是御前会议的执行者。其次，1778 年之后的情况很特殊，一方面高等法院与御前会议之间愈演愈烈的争端使督办官受到了牵连，另一方面中央开始在财税区建立省议会。尽管相关法令并未明确削弱他们的职权，但是中央对他们的支持力度降低

---

① 最典型的例子是 1700 年成立了"商业议会"（Conseil de commerce），目的是监管和发展地方商业与手工业，而在这个中央机构中，来自地方推选的商界平民代表占了三分之二。参见 *David Kammerling* Smith, *"au bien du commerce": Economic Discourse and Visions of Society in France*, Ph.D. diss., University of Pennsylvania, 1995. Thomas Schaeper, The Council of Commerce, 1700–1715, Columbus: Ohio University Press, 1993. Harold Parker, *An Administrative Bureau During the Old Regime: The Bureau of Commerce and Its Relations to French Industry from May 1781 to November 1783,* Newark: University of Delaware Press, 1993. 也基于这个原因，财政总监拉维尔迪曾有计划建立省议会，参见 Marie-Laure Legay, "Un projet méconnu de 'décentralisation' au temps de Laverdy (1763-1768): les grands États d'Aquitaine," *Revue historique*, 2004/3, No. 631, pp. 533-554.

② Henri Fréville, *L'intendance de Bretagne, 1689–1790: essai sur l'histoire d'une intendance en Pays d'Etats au XVIII siècle*, tome III, pp. 72-74. 另外 Ardascheff 在其著《路易十六的督办官》（Paul Ardascheff, *Les intendants de province sous Louis XVI*, translated by Louis Jousserando, Paris: Alcan, 1909）中罗列了大量的材料，包括督办官的书信、日记和回忆录，试图证明这一时期的督办官已经成了地方的代表，而不再听命中央。实际上，细细分辨这些材料，可以发现，大部分证据只是表明督办官强调行政中要考虑国民利益，要将地方的福祉放在首位。

了。[①] 正如孚雷所言，当督办官发现他们不得不与选举产生的议会分享权威的时候，绝对君主制已经死亡了。[②] 所以，分析 18 世纪的督办官，至少应当留意上述特殊性。

总体而言，修正派在批评"国家中心论" 将国家能力过度理想化而误将绝对王权理论等同为高效行政能力的同时，走向了另一个极端，即把国家看成是由被社会利益捆绑的特权团体构成的松散组合体，国家因而变得毫无作为，到处受缚，只能顺从特权团体。实际上，修正派与"国家中心论"的问题类似，都只强调社会或国家的单方面作用，而对两者之间分组整合以及合纵连横等互动过程， 缺乏深入考察。[③]

若要剖析这层问题，笔者认为，首先应当承认，修正派指出的利益集团和庇护关系在 18 世纪变得更加庞大、更加牢固了。出身金融家族的蓬帕杜夫人既能干涉内政，又能染指外交，这本身就是一个十分典型的例子。另外，史家博谢尔也曾指出，持续的财政危机背后，免税自然是不容忽视的原因，但大量官僚从税收中获利，通过各种政治与合作关系将国家的税收当成家族产业，以致每年真正收入国库的税款所剩无几，这也是个十分重要的原因。[④] 另外，庇护关系也常常使得某些制度性的改革举步维艰，甚至被废除，比如路易十五时期拉维尔蒂的市镇改革。这些情况说明，绝对王权的出现并未脱离国家家产制这个特点，而正是这个特点，深深影响并制约了中央政府的举动。

---

① René Grevet, "L'absolutisme en province l'échec de l'intendant Caumartin en Artois (1759–1773)," *Revue d'histoire moderne et contemporaine*, T. 44e, No. 2 (Apr.-Jun., 1997), pp. 213-227.

② 傅勒：《思考法国大革命》，孟明译，北京：三联书店，2005 年，第 66 页。

③ 乔尔・S. 米尔达尔：《社会中的国家：国家与社会如何相互改变与相互构成》，南京：江苏人民出版社，2013 年，第 23 页。

④ J. F. Bosher, *French Finances 1770-1795: From Business to Bureaucracy*, Cambridge: Cambridge University Press, 2008.

换言之，对绝对王权的制度史研究需要充分考虑到传统社会对国家的束缚。①

其次，不能像修正派那样武断地抛弃绝对王权的那套话语理论。因为在旧制度法国这样一个前现代国家，王权就是政体同质性的唯一象征，代表了米格代尔提出的作为形象的国家。诚然，王权并没有实现真正的权力绝对化，但是国家与社会之间的张力在很大程度上就来源于这种绝对化倾向。一旦君王表现出全权的倾向，就会招致贵族的猜忌与抵制，因为他们总是留恋路易十四之前的时代。18 世纪，尤其是在莫普改革之后，君权与贵族之间的争端基本由此而来。因此，制度史和政治史的研究应当借鉴思想史与政治文化的研究成果，充分考虑政治话语对制度运作以及各阶层之间政治关系与认同的塑造作用。

第三，需要注意到绝对君主制国家并不总是守旧的。修正派将其视为封建贵族利益的代言人，这只看到了问题的一部分，而没有看到君主制国家与其社会基础之间始终存在的张力。这种张力不仅仅表现在上述所分析的君权绝对化的倾向上，也表现在各式各样的改革中。比如为扩大税源，提高岁入，中央开始征收人头税、什一税等，并开始重新修订地籍册，普查财产。这些举措，不都是全新的，但通过敕令反映出来的思想与理念却带有深深的启蒙时代的烙印，无形中改变了国家与社会、君主与臣民之间的关系，尽管国王本人无意撼动贵族

---

① 比如弗朗什－孔泰地区的督办官几乎都与金融界有联系。Colette Brossault, *Les intendants de Franche-Comté, 1674－1790*, préface de Daniel Roche, Paris: La Boutique de l'Histoire, 1999, p. 42.

同盟的利益。①

　　综合上述几点，本文认为，有关法国绝对君主制问题，今后的研究虽然应当考虑绝对王权的能动性，即国家对社会的作用，但也不能忽视社会与国家的联系，即一个深嵌于社会的国家。纵览百余年来有关绝对君主制研究的发展历程，一个核心的议题是，绝对君主制本质上与贵族特权社会并不存在根本矛盾，但绝对君主领导国家并行使国家职能的条件却是，必须与它产生于斯并为保护其利益尽职的这个利益集团保持一定距离，但是它又不能彻底脱离这个阶级基础。这种若即若离的关系恰是在这个转型时期国家与社会矛盾的反映。

---

　　①　所谓普遍税是针对个人或团体财产所征的直接税，原则上任何团体或个人都无权豁免，主要包括1695年的人头税，1710年开征的1/10税，1725年为偿还国债而针对所有业主开征的1/50税，1749年取代1/10税而出台的1/20税。此外，为征收普遍税、扩大税源而进行的财产普查和地籍册的制定。黄艳红的新近研究值得参考：黄艳红，《法国旧制度末期的税收、特权与政治》，北京：社会科学文献出版社，2016年。

二 法国革命时期中央集权体制的废弃与重建 [①]

　　在法国近代史研究中，中央集权是一个备受关注的议题，相关论著可谓蔚为大观，但是专门针对革命时期集权问题的研究则明显不足。这或许同制度史的研究范式有关。19世纪初以来，中央集权便被纳入文明发展与社会演进的宏观分析框架，这被视为侵蚀特权、建立统一民族国家、实现身份平等的主要推动力，而革命只是该体制不断强化与完善的一个阶段，并不构成任何意义上的断裂或转折，因此研究价值也就不那么突出。这种范式的影响很广。自由派史家据此来论证革命的合理性与必然性，强调革命是新的社会与国家成型这一不可逆转的历史进程的一个篇章。[②] 保王派借此颂扬绝对君主制的历史功绩，贬低革命的贡献，在他们看来，革命只不过是延续了路易十四的未竟事业。[③]20世纪的制度史研究遵循了类似的思路。泽勒、杜歇等学者将

---

　　① 本文原刊于《历史研究》2015年第6期。

　　② 比如基佐，参见Pierre Rosanvallon, *Le Moment Guizot*, Paris: Gallimard, 1985. 另如空论派，代表人物科拉尔观点见Prosper Brugière Barante ed., *La Vie Politique de M. Royer-Collard: Ses Discours et Ses Écrits*, 2 tomes, Paris: Didier, 1861. 自由派贵族也有类似的看法，其代表作品如Pierre-Édouard Lemontey, *Essai sur l'Établissement Monarchique de Louis XIV, et sur les Altérations qu'il éprouva pendant la Vie de Ce Prince*. Paris: Deterville, 1818. 整体学术背景参见Stanley Mellon, *The Political Uses of History: A Study of Historians in the French Restoration*, Stanford: California: Stanford University Press, 1958.

　　③ 如见François-Dominique de Reynaud Montlosier, *De la Monarchie Française, depuis son Établissement jusqu'à Nos Jours; ou Recherches sur les Anciennes Institutions Françaises jusqu'à la Déclaration d'Empire, avec un Supplément sur le Gouvernement de Buonaparte et sur le Retour de la Maison de Bourbon*, 3 tomes, Paris: H. Nicolle, 1814.

绝对主义与中央集权等同视之。[1] 奥利弗－马丁甚至强调集权的过程始于圣路易时代。[2] 莫尼耶、安托万等人的研究进一步强化了这种趋势。[3] 孚雷、贝克等则从政治文化的角度阐述了类似的看法。[4]

这种长时段的研究范式揭示了中央集权对现代政治文化的积极意义，有其合理之处，但在不同程度上模糊了革命阶段的特殊性。论者往往简单地认为革命只不过从旧制度继承了一套已较为完善的集权体制，而忽视了革命过程中行政权力与行政体制所经历的错综复杂的变化。

笔者将集权视为中央与地方之间的权力关系。之所以选取这样的角度，是因为革命毕竟是比较特殊的时期，中央政府与地方政府在具体行政职能方面的分工既不明确，又时常变动。笔者认为，在此期间，集权体制所经历的，并不是一个不断强化、不断完善的过程。相反，这个过程极为曲折复杂。最初实行的是推动分权的政策，并借此摧毁了过去的一切制度，包括行政集权，在经历了两年的分权后，才开始逐步恢复集权。笔者将剖析集权制度废弃与重建的原因，并阐释在这一过程中行政原则与中央集权的性质发生了何种变化。

---

[1] Gaston Zeller, *Les Institutions de la France au XVIe siècle*, Paris: PUF, 1948. Roger Doucet, *Les Institutions de la France au XVIe siècle*, 2 tomes, Paris: A. et J. Picard, 1948.

[2] François Olivier-Martin, *L'Absolutisme Français*, Paris: Ed. Loysel, 1988.

[3] Roland Mousnier, "Centralisation et Décentralisation," *XVIIe siècle*, Tome 39, 1987, pp. 101-111. Michel Antoine, *Le Conseil du Roi sous le Règne de Louis XV*, Genève: Droz, 2010.

[4] 如 见 F. Furet, "Revolutionary Government," in F. Furet & Mona Ozouf eds., *A Critical Dictionary of the French Revolution*, translated by Arthur Goldhammer, Cambridge, Mass.: The Belknap Press of Harvard University Press, 1989, pp. 548-559. Keith Baker, *Inventing the French Revolution: Essays on French Political Culture in the Eighteenth Century*, Cambridge; New York: Cambridge University Press, 1990.

"有头无臂"的体制及其成因

国民制宪议会主要通过三部法令，对旧制度行政体制进行了全面改革。1789 年 12 月 14 日法令设立市府，并详细规定了市镇官员的选举原则，界定了市镇权力。同年 12 月 22 日法令将全国划分为 85 个省，确立省、区、市三级行政单位，每级行政单位均设行政议会、政府与检察官，并规定了公民选举权和被选举权的纳税标准。1790 年 1 月 8 日颁布《国民议会关于行政部门组建的说明》，界定了行政组织的基本原则。[①]

根据上述法令，新的地方行政体制有两个基本特点。第一，强调地方自治，主要表现在以下方面。首先，市镇享有极宽泛的权力，有权分摊和征收税款、领导国民卫队、维持地方秩序、召集军队、宣布戒严等。而省府的权力很小，无权征税，只能负责摊税以及一般的公共事务。其次，市府相对自由，只需接受上级行政部门的一般监督（simple tutelle），而省府必须接受严格的行政监管。[②] 新体制的第二个特点是，中央政府不干涉地方行政。1789 年 12 月 22 日法令规定，在省行政部门和最高行政权力之间不设任何居间权威（autorité intermédiaire）。[③]

[①] 三部法令分别参见 J.-B. Duvergier, ed., *Collection Complète des Lois*, Paris: A. Guyot et Scribe, 1834, Tome 1, pp. 63-71, 73-78. J. Mavidal & M. E. Laurent, eds., *Archives Parlementaires, première série (1789 à 1799)*, Tome 11, Paris: P. Dupont, 1880, p. 203. 12 月 22 日法令第一条规定将全国划分为 75~85 个省。1790 年 2 月 26 日法令才最终确定省为 83 个（J.-B. Duvergier, ed., *Collection Complète des Lois*, Tome 1, pp. 102-110）。

[②] 关于这一区别，参见 Jean-Marie Becet, "Tutelle ou Hiérarchie," in *Révolution et Décentralisation: le Système d'Administratif Française et les Principes Révolutionnaires de 1789*, actes du colloque de Besançon, 14-15 décembre 1989, sous la direction de Jacques Moreau et Michel Verpeaux, Paris: Economica, 1992, pp. 239-248.

[③] 1789 年 12 月 22 日法令第三部分第九条，见 J.-B. Duvergier, ed., *Collection Complète des Lois*, Tome 1, p. 77.

所谓"居间权威"指的就是类似旧制度督办官的中央派官。这意味着中央将不往地方派出任何官员，而地方事务则完全由民选官员组成的政府负责。

因此，新旧体制之间最显著的区别表现在：1789 年之前，地方官员都由中央下派，1789 年之后则全由地方选举产生。[1]19 世纪史家米什莱形象地把 1789 年改革创立的体制称为"有头无臂"（une tête sans bras）的制度。[2]

这套体制在学界备受指责，被认为是革命初年行政无序且缺乏效率的根源所在。[3]这些批评不无道理。制宪议会对地方采取放任态度，必有其弊端，不仅法令执行不力，而且地方政府时常挑战上级部门的权威。不过，制宪议会并非没有看到这些问题。代表弗朗西就曾警告过，行政无序可能会导致又一场革命："历史证明，一场革命能重生帝国，但是第二场革命则会毁灭整个国家。"[4]另一位代表沃布朗也强调了树立中央行政权威，建立强政府的紧迫性。在他看来，这不仅能解决行政无序，更是有助于维持社会的整合：

　　对公共事务具有最严重威胁的就是行政缺乏统一性；关键

① Albert Métin, *La Révolution et l'Autonomie Locale*, Toulouse: Société Provinciale d'Édition, 1905, p. 19.

② Jules Michelet, *Histoire de la Révolution Française*, Tome 2, Paris: Chamerot, 1847, p. 160.

③ 学界对1789年体制的批评参见：马迪厄：《法国革命史》，杨人楩译，北京：三联书店，1958年，第88页. A. Cobban, "Local Government during the French Revolution," *Aspects of the French Revolution*, New York: G. Braziller, 1968, pp. 113-131. Clive Church, *Revolution and Red Tape: The French Ministerial Bureaucracy 1770-1850*, Oxford: Oxford University Press, 1981. Jacques Godechot, *Les Institutions de la France sous la Révolution et l'Empire*, Paris: PUF, 1951. D. M. G. Sutherland, *France 1789-1815: Revolution and Counterrevolution*, London: Fontana, 1985.

④ M. J. Mavidal & M. E. Laurent, eds., *Archives Parlementaires, première série (1789 à 1799)*, Tome 42, Paris: P. Dupont, 1893, pp. 416-420.

要建立一个强有力的政府；我们还不曾有这样的政府，如果行政官员不尊重冠以法律之名的行政命令，那么我们就不会有这样的政府；如果民众组织不断干涉政府的行为，我们也不会有这样的政府。没有法律的独裁，就不会有政府，没有政府，这个 2500 万人的社会就无法延续下去。[1]

尽管如此，议会也没有放弃分权的立场。当时，尽管危机频仍、骚乱不断，地方抗命不遵的情况也屡屡发生，但议会并未下派专员，予以直接干涉。据统计，有关下派特派员的讨论，前后仅有 6 次，而且没有一次讨论不引起与会代表的争执，最后"居间权威"也没有重建。[2]

不仅如此，随着革命局势的不断恶化，中央职权非但没有扩大，权力非但没有趋于集中，议会反而不断把救国措施和革命法令委托给地方市府，中央政府被逐步架空，分权趋势愈发明显。

根据 1791 年 1 月 27 日法令，只有市府有权审核过往人员的通行证，并负责监控流动人口。地方国民卫队的士兵或军官若发现某人的

---

① *Réimpression de l'Ancien Moniteur*, Tome 11, Paris: H. Plon, 1862, p. 428.

② 1790 年 8 月底南锡屠杀 [M. J. Mavidal & M. E. Laurent, eds., *Archives Parlementaires, première série (1789 à 1799)*, Tome 18, Paris: P. Dupont, 1884, p. 433]。1791 年 6 月 22 日埃梅里提出外派专员，安定军心 [M. J. Mavidal & M. E. Laurent, eds., *Archives Parlementaires, première série (1789 à 1799)*, Tome 27, Paris: P. Dupont, 1887, p. 452]。1791 年 11 月 2 日东北边界告急，讨论外派专员 [M. J. Mavidal & M. E. Laurent, eds., *Archives Parlementaires, première série (1789 à 1799)*, Tome 34, Paris: P. Dupont, 1890, pp. 594-595]。1792 年 2 月 5 日立法议会往努瓦永派出专员 4 人 [M. J. Mavidal & M. E. Laurent, eds., *Archives Parlementaires, première série (1789 à 1799)*, Tome 38, Paris: P. Dupont, 1892, p. 459]。1792 年 7 月 4 日塔尔迪沃提议外派专员，视察边界 [M. J. Mavidal & M. E. Laurent, eds., *Archives Parlementaires, première série (1789 à 1799)*, Tome 46, Paris: P. Dupont, 1895, p. 109]。1792 年 7 月 18 日塔尔迪沃再次提议外派专员 [M. J. Mavidal & M. E. Laurent, eds., *Archives Parlementaires, première série (1789 à 1799)*, Tome 46, pp. 603-605]。相关分析另见 Auguste Girardot, *Des Administrations Départementales Électives et Collectives: France, Belgique, Italie, 1790-an VIII*, Paris: Guillaumin, 1857, p. 60.

通行证有问题，都有权将此人扣留审问，无须上报。[①] 该法令将事权重心放在基层政府，完全绕开了省府与中央政府的监管。立法议会期间，最典型的放权措施莫过于 1792 年 7 月 11 日颁布的《祖国在危急中》。该法令不仅授权地方行政议会进入永久会期，彻底废除制宪会议对会期的严格限制，而且采取了一种明确绕开中央政府、诉求民众的方式来救国。细检法令全文，可以发现，几乎没有一项条款涉及中央政府理应承担的职责，相反地方政府却可以在不得到中央政府授权的前提下，为本地国民卫队配备武器弹药。[②] 该法令落实后，地方市镇实际成了一个个小型武装共和国，取代了国王的中央政府，而成为救国的主要力量。中央权力彻底让位于地方权力。[③]

根据传统解释，革命时期的集权本质上是一种应对革命危机而采取的临时手段。[④] 综上所述，这个看法有待商榷。革命初年的情况表明，形势越危急，议会越依赖平民，权力下放的倾向越明显。本文认为，导致议会固守分权的原因有观念、政治与制度三个方面。

在观念上来说，这主要受反对中央派官、争取地方自由思潮的影响。这股思潮的源头可追溯到路易十四统治末年。[⑤] 在圣西蒙公爵、

---

① 关于这项措施的讨论参见 M. J. Mavidal & M. E. Laurent, eds., *Archives Parlementaires, première série (1789 à 1799)*, Paris: P. Dupont, 1891, Tome 37, pp. 691-694, Tome 38, pp. 14-27, 38-45, 61-64.

② J.-B. Duvergier, ed., *Collection Complète des Lois*, Tome 4, Paris: A. Guyot et Scribe, 1834, p. 246.

③ P.-L. Rœderer, *Chronique de Cinquante Jours: du 20 Juin au Août 1792*, Paris: L'Imprimerie de Lachevardière, 1832, p. 181.

④ 如见 Michel Biard, "Quelle 'centralisation jacobine'?," in *Révolution Française: une Histoire toujours Vivante*, sous la direction de Michel Biard, préface de Michel Vovelle, Paris: Tallandier, 2009, pp. 53-63.

⑤ 关于这股思潮的源起，参见 George Tréca, *Les Doctrines et les Réformes de Droit Public en Réaction contre l'Absolutisme de Louis XIV dans l'Entourage du duc de Bourgogne*, Paris: L. Larose et L. Tenin, 1909. H. Rothkrug, *The Opposition to Louis XIV: the Political and Social Origins of the French Enlightenment*, Princeton: Princeton University Press, 1966.

费奈隆主教、博埃维里耶公爵等一批自由派贵族看来，督办官体制本
质上是一种以国王一人之需求取代社会需求的不公正的制度。他们试
图寻找一种更能有效反映公益的行政制度。于是，要求取缔督办官、
设立地方议会逐渐成为众多开明思想家的共同呼声。在这方面，重农
学派做出了决定性的贡献。他们不仅创立了"集体行政管理模式"，[①]
还塑造了一种以财产为基础的新的政治身份。[②] 财政总监杜尔阁在《论
市镇管理》中较为完整地概述了这种全新的行政模式。[③] 此种自由行政
的思想在一场始于 18 世纪 70 年代的外省议会改革中逐步得到落实。[④]
另外，又由于受到旧制度末年对行政集权批判的影响，督办官成为众
矢之的。[⑤] 史家埃玛纽埃里统计了 1700 份陈情书，发现约有 17% 的陈
情书直接或间接地批评了督办官体制。[⑥] 特鲁瓦地区的陈情书要求全面
彻底地废除督办官体制。[⑦] 马德莱娜－图尔南教区的陈情书认为由督办
官负责行政，于国家而言是一项开销极大的事情，于百姓则是一种让

---

① Jacques Necker, *Mémoire de M. Necker au Roi sur l'Établissement des Administrations Provinciales*, [s.n.], 1781.

② Gérard Sautel, *Histoire des Institutions Publiques: depuis la Révolution Française, Administration, Justice, Finances*, Paris: Dalloz, 1985, p. 90. Patrice Gueniffey, *Le Nombre et la Raison: la Révolution Française et les Élections*, Paris: E.H.E.S.S, 1993, p. 313.

③ Dupont de Nemours, *Mémoire sur les Municipalités, rédigé pour Turgoten 1775, in Œuvres Posthumes de M. Turgot, ou Mémoire de M. Turgot*, Lausane: [s.n.], 1787, pp. 5-98.

④ Pierre Renouvin, *Les Assemblées Provinciales de 1787: Origines, Développement, Résultats*, Paris: A. Picard, 1921.

⑤ 有关旧制度督办官体制的终结，参见 Alain Cohen, *Les Intendants au Cœur de la Crise de l'Ancien Régime: Les Généralités d'Alençon, Bourges, Caen, Dijon, Limoges, Moulin, Orléans, Poitiers, Rennes, Riom, Rouen et Tours*, 2 tomes, Presses Académiques Francophones, 2012.

⑥ François-Xavier Emmanuelli, *Un Mythe de l'Absolutisme Bourbonien: l'Intendance, du Milieu du XVIIème Siècle à la fin du XVIIIème Siècle: France, Espagne, Amérique*, avant-propos du Doyen Georges Livet, Aix-en-Provence: Publications Université de Provence, 1981, pp. 7-9.

⑦ M. J. Mavidal & M. E. Laurent, eds., *Archives Parlementaires, première série (1789 à 1799)*, Paris: P. Dupont, 1879, Tome 6, p 93.

人不安的制度。[1] 正是在这个意义上，史家勒费弗尔认为，路易十六的臣民所希望的与其说是掌握中央政权，不如说是争取地方自治。[2]1789年的改革实现了近一个世纪的诉求，满足了对地方民主和地方自由的呼吁，很得民心。正如时人所言，此项改革"一举废除专制最可怕的代理人"，而国家由此获得新生。[3]

其次，对改革最直接的影响来自1789年夏天爆发的市镇革命。巴黎民众攻占巴士底狱的消息在一周内便传遍全国。各地民众纷纷仿效，攻占城堡，烧毁地契，推翻旧政府。这场自发的平民革命无疑从根本上捣毁了旧制度的根基。地方行政全面瘫痪。卡昂、苏瓦松、亚眠等地的督办官纷纷弃官出逃。[4] 于是，民众自发组建了临时政府与国民卫队。7月13日，巴黎选举人在市政厅集会，成立常设委员会，并决定组建一支国民卫队。[5]热窝当和弗朗什－孔泰等地区也成立了类似的组

[1]　M. J. Mavidal & M. E. Laurent, eds., *Archives Parlementaires, première série (1789 à 1799)*, Tome 4, Paris: P. Dupont, 1879, p. 636.

[2]　参见 Georges Lefebvre, "Introduction," in Alexis de Tocqueville, *L'Ancien Régime et la Révolution*, Œuvres Complètes, édition définitive publiée sous la direction de J. P. Mayer, Tome 2, Paris: Gallimard, 1952, pp. 9-30. 另见勒费弗尔：《法国革命史》，顾良等译，北京：商务印书馆，2012年，第582页。

[3]　Adrien Duquesnoy, *Journal d'Adrien Duquesnoy député du Tiers Etat de Bar-le-Duc, sur l'Assemblée Constituante*, 3 mai 1789-3 avril 1790, Tome 1, Paris: A. Picard, 1894, p. 152. 另见：Georges Frêche, "Les Procès des Six Intendants Jugés par le Tribunal Révolutionnaire," in Jacques Phytilis, ed., *Questions administratives dans la France du XVIIIe siècle*, Paris: PUF, 1965, pp. 207-214. 另见安省总检察官里波在本省第一届行政议会上的发言（Thomas Ribout, *De l'Influence que doit avoir la Nouvelle Forme d'Administration sur le Département de l'Ain*, Bourg: L.-H. Goyon, 1790, 部分引文可参见 Philibert Le Duc, *Histoire de la Révolution dans l'Ain*, Bourg-en-Bresse: F. Martin-Bottier, 1879, Tome 1, pp. 260-263）。

[4]　Félix Mourlot, *La Fin de l'Ancien Régime et les Débuts de la Révolution dans la Généralité de Caen, 1787-1790*, Paris: E, Cornély & Cie, 1911, pp. 328-330. Pierre Vidal, *Histoire de la Révolution Française dans le Département des Pyrénées-Orientales, d'après les Documents Inédits des Archives Départementales, Communales et Particulières (1789-1800)*, Tome 1, Perpignan: l'Indépendant, 1885, pp. 57-62.

[5]　Claude Fauchet & Jacques de Flesselles, *Formation de la Milice Parisienne et Arrêté du Comité Permanent établi par l'Assemblée Générale de ce Matin, 13 juillet 1789*, Paris: S.l., 1789.

织。[1] 正是在这样的背景下，制宪议会着手进行行政改革。代表米拉波认为法国应仿效美国，让地方民众自己来决定"组建市镇的一切细节问题，……而我们不能命令他们"。尽管不少代表认为此举有联邦化的危险，但议会最后还是采纳了米拉波的建议。[2] 正如当时一份陈情书所言，如果议会废除这些民众自发组建的政府，那么必将会有一场暴动。[3] 所以，地方分权体制实际上是对平民革命和市镇革命的认可。

在制度方面，制宪议会的代表由于深受传统观念的影响，依旧认为国王是国民的代表，是国家统一的凝聚力，所以他们保留了国王，并赋予他一定的实权。但是同时他们又认为必须终结旧制度的行政集权，为此就把曾经为国王垄断的行政权完全委托给选举产生的地方官员，以实现行政权的"碎化"（l'émiettement du pouvoir administratif）。[4] 所以，实行权力下放，本身就表达了议会对行政集权的警惕。在讨论省区划分时，制宪议会代表布硕提议省的数量越少越好，这是因为：

在所有地方，政府都可比作饿狼，贪得无厌，不断吞食一切，如果你们想要在它周围安放 75 条或是 85 条小狗，看管它，那么这些狗就会被它吃掉；但是，相反，如果你们放出了 32 条

---

① *Réimpression de l'Ancien Moniteur*, Tome 2, Paris: H. Plon, 1859, p. 231. M. J. Mavidal & M. E. Laurent, eds., *Archives Parlementaires, première série (1789 à 1799)*, Tome 9, Paris: P. Dupont, 1877, p. 139. *Réimpression de l'Ancien Moniteur*, Tome 2, p. 65. Annie Gay, "Dole et le Bouillonnement Révolutionnaire (1789-1792)," *Cahiers dolois*, No. 8, 1989 (Dole sous la Révolution), pp. 19-20.

② M. J. Mavidal & M. E. Laurent, eds., *Archives Parlementaires, première série (1789 à 1799)*, Tome 8, Paris: P. Dupont, 1875, pp. 261-266.

③ *Réimpression de l'Ancien Moniteur*, Tome 2, p. 182.

④ Edith Bernardin, *Jean-Marie Roland et le Ministère de l'Intérieur (1792-1793)*, Paris: Société des Études Robespierristes, 1964, p. 388.

守门犬，它就会害怕，就会退缩，羊群就得救了。①

　　中央是"饿狼"，民众为"羊群"，地方政府权力越大，越能让"饿狼"害怕，"羊群"也就越安全。可见，地方政府在承担日常行政事务的同时，也扮演着钳制中央权力的角色。根据相关法令，地方政府可以直接向议会请示地方政务问题，事先无须征求中央各部部长的意见。另外，制宪议会曾设法令委员会，本希望解决法令执行不及时或执行不力的问题，但不久该委员会成了受理地方问责中央政府官员的机构。制宪议会不仅听之任之，而且对那些对抗上级权威的地方市镇也甚少追究。②

　　事实上，这套分权体制也符合 1789 年的革命需要。反对绝对王权，废除特权，实现政治权利的平等与经济自由，这是第三等级的共同心愿。而在这一目标下，有产者与平民之间的矛盾并未显现。对前者来说，经济自由无疑利于工商业的发展。对平民而言，这让他们不但有机会能实现自己的抱负，也可以摆脱长期遭人诟病的行会制度。而政治平等的吸引力更加无法抗拒。根据 1789 年 12 月 22 日法令规定，法国不再有等级差别，政治权利只与财产有关，与出身无关。而在当时人的

---

① M. J. Mavidal & M. E. Laurent, eds., *Archives Parlementaires, première série (1789 à 1799)*, Tome 10, Paris: P. Dupont, 1878, pp. 455-459. 布硕所谓"75 条或 85 条小狗"，这是影射 1789 年 12 月 22 日法令有关省数量的规定。

② Michel Biard, *Les Lilliputiens de la Centralisation: des Intendants aux Préfets, les Hésitations d'un Modèle Français*, Seyssel: Champ Vallon, 2007, p. 185. 关于法令委员会的研究，参见 Sin Blima-Barru Martine, *Le Comité des Décrets, Procès-Verbaux et Archives; Mise en Perspective d'un Savoir Administratif (1789–1795)*, sous la direction de Jean-Clément Martin, Université de Paris 1 (Panthéon-Sorbonne), 2013. 在 1792 年 7 月之前，因违抗上级命令受到惩罚的市镇仅有 12 个，参见 Benoît Gauthier, "Les Relations entre le Pouvoir Central et les Administrations Locales sous la Monarchie Constitutionnelle (1789–1792)," in Michel Pertué, ed., *L'Administration Territoriale de la France (1750–1940)*, actes du colloque d'Orléans, 30 septembre, 1er et 2 octobre 1993, Orléans: Presses Universitaires d'Orléans, 1998, pp. 301-303.

观念里，财产被视为个人能力的体现，只要有能力，人人都可以致富。可见，经济自由与政治权利平等被不可分割地结合在一起，为有产者和平民组成的第三等级构建了一幅未来世界的蓝图。他们有共同的目标，一起组成了反对特权和绝对王权的政治同盟。1789 年夏天的市镇革命实际上也表明有产者只有依靠平民的力量，才能粉碎旧制度，并维持对绝对王权所取得的胜利。

从上述几个方面来看，废黜督办官，抵制"居间权威"的恢复，实行较为彻底的权力下放，既是对呼吁地方自由的回应，也是扩大政治参与、实现政治民主的表现，是对民众利益与平民革命的认可。当时，第三等级内部的分裂尚不明显，共同的政治诉求使有产者和平民携手对抗旧制度的行政集权。这便是这套"有头无臂"的体制得以存在的根本原因。这就决定了，在革命初年，集权实际上是不合时宜的，所以像罗伯斯庇尔或比约－瓦伦这些后来力主集权的革命者即使意识到行政权极端碎化的问题，也没有提议重建中央集权制度。[1]

行政权威的恢复与革命政府的建立

尽管 1789 年体制满足了革命初年的社会政治需求，但体制的内在张力却不容忽视。问题的根源在于观念和现实之间存在着不可调和的矛盾。尽管制宪议会仍把国王视为国家的化身与国民的代表，但事实上国王已经无法代表这个国家了，因为国家早已按照新的原则实现了彻底的再造。这些原则被写进了《人权与公民权宣言》，也体现在纳

---

[1] Auguste Girardot, *Des Administrations Départementales Électives et Collectives: France, Belgique, Italie, 1790-an VIII*, pp. 113-114.

税选举体制上。国家也不再是国王的私产，国家的存在乃是因为它肩负保障平等的公民得以享受公民权利的使命。其次，国王尽管在理论上是全国最高行政长官，有权任命六部部长，但实际上他无法控制行政体制，因为除了部长、军事长官和大使以外，所有官员都是由人民选举产生的。最后，尽管国王被称为"国家的第一位公务员"，但与整套行政体制格格不入，因为他是唯一一位世袭的、不需要对委托人负责的，且神圣不可侵犯的公务员。所以，从某种意义上来说，观念落后于现实的发展，观念是陈旧的，而国家与社会已经经历了重生与再造。观念与现实的发展不能步调一致，这是行政改革不彻底的主要原因之一。进一步完善体制，清除旧制度的残留，在所难免。从这方面来看，1792 年 8 月 10 日推翻君主制的革命不仅不是偶然的，而且也势必会推动新一轮的行政改革。①

　　8 月 10 日革命当晚，议会便着手改组中央政府。韦尼奥代表特别委员会，提交法案，提议废除国王的行政权，并以新的方式重组政府，"因为这届政府已经失去了国民的信任"。②议会最后决定，新政府，即临时政府，各部长不再采用任命制，而是由议会通过高声唱票的方式，从非议会代表的候选人中选举产生。这一方式改变了行政权的性质。临时政府理论上是一个接受议会领导，并同议会中的多数派保持一致

---

① 8 月 10 日革命后，立法议会没有宣布废除君主制，成立共和国，只是规定政体问题由国民公会来决定。所以，在国民公会召开前，君主制的存废实际上还是个悬而未决的问题。这是下文涉及的行政体制改革的背景。但国民公会不可能宣布恢复君主制，因为保留国王等于否定了 8 月 10 日革命，而没有这场革命，实际上也不会有国民公会，更不会有共和国。正如罗伯斯庇尔所说：路易十六必然有罪，不然共和国就是有罪。参见 Antoine de Baecque, *Glory and Terror: Seven Deaths under the French Revolution*, trans. by Charlotte Mandell, New York: Routledge, 2001, p. 91.

② M. J. Mavidal & M. E. Laurent, eds., *Archives Parlementaires, première série (1789 à 1799)*, Tome 47, Paris: P. Dupont, 1896, pp. 647-648. 临时政府各部长的选举法令参见 J.-B. Duvergier, ed., *Collection Complète des Lois*, Tome 4, pp. 343-344.

的议会制政府（le parlementarisme）。[①]

此次改组清除了行政权的世袭色彩，为立法权与行政权的通力合作奠定了基础。正如议会代表康蓬所言："既然我们已经有一个爱国政府，那么就应该完全信任它，议会也应当把行政权力交还政府。"这份提案得到众多代表的支持。[②]8 月 15 日，立法议会规定，由六名部长领导的临时政府履行全部行政职权。[③]

改革后，中央政府的权威迅速得到了恢复，不仅人数规模都有了明显扩大，[④] 而且逐步掌握了实权，能独立任免所有行政官员，可以制订行政工作细则，独立控制行政部门的开销。[⑤] 另外，议会对政府的行

---

① Stéphane Caporal, "Gouvernement Révolutionnaire et Représentation," in *Le Concept de Représentation dans la Pensée Politique*, sous le haut patronage de Christian Poncelet, Raymond Forni, Aix-en-Provence: Presses Universitaires d'Aix-Marseille, 2003, pp. 227-251. Boris Mirkine-Guetzévitch, *Le Parlementarisme sous la Convention Nationale*, mpr. Barnéoud, 1936; Samuel Marlot, *Le Gouvernement en 1793: la Mainmise du Comité de Salut Public sur la République*, mémoire pour le Diplôme d'études approfondies de Sociologie du droit, sous la direction de Frédéric Bluche, Université Panthéon Assas (Paris II), 2000. 需要指出，实际上，布里索、孔多塞等人早已提出了类似的方案。瓦伦事件后，布里索在他主编的《法兰西爱国者报》（*Le Patriote Français*）上呼吁通过选举，组建政府（*Le Patriote Français*, No. 686）。他强调选举彰显理性的原则，"自由的人民必是理性的人，必然反对偶像崇拜"。（*Le Patriote Français*, No. 513）。孔多塞也有类似的建议，他认为这能使国民政府既独立于立法机构，又与地方初选议会保持联系（Condorcet, "Lettre d'un Jeune Mécanicien aux Auteurs du Républicain 16 juillet 1791," in *Œuvres de Condorcet*, publiées par A. Condorcet O'Connor et M. F. Arago, Tome 12, Paris: Firmin didot frères, 1847, p. 243）。由此可见，8 月 10 日的改组绝非偶然。有关这段思想史，参见 Laurence Cornu, *Une Autre République: 1791, l'Occasion et le Destin d'Une Initiative Républicaine*, préface de Mona Ozouf, Paris: Harmattan, 2004.

② M. J. Mavidal & M. E. Laurent, eds., *Archives Parlementaires, première série (1789 à 1799)*, Tome 49, Paris: P. Dupont, 1896, pp. 78-79.

③ M. J. Mavidal & M. E. Laurent, eds., *Archives Parlementaires, première série (1789 à 1799)*, Tome 48, Paris: P. Dupont, 1896, pp. 165-166.

④ 此前，由于不信任中央政府，议会对政府规模限制很多。8 月 10 日革命前，六部职员仅有667 人。而在 8 月 10 日革命后，职员人数增加了一倍，约为 1250 人。参见 Clive Church, *Revolution and Red Tape: The French Ministerial Bureaucracy 1770-1850*, pp. 326, note 21, 333, note 105, 337, note 33, 340-341, note 58.

⑤ Clive Church, *Revolution and Red Tape: The French Ministerial Bureaucracy 1770-1850*, pp. 78, 336, note 23.

政经费使用也放宽了监管。① 更重要的是，革命初年的那种松散无序的行政秩序很快得到了纠正。1789—1792 年间，仅有 15 个市府、6 个区府因抗命而遭到中央的惩处。② 而在 8 月 10 日革命后不到六周的时间里，总计有 92 个市府、22 个区府和 9 个省府的官员被临时政府撤职。③

恢复行政秩序不仅需要一个强中央，还需要建立对地方的有效控制，改变此前涣散的行政局面。重建"居间权威"是另一项关键举措。同样也是在 8 月 10 日革命当晚，议会一改之前犹豫不决的态度，在毫无异议的情况下，决定往境内四大驻军分别派出 3 名特派员：

> 国民议会派往军队的几名专员手持立法议会在这一天颁布的有关这一事件的声明和主要法令的副本；议会派遣特派员赶赴不同军队，授命他们将这些文件传告军队，同时也将这一事件的详情细节、议会和国王的情况一并通告军队……④

时局的恶化是议会决意委派特派员的直接原因。当时，普奥联军正步步逼近，而国内乱党蠢蠢欲动，王党乘势宣扬保王言论，试图混

---

① 根据内阁部长罗兰在1793年提交的政府工作报告，1792年8—9月间，仅内政部的开销就高达29690769里弗。见Roland, *Tableau des Dépenses Ordonnées par J.-M. Roland, Ministre de l'Intérieur, depuis le 10 août 1792, jusqu'au dernier Décembre suivant*, Paris: imp. Nationale du Louvre, 1793. 而在1792年4月，尽管当时战事已十分吃紧，但立法议会还是经过了一番激烈漫长的讨论后，才同意给外交部下拨六百万经费。见M. J. Mavidal & M. E. Laurent, eds., *Archives Parlementaires, première série (1789 à 1799)*, Tome 44, pp. 430-435.

② Benoît Gauthier, "Les Relations entre le Pouvoir Central et les Administrations Locales sous la Monarchie Constitutionnelle (1789–1792)," in Michel Pertué, ed., *L'Administration Territoriale de la France (1750-1940)*, p. 303.

③ 见M. J. Mavidal & M. E. Laurent, eds., *Archives Parlementaires, première série (1789 à 1799)*, Tome 48, Tome 49 各处.

④ M. J. Mavidal & M. E. Laurent, eds., *Archives Parlementaires, première série (1789 à 1799)*, Tome 47, pp. 649-660. 四大驻军指的是北方军、中部军、莱茵河军和南方军。

淆视听，大肆渲染 8 月 10 日革命的血腥残暴。① 所以，维持军队忠诚，使其免受谣言误导，事关国家的存亡。正如特派员安托内尔所言，特派员最重要的任务就是"告知"（la dire），因为"国内那些不幸的公民皆被谣言误导"。②

但事实上，下派特派员并不只是一项应急措施。在 8 月 10 日之后的议会讨论中，不少代表纷纷提议要建立永久性的专员体制，监督法令执行，强化中央对地方的直接控制。塔里安建议议会往各省派出常驻专员，强化中央对地方的监管。③ 在《制宪委员会关于新社会公约草案的原则与动机》这份报告中，孔多塞也认为应当在全国所有地区派驻专员。这些专员不是对地方负责，而是直接听命于中央政府，负责监督地方政务。④ 在《行政体制》的这份报告中，内政部长罗兰明确指出设立特派员体制的目的：

> 一些省府擅自解释法律，要不就对他们自己辖区的事情不闻不问。近期发生的全民革命⑤，当然对推翻暴政是有必要的，但是也推动了一种无序的倾向，在人们的精神里，那种无序的倾向会毁坏我们全部的社会联系……（此举）针对的就是他们

---

① 至1792年，约有72%的军官擅离职守，加入流亡者队伍。参见 Howard Brown, *War, Revolution, and the Bureaucratic State: Politics and Army Administration in France, 1791–1799*, Oxford: Clarendon Press, 1995, p. 34. 散播谣言的例子参见 Xavier Maeght, "Deux Journaux du Département du Nord en 1792," *Annales Historiques de la Révolution Française*, 46e Année, No. 216 (Avril-Juin 1974), pp. 216-234.

② M. J. Mavidal & M. E. Laurent, eds., *Archives Parlementaires, première série (1789 à 1799)*, Tome 48, p. 113.

③ Edith Bernardin, *Jean-Marie Roland et le Ministère de l'Intérieur (1792–1793)*, pp. 400-401.

④ M. J. Mavidal & M. E. Laurent, eds., *Archives Parlementaires, première série (1789 à 1799)*, Tome 58, Paris: P. Dupont, 1900, pp. 583-596.

⑤ 指1792年8月10日革命——引者注。

不爱国的行为 ①，针对的就是他们对已公布的法律的厌恶，以及他们延迟公布国民议会的法令，此举乃是为了唤醒爱国热情与公民的勇气。②

罗兰丝毫不掩饰对 1789 年体制的不满。在他看来，这套制度是畸形的，因为中央政府与省府这两个机构之间几乎完全隔绝，毫无联系。地方自行其是，毫无法纪，中央对地方又无力监管。他认为，根本原因在于缺乏必要的"居间权威"。鉴于此，罗兰提议往每个省都派驻一名"国家专员"，由他们全面监督地方政府，定期向中央政府汇报工作。③

上述材料表明，委派特派员，重建"居间权威"是行政体制整体改革计划的一部分。特派员本质上是一种威权手段，是为了强化对地方行政的监管，这必然与强调自治的权力下放原则无法兼容。④ 从这个意义上来说，这也标志着地方分权体制的结束。另外，还需注意的是，在 8 月 10 日革命后力主集权制的这些人并不是山岳派，而是吉伦特派。这也说明，集权统治绝不能仅仅被视为山岳派独有的政治手段。

政府的改组与特派员体制的确立，为共和二年中央集权体制的形成奠定了基础。这个发展过程主要经历了以下几个阶段。

---

① 指中央政府撤销地方行政官员的行为——引者注。

② M. J. Mavidal & M. E. Laurent, eds., *Archives Parlementaires, première série (1789 à 1799)*, Tome 52, Paris: P. Dupont, 1897, p. 106.

③ M. J. Mavidal & M. E. Laurent, eds., *Archives Parlementaires, première série (1789 à 1799)*, Tome 56, Paris: P. Dupont, 1899, p. 693.

④ Roland Debbasch, *Le Principe Révolutionnaire d'Unité et d'Indivisibilité de la République: Essai d'Histoire Politique*, Paris: Economica, 1988, p. 222. Serge Regourd, "Décentralisation et Démocratie," in *Révolution et Décentralisation: le Système d'Administratif Française et les Principes Révolutionnaires de 1789*, pp. 215-236.

首先，通过强化特派员的权力，对地方上一切抗命行为予以严惩，确保特派员在地方上享有绝对权威。1792 年 8 月 10 日法令规定特派员可以解除地方文武官员的职权。在 1792 年 9 月 2 日的一份提案中，代表德拉克洛瓦建议将反对临时政府与特派员命令的人视同叛徒，予以严惩。[1]1793 年，国民公会接连颁布数道法令，要求地方当局必须严格执行特派员命令（5 月 16 日法令），并规定这些命令具有临时法令的权威，唯有国民公会有权撤销（7 月 17 日法令），反对特派员命令的人将处以 10 年监禁（8 月 16 日法令）。[2]

与此同时，中央（国民公会与救国委员会）对特派员的绝对控制也得到了确立。特派员本身是一个十分庞杂的群体。闭会之前，国民公会总共下派了 436 名特派员，执行了 900 多次任务。[3]这些人的政治态度和政治立场各有不同，对各自肩负的政治使命也有各自的理解。这使得在不同地区，革命法令的执行情况截然不同。这种变幻无常的状态曾一度导致了局面的混乱，专擅弄权或是政治观念的偏激时常导致事态平息的地方再起风波。历经多次的改革，政府才得以确立对特派员的控制。罗兰在 1792 年 9 月 14 日下达给各省府的通函中规定，特派员一旦越权，其权威当即失效，地方政府可将其扣押，并通报临时政府或议会。[4]随后，救国委员会组建通讯局，负责审阅所有特派员往来公文，并授权议厅监察委员会负责发放外派经费，规定特派员须

① M. J. Mavidal & M. E. Laurent, eds., *Archives Parlementaires, première série (1789 à 1799)*, Tome 49, pp. 209-210.

② 分别参见 Paul Mautouchet, *Le Gouvernement Révolutionnaire (10 Août 1792-4 Brumaire an IV)*, Paris: É. Cornély et cie, 1912, pp. 181-182, 186.

③ Michel Biard, *Missionnaires de la République: les Représentants du Peuple en Mission, 1793-1795*, Paris: CTHS, 2002, p. 171.

④ M. J. Mavidal & M. E. Laurent, eds., *Archives Parlementaires, première série (1789 à 1799)*, Tome 49, p. 647.

将每日开支清单上报财政委员会，以供核查。[①]1793 年 5 月 7 日，救国委员会颁布了《工作、监控和通讯简章》，初步明确了特派员的职权，令其只负责执行救国委员会授予的任务。[②]1793 年 12 月 14 日颁布的《共和二年霜月十四日有关革命临时政府法令》确立了革命政府的基本框架，严禁一切更改法令、曲解法令和敷衍了事的行为，违者处以 5 年监禁。[③]

《共和二年霜月十四日有关革命临时政府法令》明确了革命政府的性质，并勾勒了集权体制的基本框架。该法令规定，在新宪法落实之前，法国将一直处于"革命政府"阶段。所以，革命政府实际上是一种临时体制，其使命是通过采取非常手段，建立一个适宜执行新宪法的和平环境。[④]另外，革命政府也必是一种集权统治。根据该法令，国民公会和两大委员会（救国委员会与治安委员会）代表最高权力。省府因其联邦分裂倾向，权力被削弱。地方事务则由区府和市府接管。地方政府必须每隔十天向两大委员会汇报工作，并且要严格接受特派

①　Alphonse Aulard ed., *Recueil des Actes du Comité de Salut Public*, Tome 3, Paris: Imprimerie nationale, 1890, p. 133. 这个措施沿袭立法议会。1792 年 8 月 17 日，立法议会成了通讯委员会，专门负责处理特派员与军官的信函。参见 M. J. Mavidal & M. E. Laurent, eds., *Archives Parlementaires, première série (1789 à 1799)*, Tome 48, p. 304. 其他两部法令参见 Alphonse Aulard, *Recueil des Actes du Comité de Salut Public*, Tome 3, pp. 158-159. Paul Mautouchet, *Le Gouvernement Révolutionnaire (10 août 1792–4 brumaire an IV)*, p. 178. 关于议厅监察委员会的研究，参见 Alain-Gérard Cohen, *Le Comité des Inspecteurs de la Salle: une Institution Originale au Service de la Convention Nationale, 1792–1795*, Paris: Harmattan, 2011.

②　Alphonse Aulard ed., *Recueil des Actes du Comité de Salut Public*, Tome 4, Paris: Imprimerie nationale, 1891, pp. 23-43.

③　Colin Jones, *The Longman Companion to the French Revolution*, London: Longman, 1988, pp. 86-87. 《共和二年霜月十四日有关革命临时政府法令》全文参见 Paul Mautouchet, *Le Gouvernement Révolutionnaire (10 Août 1792-4 Brumaire an IV)*, pp. 233-243.

④　Georges Lefebvre, *Le Gouvernement Révolutionnaire (2 Juin 1793–9 Thermidor II)*, cours professé à l'Ecole normale supérieure de Sèvres, 1946-1947, Paris: Centre de Documentation Universitaire, 1947, p. 3. 比约一瓦伦用"普通政府"（gouvernement ordinaire）与"临时政府"（gouvernement extraordinaire）这对概念表达了类似的区分，参见 *Réimpression de l'Ancien Moniteur*, Tome 18, Paris: H. Plon, 1860, pp. 590-591.

员和国家专员（agents nationaux）的监督。地方选举和地方自治完全被取消，取而代之的是中央政府的全面监管，由此彻底终结了 1789 年以来的地方分权。

特派员负责执行革命法令。这类法令数量庞大，从性质上大体可以分为两类，其一是为应对国外敌人而采取的全面征兵等措施，其二是为了对付未宣誓教士、反叛贵族、疑犯等国内敌人而采取限制人权、暂停法治等极端手段。[①] 所以，特派员的主要任务是执行经济领域的统制措施与政治上的恐怖主义。在内忧外患的局面下，共和国必须为自己的存续而战斗，这种必要性和紧迫性使得一切非常措施具有合理性。特派员体制、经济统制和恐怖统治互为依存，互相支撑，共同促成中央集权的巩固。

经济统制本质上是一种战时的国家主义措施，即向社会强制征用一切可征用的资源。为满足军队的需要，包括生活必需品在内的各类资源必须归国家统一调配，包括矿场、冶金场、造纸工场在内的一切企业都要为国家服务。[②] 1793 年 7 月 26 日法令强迫商人申报存货，并为此设立了核查存货的反囤积专员。1793 年 5 月 4 日救国委员会颁布限价令，9 月 23 日针对所有生活必需品和工业原料下达了全面限价令和最高工资价格，为落实这些措施，设立了物资供给委员会，负责制定生活必需品的价目表。[③]

---

① 勒费弗尔：《法国革命史》，第 338 页。Georges Lefebvre, *Le Gouvernement Révolutionnaire*, p. 3.

② 勒费弗尔：《法国革命史》，第 403–412 页。

③ 参见 Albert Mathiez, "La Dictature Économique du Comité de Salut Public (la Révolution et les Subsistances)," *Annales Révolutionnaires*, Tome 15, No. 6 (Novembre-Décembre, 1923), pp. 457-481. 有关特派员执行经济统制的研究，参见 Michel Biard, "Contrainte ou Liberté Économique? Les Représentants du Peuple en Mission et le Ravitaillement de Paris en l'an III," *Annales Historiques de la Révolution Française*, No. 339 (Janvier/Mars 2005), pp. 35-53. 物资委员会材料参见 Pierre Caron, eds., *Commission des Subsistances de l'an II: Procès-Verbaux et Actes*, 2 tomes, Paris: E. Leroux, 1925.

欲落实限价令，必须有威权政府作为保障。唯有如此，才能压制投机倒把之风，克服民众消极怠工的情绪。因此，恐怖统治就不仅仅是应对贵族阴谋论的惩罚行动与自卫反应相结合的产物，更是一种治理国家的手段，目的是强迫整个民族服从政府，克服一切独立于公益之外的私人利益。正如罗伯斯庇尔所说：只能有一个意志，无论它是共和国或是王政的，倘若是共和国的，必须要有共和国内阁，共和派议员和共和派政府。[1] 藏匿钱财、囤积商货、逃避限价、拒收指券，或有武器而不愿上报等行为都是将私利凌驾于公益之上的表现。这类人均有可能被列入恐怖惩处的名单之中。[2] 恐怖统治由此成为经济统制和集权体制的有力支柱。

革命政府肩负了救国的使命，所以革命法令能否得到贯彻执行，这关系到最终能否恢复和平，施行宪政。那么，先前普遍存在的法令执行不力、地方行政活动缺乏监管这两大问题就必须得到根除。对此，《关于革命政府的宣言》这份文件做了如下阐述：

　　　　法律是革命的法律，但是执行法律的机构却不是革命的……公共灾难的根源在于法律执行方面的软弱，在于行政缺乏管理，在于国家意志的不坚决，在于影响政府的风气易变……当下，在建立共和国的过程中，不能确立宪法统治……这会使那些攻击自由的行为大行其道，因为缺少用以镇压他们的必要的暴力……如果政府的结构不符合革命的要求，那么革命法律

---

① 马迪厄：《法国革命史》，杨人楩译，北京：三联书店，1958年，第319页。
② M. J. Mavidal & M. E. Laurent, eds., *Archives Parlementaires, première série (1789 à 1799)*, Tome 49, p. 17, 56 ; J.-B. Duvergier, ed., *Collection Complète des Lois*, Tome 4, p. 367.

也无法得到执行。[1]

可见，在革命政府时期，行政权的运作也必须符合革命的要求，即革命法令必须迅速且不折不扣地得到贯彻执行。[2] 救国委员会在 1793 年 12 月 4 日颁布了《关于落实霜月十四日法令致外省文件》，规定地方政府在收到法令后 24 小时内必须予以公布，三天内必须执行。[3] 该文件还强调政体犹如"身体"，而"多头"的体制必是"怪物"，因此必须确保唯一的权威核心，结束地方政府擅自行动、令出多门的现象。为了保证法令能得到严格执行，国民公会创办了《共和国法令通报》，刊印所有关系公共利益，且必须统一执行的法令，发送地方政府，并明确规定了不同法律的送达期限。[4]

废除君主制后，权力下放的制度失去了存在价值。革命任务的迫切性凸显了统治的价值与法令执行的重要性，这本质上就要求政府收拢权力。不过，集权体制的确立既是缓慢的，也是艰难的。中央政府的改组与特派员体制的确立是这一过程的起点，而《共和二年霜月十四日有关革命临时政府法令》最终纠正了长期存在的离心倾向，清除了一度对中央构成严重威胁的地方联邦主义。历经此番改革，革命

---

[1] Saint-Just, "Rapport fait au nom du Comité de Salut Public par le Citoyen Saint-Just sur la Nécessité de Déclarer le Gouvernement Provisoire de la France Révolutionnaire jusqu'à la Paix," in Paul Mautouchet, *Le Gouvernement Révolutionnaire (10 août 1792–4 brumaire an IV)*, pp. 196-200.

[2] Lucien Jaume, *Le Discours Jacobin et la Démocratie*, Paris: Fayard, 1989, pp. 108-156.

[3] "Circulaire du Comité de Salut Public aux Départements, portant Instructions pour l'Application du Décret du 14 Frimaire," in Alphonse Aulard ed., *Recueil des Actes du Comité de Salut Public*, Tome 9, Paris: Imprimerie nationale, 1895, pp. 169-172.

[4] 《共和二年霜月十四日有关革命临时政府法令》第一部分第一条。《法令通报》直至 1932 年才停刊。

的中央集权体制才得以稳固确立。①

中央集权的强化与延续

综上，应对革命危机必须采取威权手段，这是建立中央集权的必要条件，也是外部条件。但仅有外因是不够的，因为危机早已存在，而议会迟迟没有采取威权手段，对地方依旧放任不管。唯有当废除王权之后，分权制才失去存在意义，建立强政府才不会遇到阻力。这是建立集权的可行性条件。所以，革命时期中央集权的重建是从 1792 年8 月 10 日革命后启动的。这个过程与革命政府的组建与完善基本同步。

如果集权只是革命政府为应对危机而临时采取的威权措施，那么应该在革命危机解除后被废除。但事态的发展并非如此。随着局势的逐步缓和，中央集权非但没有减弱，反而进一步得到了强化。更重要的是，热月政变后，特派员等集权措施得以进一步制度化。这说明，中央集权不只是一种战时的需要，而且战争与革命危机也只不过是推动集权化的部分原因。

问题的关键在于共和二年的战争不仅仅是一场民族战争，也是一场阶级战争。平民延续了反贵族的斗争，并将他们的怒火投向唯利是图或是投靠敌营的富人头上。无论在经济问题上，还是在政治诉求方面，无套裤汉不可能不与领导革命政府的山岳派发生冲突。革命阵营内部的分裂意味着，中央集权逐渐脱离了革命政府框架，成为维护掌权的

---

① "中央集权"属于革命以来出现的新词。该词收入在这版《法兰西学院辞典》附录的"革命以来使用的新词"（*Dictionnaire de l'Académie Française*, Tome 2, Paris: J. J. Smits, 1798, p. 767），意思是权力垄断在少数人手里。

山岳派统治的工具。

在无套裤汉看来，战时的限价与经济统制远不只是为了满足国防之需，更多的是为了他们自身的经济利益与政治需求。无套裤汉成分十分复杂，有靠生产资料所有权获取利润为生的手工业者和店主，也有靠工资为生的帮工和短工。尽管这些人在政治态度上有明显的差异，但是一般而言都敌视新生的资本主义。手工业者担心沦为无业者，而帮工则素来厌恶囤积商人。[①] 所以，对无套裤汉来说，经济统制具有某种社会革命的意义。这是依靠传统法规和国家力量，对抗步步逼近的资本主义经济所取得的胜利。巴黎公社特派员摩莫罗在外巡地方之时，向民众传播《土地法》一书。谢尔省的激进教士佩蒂冉主张土地公有制。里昂市府官员朗热提出了完整的粮食国营计划。[②] 这些倾向显然同救国委员会的初衷背道而驰。后者始终坚持，推行经济统制只是为了保卫革命而不得不采取的临时措施。即便带有一定社会民主倾向的山岳派也始终是自由经济理论的信徒，绝不愿意侵犯私有财产。所以，无论是推行限价令，还是落实最高工资限制令，山岳派都表现得十分勉强。而这更容易激化他们与平民之间的矛盾。

在政治方面，民众与革命政府的分歧也日趋严重。自攻占巴士底狱以来，平民为革命提供了决定性的援助。无套裤汉也曾意识到，在战时的情况下，必须要建立一个集权政府。革命政府的组建也借助了

---

① 参见 Albert Soboul, *Les Sans-Culottes Parisiens en l'An II: Mouvement Populaire et Gouvernement Révolutionnaire (2 Juin 1793- 9 Thermidor An II)*, Paris: Librairie Clavreuil, 1958.

② Albert Mathiez, *La Vie Chère et le Mouvement Social sous la Terreur*, Paris: Payot, 1927, pp. 72-94. Anatoli Ado, *Paysans en Révolution: Terre, Pouvoir et Jacquerie (1789-1794)*, Paris: Société des Études Robespierristes, 1996, pp. 333-334. 关于这位教士的研究，参见 P. Lassœur, "Le Curé Petitjean: Soulèvement Communiste à Épineuil en 1792," *Mémoires de la Société du Cher*, Tome 31, 1918–1919, pp. 241-269. François-Joseph l'Ange, *Moyens Simples et Faciles de Fixer l'Abondance et le Juste Prix du Pain, présentés à MM. du Conseil Général de la Commune de Lyon*, Lyon: impr. de L. Cutty, 1792.

他们的力量。巴黎公社的成员一度是特派员队伍的重要来源。但是，平民的政治诉求与集权原则之间有根本矛盾。他们不信任代议制，不断要求监督所有当选的代表，并认为根据人民主权的原则，他们不仅有权罢免不合格的代表，而且议会颁布的所有法令须经全民公投方才有效。这种直接民主的倾向明显同强调服从与权威的集权政府背道而驰。[①] 在上文所引的那份《行政体制》报告中，罗兰已经透露了这一层意思，尽管他没有否认民众自发救国的价值，但明确强调服从政府更为重要。所以，当政府强化中央集权、执行无情法律的时候，势必会令那些有极端自由倾向的平民领袖心生不满。

上述情况表明，革命政府尽管有一套较为完整的理论与制度设计，但由于其内部充斥着无法调和的经济与政治矛盾，在实际运作中困难重重。在革命初年的斗争中，这些矛盾并未表现出来，这是因为在对抗王权与特权的革命中，政治平等与经济自由的共同要求暂时掩盖了第三等级的内在张力。[②] 在废除君主制之后，由于行将闭会的立法议会只不过是个过渡议会，没有足够的权威发号施令，而且革命政府的组建也依靠了巴黎公社的支持，所以山岳派与无套裤汉的关系还不至于破裂。但是，对山岳派而言，这种合作基本上是迫于局势，不得已采取的临时手段。共和二年持续不断的政治冲突本质上就是第三等级的内部矛盾不断激化的表现。在这些矛盾的推动下，革命集权体制的性质也发生了变化，不再只是为满足国防之需，而日益成为统治的工具。这一转折集中表现在风月与芽月危机。

---

① Keith Baker, "Sovereignty," in *A Critical Dictionary of the French Revolution*, pp. 854-855.

② Patrice Higonnet, *Sister Republics: The Origins of the French and American Republicanism*, Cambridge: Harvard University Press, 1988, p. 225.

为挽救恶化的经济形势，救国委员会于 1794 年初出台了一系列表面看来利于贫苦民众的措施，其中包括著名的风月法令。[①] 法令规定，没收所有危害共和国疑犯的地产，用来救济贫困的爱国者。马迪厄认为，风月法令反映出救国委员会有实现社会平等与经济平等的倾向。[②] 但这不符合事实。首先，风月法令中没有任何一条内容涉及如何贯穿执行。而且，当时这类疑犯有 30 多万人，很难想象国民公会有足够的人手和时间进行全面的清查，更何况很多疑犯本身就没有地产。另外，"贫困"一词也没有明确的界定。[③] 所以，可以认为，风月法令其实没有可执行性。事实上，救国委员会的真实目的只不过是安抚民众。

但在平民眼里，这部法令的意义重大。科德利埃派和埃贝尔派都认为，这意味着政府向民众妥协，如果他们继续对国民公会施压，就会将革命再一次推向高潮。埃贝尔在他主编的《杜歇老爹报》上呼吁要维持民众运动的势头，并公布了一份实现财产平等的激进纲领，要求国民公会"保证每个公民都有工作，要向老年人和残疾人发放救济，要迅速组织国民教育以圆满完成你们的事业"。[④] 他们鼓动民众起义，政治宣传中夹杂着反对富人和反对商人的言论。埃贝尔在最后一期《杜歇老爹报》上警告民众："只要后退一步，共和国就完了。"索布尔认为，

---

① 参见 Robert Schnerb, "L'Application des Décrets de Ventôse dans le District de Thiers (Département du Puy-de-Dôme)," *Annales Historiques de la Révolution Française*, 6e Année, No. 31 (Janvier-Février 1929), pp. 24-33. Robert Schnerb, "Le Club des Jacobins de Thiers et l'Application des Lois de Ventôse," *Annales Historiques de la Révolution Française*, 6e Année, No. 33 (Mai-Juin 1929), pp. 287-288. Robert Schnerb, "Les Lois de Ventôse et leur Application dans le Département du Puy-de-Dôme," *Annales Historiques de la Révolution Française*, 11e Année, No. 65 (Septembre-Octobre 1934), pp. 403-434.

② Albert Mathiez, "La Terreur Instrument de la Politique Sociale des Robespierristes: Les Décrets de Ventôse sue le Séquestre des Biens des Suspects et leur Application," in Albert Mathiez, *Girondins et Montagnards*, Paris: Firmin-Didot, 1930, pp. 109-138.

③ 勒费弗尔：《法国革命史》，第416页。

④ 转引自索布尔：《法国革命史》，马胜利等译，北京：中国社会科学出版社，1989年，第294页。

这对以资产阶级共和国为理想的温和派而言是致命的威胁。[①] 结果，革命政府把包括埃贝尔在内的平民领袖都送上了断头台。

在革命历史上，风月与芽月危机具有转折意义。这是自 1789 年以来，革命政府首次剿灭平民运动。正如史家伊格内所言，安抚民众，并利用无套裤汉对付吉伦特派是一回事，但是要让救国委员会听命于无套裤汉则完全是另一回事。[②] 风月、芽月事件后，救国委员会接连颁布几项法令：芽月七日解散革命军，芽月十二日撤销各部部长，并取缔反囤积专员，热月三日逮捕布硕特，并对省、区和市议会以及警察局进行全面的换选，里昂等地的平民组织也遭到了全面的清洗。至此，平民的力量已无法再对政府构成实质性的威胁。在随后的几个月里，政府的权威得到了进一步的巩固，中央集权更为强化，恐怖统治也日渐严苛。牧月二十二日法令简化了革命法庭审讯的程序，规定被告不得聘请律师进行辩护。更重要的是，救国委员会无须事先通知国民公会，便可对议会代表提起公诉。[③]

当时，共和国在战场上已基本稳操胜券，民众对贵族阴谋的恐惧也正在消退。这说明，革命政府的集权统治已然不再是御敌卫国。因为如果它还只是个国防政府，那就完全没有必要在这个时候，使用这样的措施来强化自己的统治。[④] 另外，芽月危机后，在革命政府颁布的

---

① 转引自索布尔：《法国革命史》，第295页。

② Patrice Higonnet, *Sister Republics: The Origins of the French and American Republicanism*, p. 255.

③ 关于牧月法令，参见 H. Calvet, "Une Interprétation Nouvelle de la Loi de Prairial," *Annales Historiques de la Révolution Française*, 22e Année, No. 120 (Octobre-Décembre 1950), pp. 305-319. Georges Lefebvre, "Sur la Loi de Prairial an II," *Annales Historiques de la Révolution Française*, 23e Année, No. 123 (Juillet-Septembre 1951), p. 225-256. Georges Lefebvre, "À Propos de la Loi du 22 Prairial," *Annales Historiques de la Révolution Française*, 24e Année, No. 127 (Juillet-Août 1952), pp. 253-255.

④ 勒费弗尔：《法国革命史》，第427页。

各项社会经济措施中，社会民主的色彩大为削减。比如根据救国委员会颁布的花月济贫法，疑犯的土地将招标拍卖，而不是无偿转让。这无疑有利于有产者，而不利于贫民。上述情况说明，中央集权统治的目的已经变成了巩固那些作为革命专政化身的少数人的政权。[1]

从这个意义上来说，热月政变是风月与芽月危机的延续，因为这两次事件本质相同，都是通过集权的方式捍卫统治。[2] 这也是为何热月党人抨击的对象是恐怖统治，而不是革命政府的集权体制。

热月政变后，共和二年果月十一日，国民公会代表塔里安在他的著名发言中，区分了恐怖统治和革命政府两个概念。塔里安认为，恐怖统治实际上是罗伯斯庇尔的个人发明，目的是巩固他的独裁统治，是一种有意识地利用恐惧，培植恐惧，并将恐惧根植在人的内心深处的统治方式。而革命政府则是国民公会为渡过危机而采取的必不可少的措施，是通过强化法律的威严而实行的集权统治。塔里安很明显是在为革命集权统治辩护。[3] 他的发言也预示着，中央集权体制将不会随着山岳派一同覆灭。

对热月党人而言，继续集权统治，既是局势所需，更是维持有产者统治的必要手段。经历了共和二年的动荡，热月党人已清楚地认识到，财产是社会秩序的保证，无套裤汉是无序与骚乱的根源。[4] 邓格拉在共和三年获月五日的发言中提出："有产者统治的国家是处于社会秩序

---

① 勒费弗尔：《法国革命史》，第424页。

② Georges Lefebvre, *The Thermidorians and the Directory: Two Phases of the French Revolution*, trans. by Robert Baldick, New York: Random House, Inc., 1964, p. 3.

③ *Réimpression de l'Ancien Moniteur*, Tome 21, Paris: H. Plon, 1861, pp. 612-615. 参见 Keith Baker, "Introduction," in Keith Baker, ed., *The French Revolution and the Creation of Modern Political Culture*, Vol. IV, The Terror, Oxford: Pergamon, 1994, pp. xiv-xv.

④ 参见本书论文《法国革命时期的财产观念、政治权利与资产阶级的自我认同》。

中的，而无产者统治的国家则是处于自然秩序中的。"① 共和四年葡月二日的《法国报》上一段文字清楚地反映了有产者阶级意识的觉醒："五年来，我们一直没有意识到的一项原则就是社会本应由有产者构成，如果再让无套裤汉统治法国，必然会点燃富人和穷人之间的战争，而最具破坏性的、最漫长的战争就是这两个阶级之间的冲突。"② 所以，强政府与中央集权是确保秩序与稳定的基础。

基于此，热月政府不仅恢复了经济自由，重新确立了纳税选举制，也保留了特派员体制。共和三年宪法通过以后，国民公会在闭幕前公布了葡月五日法令，规定在公会解散后，特派员的权力依旧有效，并以政府专员的身份继续工作，直到督政府做出最后的决定。③ 这部法令意味着中央集权将脱离革命政府这一临时制度框架，成为恢复和平后的基本行政原则。

集权也是督政府时期行政体制改革的宗旨之一。在当时的讨论中，论者无不以 1789 年体制作为反例，尝试将行政权威、法律执行与公民自由一并融合进一套新的制度框架中。新体制的设计者意识到，若要解决"统治问题"（le problème du gouvernement），就得建立一套与 1789 年体制截然不同的制度，因为在代表加尼尔看来，这套制度"只有协商能力，毫无行动能力，是一套糟糕的制度"。④ 代表卢韦认为

---

①　*La Constitution de l'an III, ou, L'Ordre Républicain*, actes du colloque de Dijon, 3 et 4 octobre 1996, textes réunis par Jean Bart, Dijon: Universitaires de Dijon, 1998, p. 88.

②　Jena-Marc Schiappa, "Les Conceptions de la Propriété dans le Discours Politique en l'an IV," in Geneviève Koubi, *Propriété & Révolution*, actes du Colloque de Toulouse, 12-14 octobre 1989, Paris: CNRS, 1990, p. 53.

③　Alphonse Aulard ed., *Recueil des Actes du Comité de Salut Public*, Tome 28, Paris: Imprimerie nationale, 1951, pp. 387-388.

④　转引自 Michel Biard, *Les Lilliputiens de la Centralisation: des Intendants aux Préfets: les Hésitations d'un Modèle Français*, p. 268.

行政能力是确保国家统一的关键，这与前文所引沃布朗的看法颇为接近。卢韦说道："一个统一且不可分割的共和国，应该是所有地方都是在同一部计划、同样的法律之下接受管理，服从于同一个机构。"[①]代表多努强调，自由意味着要服从法律无可争议的权威，专员确保法律的落实和执行，因此这种"人为干涉法律"的行为并不侵犯自由的原则。他强调专员就是政府的"手"与"眼"：

> 统治应无处不在，统治应能看清一切，迅速获悉一切，能准确知晓一切；可以说，统治应出现在共和国领土的每个角落；你们不能拒绝政府外派专员……因为，准确地说，如果没有专员，就无法实现我们所希望的这一切。[②]

夏普塔尔是 1800 年雨月法令的起草者，他的发言十分准确地传达了时人对强政府和强大行政权的渴望：

> 一套良好的行政体制应展现力量、正义与执行力。这也是本法令[③]草案包含的内容。执行力体现在能够确保不折不扣地贯彻政府的法律与法令……执行法令要一竿子插到底，从部长直至被治理的百姓，不容中断；要能把政府的法律与法令以电流的速度传到社会组织的基层去。[④]

---

① *Réimpression de l'Ancien Moniteur*, Tome 25, Paris: H. Plon, 1862, p. 326.
② *Réimpression de l'Ancien Moniteur*, Tome 25, pp. 324-325.
③ 指 1800 年雨月法令。——引者注
④ *Journal de Paris*, No. 149, 29 Pluviôse, VIII année de la République, Paris: Impr. du Journal de Paris, p. 659. 部分引文参见勒费弗尔：《拿破仑时代》，上卷，河北师大外语系《拿破仑时代》翻译组译，北京：商务印书馆，1995 年，第 89 页。

中央对地方的控制进一步强化。首先，在 1795 年 8 月 22 日颁布的共和三年宪法中，与集权制相关的条款占了三分之二，区这一级行政单位被撤销，市镇的权力大为缩减，尤其是大城市的市镇机构完全失去了自治权力。其次，行政权威的等级制得到了进一步明确。上级行政部门对下级行政部门享有绝对权威，可撤销后者的决议，也有权对下级官员实行停职或撤职。在整套行政体制中，督政府享有最高权威，并往省府与市府各派专员一人，督促法律的执行，监督地方的行政事务。[①] 此外，督政府也往地方各级司法部门、税务部门、军队、警务处等机构派驻专员。4 年间，各类专员总计有 25000 人之多。他们由中央任命，是正式的政府职员，领取俸禄，有统一的服饰。专员有权废除地方法规，撤换地方官员。[②] 由于地方行政机构的官员每年都要进行换选，专员有利于秩序的稳定。另外，督政府可以直接出面干涉任何一级行政部门的事务。这套体制显然比共和二年的革命政府更为集权。

雾月政变后，执政府于 1800 年 2 月 17 日颁布了共和八年雨月法令。此次改革的关键在于取缔地方选举。此后，各级地方官员均由中央政府委派。只有人数不足 5000 位居民的市镇的市长由省长委任。各级地方议会虽然保留下来，但徒有形式而无实权。雨月法令设立了权力更

---

① J.-B. Duvergier, ed., *Collection Complete des Lois*, Tome 8, Paris: A. Guyot et Scribe, 1835, p. 289. 派往省府的专员称为"中央专员"（commissaires centraux）或是"大专员"（commissaires généraux）。外派省府与市府的两类专员有一定区别，参见 Alfred Blanche, *Dictionnaire Général d'Administration: Contenant la Définition de tous les Mots de la Langue Administrative*, Paris: Paul Dupont, 1849, pp. 330-331.

② Jacques Godechot, *Les Institutions de la France sous la Révolution et l'Empire*, pp. 409, 411, 416. Michel Biard, *Les Lilliputiens de la Centralisation: des Intendants aux Préfets, les Hésitations d'un Modèle Français*, p. 245. Bernard Gainot, "Proposition pour Une Enquête Prosopographique sur les Commissaire Centraux du Directoire," in Michel Pertué ed., *L'Administration Territoriale sous la Révolution Française: Réflexions, Vues Nouvelles et Pistes de Recherche*, Orléans: Presses universitaires d'Orléans, 2003, pp. 91-104. Pierre Deyon, *L'État face au Pouvoir Local: un Autre Regard sur l'Histoire*, Paris: Editions locales de France, 1996, p. 127.

大的省长。省长由第一执政任命，是唯一有权负责地方行政事务的官员。省区议会和大议会不仅无权反对省长的决定，而且也无权涉足行政事务，只负责捐税、摊税和公共建设。自旧制度外省议会改革以来的地方"集体行政管理模式"为省长体制所终结，后者构成了拿破仑威权政府体制的核心要件。

根据奥拉尔整理的材料，地方舆论对初创的省长制度的反应比较积极，批评也主要针对某些任职者，而不是针对体制本身。[1]"可统治性"（gouvernementalibilité）这个新词的出现就透露了当时人们对政治集权的渴求。[2]19 世纪上半叶频繁的政治动荡仅仅更换了职位上的就任者，而没有根本改变地方行政体制的架构。历经复辟时期思想的论辩后，自由的哲学融进了中央集权的框架中。与自由相伴的是对统一的要求，而不是对特权和地方主义的呼吁。从共和二年革命措施中脱胎而来的省长制度变成了勾连公民与中央权威之间稳定的连接。

结　语

中央集权的国家建设始于旧制度，但是绝对君王并未完成这一事业，很大程度上这是因为它容许地方特权的存在。路易十四就从未废除过任何一个外省三级会议。这些地方特权本身就对集权构成了诸多的限制。近期研究表明，朗格多克、勃艮第这些大型外省三级会议在 18 世纪的地方行政中扮演着日趋重要的政治角色，不仅承揽了大部分

---

① Alphonse Aulard, ed., *L'État de la France en l'an VIII et en l'an IX: avec une Liste des Préfets et des Sous-Préfets au début du Consulat*, Paris: Au siège de la Société, 1897.

② 转引自皮埃尔·罗桑瓦龙：《法兰西政治模式：1789年至今公民社会与雅各宾主义的对立》，高振华译，沈菲、梁爽校，北京：三联书店，2012年，第111页。

地方政务，而且有效地抵御了中央权力的直接干涉与介入。① 实际上，全面消除地方差异与地方特权从来就不是旧制度行政改革的目标。财政总监拉韦尔蒂领导的市镇改革是唯一一次统一行政的尝试，却遭到地方的普遍反对，以失败告终。绝对君主制之所以无法根除地方差异，根源在于迥异的地方制度的本质就是特权与团体主义，这是社会结构的基础。行政统一一旦完成，必会危及整个社会结构，而这个结构本身就是对统一的否定。所以，这是绝对王权无法解决的矛盾。

　　1789 年的改革废除了旧制度的地方特权与地方差异，实现了地方行政体制的统一，同时也瓦解了行政集权，实行了较为彻底的权力下放。在当时的背景下，要推翻旧制度，只有依靠平民。只有让平民切实觉得从此可以自己管理自己了，他们才愿意放弃悠久的地方特权，支持国家的统一。② 正如恩格斯所说："在整个革命时期，直到雾月十八日为止，各省、各区和各乡镇的全部管理机构都是由被管理者自己选出而且可以在全国法律范围内完全自由行动的机关组成的；这种和美国类似的省区和地方自治制，正是革命的最强有力的杠杆。"③ 所以，不能将 1789 年的地方分权仅仅看作一个过渡阶段，它实则是革命法国实

---

　　① 参见 Marie-Laure Legay, *Les États Provinciaux dans la Construction de l'État Moderne: aux XVIIe et XVIIIe siècles*, Genève: Droz, 2001; Julian Swann, *Provincial Power and Absolute Monarchy: the Estates General of Burgundy, 1661-1790*, Cambridge, U.K.: Cambridge University Press, 2003. William Beik, "The Absolutism of Louis XIV as Social Collaboration," *Past and Present*, Vol. 188, No. 1 (Aug. 2005), pp. 195-224. Fanny Cosandey & Robert Descimon, *L'Absolutisme en France: Histoire et Historiographie*, Paris: Seuil, 2002. 参见本书论文《从国家中心到社会合作：法国绝对君主制研究路径及其转向》。

　　② 勒费弗尔：《法国革命史》，第 160 页。Michel Pertué, "Les Représentants du Pouvoir Exécutif dans les Départements sous la Révolution Française," in Jean-Pierre Allinne et Renaud Carrier eds., *Préfet et Développement Local*, Paris: Dalloz, 2002, pp. 43-56.

　　③ 卡尔·马克思，弗·恩格斯：《共产主义者同盟中央委员会告同盟书》，《马克思恩格斯全集》第 10 卷，北京：人民出版社，1998 年，第 395 页，注 1。另见卡尔·马克思，弗·恩格斯：《共产主义者同盟中央委员会告同盟书》，《马克思恩格斯选集》第 1 卷，北京：人民出版社，2012 年，第 563 页，注 1。

现中央集权的必要阶段。但是，统一的代价却是国家力量遭到了削弱。在一段时间内，资产阶级没有建立一个强政府，主要原因在于他们必须保留民众这个同盟军，以抗衡王权，挽救危难中的国家。[①]

正是在这个意义上，王权的废除是中央与地方权力关系的转折点。1792 年 8 月 10 日革命后，特派员体制旋即创立，行政权也得到了全面改革。在历经了 3 年行政失序之后，国家与政府的权威开始恢复。这个过程一直延续到法兰西第一帝国。一个建立在统一地方行政体制基础上的现代中央集权逐步确立。共和二年的山岳派专政只不过是这一过程的一段插曲。革命政府的建立依靠了平民，最终却成为制服平民的集权工具。芽月与风月危机清除了共和国的创立者，保证了统治的稳定。至共和三年牧月起义失败后，平民无力挑战政府权威，最终被迫退出了历史舞台。热月政变仅仅结束了山岳派专政，但是革命政府的非常措施依旧有效，矛头既针对拥护旧制度的顽固派神甫和贵族，还包括激进民主派和平民。这些情况都表明，当政府权力在不断强化的同时，其所代表的社会基础却在不断削弱。集权体制逐步摆脱革命政府的框架，而成为一种国家治理与统治的常规手段。

---

① Yann Fauchois, "Centralization," in *A Critical Dictionary of the French Revolution*, p. 633.

第二部分

政治语境

三　《法国古今政体论》析义：兼论 18 世纪 法国政治激进主义的起源 [①]

　　在《社会契约论》中，卢梭曾前后四次引用一份"公众知之甚少"的手稿。他称赞作者是一位"真正的公民"，手稿的内容则表达了此人对政府正确且良善的观念。[②] 伏尔泰对这份手稿同样大加赞赏。在写给作者的信中，他说道："在您的著作中，我发现了自己所有的想法。"[③] 伏尔泰甚至建议把手稿呈交普鲁士国王，以助其改革。[④] 实际上，这份手稿虽不为公众所知，但在启蒙哲人圈中早已久负盛名。除了卢梭与伏尔泰，手稿的读者还包括法兰西学院终身秘书丰特奈尔、摄政时期最负盛名的政治家圣皮埃尔神甫（abbé de Saint-Pierre）、经济学家迪潘（Claude Dupin）与百科全书派的代表人物达朗贝等人。1764 年，正是在卢梭的推动下，手稿首次出版，题为《法国古今政体论》。[⑤] 一年后又经伏尔泰的资助，得以再版。

　　手稿的作者，也就是那位饱受哲人赞誉的"公民"——达让松侯

---

　　① 原文刊于《浙江大学学报（人文社会科学版）》，2018 年第 5 期，文字略有改动。

　　② J.-J. Rousseau, *The Political Writings of Jean Jacques Rousseau*, with introductions & notes by C.E. Vaughan, Vol. 2, Cambridge: Cambridge University Press, 1915, p. 131, note 2.

　　③ C. Tassin, "Un Membre de l'Académie de l'entresol: Le marquis d'Argenson," *Correspondent*, Tome CXXXIII (1883), p. 343.

　　④ D'Argenson, *Mémoires et journal inédit du marquis d'Argenson*, Tome 4, Paris: P. Jannet, 1857-1858, p. 364.

　　⑤ D'Argenson, *Considérations sur le gouvernement ancien et présent de la France*, Amsterdam: chez Marc Michel Rey, 1764.（下文简称 D'Argenson, *Considérations*, 1764）

爵（René Louis de Voyer de Paulmy d'Argenson，1694—1757）。他出身官宦世家，家世可上溯到 16 世纪初。其先祖曾在红衣主教马札然手下效力，出任巴黎高等法院参事。达让松的父亲曾任巴黎警察总长，兼摄政王时期的掌玺大臣。他的母亲来自显赫的科马丹家族，外祖父在摄政王时代担任司法大臣。达让松自小在路易大王中学接受良好的教育，弱冠之年便出任书报检察官，1718 年为王室调查专员，两年后，承袭父职，为国务参事，并被外派至埃诺和康布雷西两地任督办官。摄政王去世后，他辞去督办官工作，回到巴黎，于 1744 年任外务大臣一职。其早年的经历可谓官运亨通，平步青云。但达让松本质上是个理想主义者，与那阿谀奉承的官场风气格格不入。在众廷臣眼里，他是个"傻瓜"，被讥讽为"柏拉图理想国的秘书"（secrétaire de la république de Platon）。[1] 当了 3 年外务大臣，达让松辞官归里，专心著述。

　　思想史家夏克尔顿认为，从波舒哀的《据〈圣经〉论政治》直至孟德斯鸠《论法的精神》问世，其间法国政治思想的转型便由夹层俱乐部（Club de l'Entresol）成员的手稿所奠定。[2] 《法国古今政体论》便是其中之一。解析这份手稿，无论是对理解 18 世纪初法国政治思想

---

[1]　J. Lough, "d'Argenson and Socialist Thought in Eighteenth-Century France," *Modern Language Review*, Vol. 37(1924), p. 456. "柏拉图理想国的秘书"指达让松好空想，不切实际。

[2]　罗伯特·夏克尔顿：《孟德斯鸠评传》，刘明臣、沈永兴、许明龙等译，北京：中国社会科学出版社，1991 年，第 88–89 页。另见 Nick Childs, *A Political Academy in Paris, 1724-1731: The Entresol and its Members*, Cambridge: Voltaire Foundation, 2000.

的转型，还是对挖掘法国革命激进主义的起源，都十分重要。① 下文拟以《法国古今政体论》为核心，结合达让松的日记与笔记，就上述问题略作分析，求教方家。

时代背景与手稿概况

达让松成长的时代正值法国绝对主义君主制衰相显露之际。路易十四亲政 54 年间，有 32 年法国都是在战火硝烟中度过的。西班牙王位继承战争更是耗尽了法国国力。1715 年，法国政府债务高达 12 亿里弗。②1689 年以来，连年歉收，物价不断攀升，接连几个严冬夺走了近 400 万人的生命。太阳王的统治摇摇欲坠，而撼动王权的不仅仅是天灾人祸与财政赤字，更有与之相伴而生的思想冲击。民众对路易十四早已满怀怨恨，用圣西蒙公爵的话说，人人都盼着他早死。届时，以拉布吕耶尔的《品性论》、贝莱巴的《备忘录》、朱里厄的《渴望

① 国外学者从以下几个不同的角度，对达让松的政治思想做过研究。强调其有限君主制立场的研究参见：Arthur Ogle, *The Marquis D'Argenson: A Study in Criticism*, London: T. F. Unwin, 1893. André Alem, *Le marquis d'Argenson et l'économie politique au début du XVIIIe siècle: Pratiques mercantiles et théories libérales*, Paris: A. Rousseau, 1900. 强调其社会主义立场的研究参见：John Lough, "D'Argenson and Socialist Thought in Eighteenth-Century France," *Modern Language Review*, Vol. 37(1924), pp. 455-465. 强调其自由主义立场的参见：Jean Lamson, Les idées politiques du marquis d'Argenson, Montpellier: Impr. de la Charité, 1943. 强调其开明专制立场的研究参见：Peter Gessler, René Louis d'Argenson, 1694-1757: seine Ideen über Selbstverwaltung, Einheitsstaat, Wohlfahrt und Freiheit in biographischem Zusammenhang, Basel: Helbing & Lichtenhahn, 1957. Herbert Hömig, "Absolutismus und Demokratie: Das Reformprogramm des Marquis d'Argenson," *Historische Zeitschrift*, 226, H. 2 (Apr., 1978), pp. 349-380. 20 世纪 80 年代以后，有关达让松文献整理的最新成果参见：d'Argenson, *Considérations sur le gouvernement: a critical edition, with other political texts*, Liverpool: Liverpool University Press, 2019. 国内学界尚无专门研究。

② 试比较：1786 年，路易十六的财政总监卡隆上台后，曾对政府的财政赤字做过较为精确的估算，根据他的报告，当时财政收入应为4亿7500万里弗，而需要支出5亿8700万里弗，财政赤字差不多是1亿1200万里弗。可见，1715年赤字约为1786年的10倍多。有关1786年法国财政赤字的问题，参见Jean Egret, *La pré-révolution française, 1787-1788*, Paris: PUF, 1962.

自由的被奴役法兰西的叹息》为代表的小册子纷纷针砭时弊，批评王权专断，抄本在外省广为流传。[①]费奈隆主教、博埃维里耶公爵、沃邦元帅、布阿吉尔贝尔等爱国志士也提出救治时弊、改革体制的策论。十数年间，思想风气变化之快，让米拉波侯爵在 30 多年后记忆犹新。在 1758 年问世的《人类之友》中，他感叹道：真难以想象，贵族竟开始经商，还谈论起科学、经济与政治问题。[②]

巴黎的沙龙是新思想孕育和传播的温床。在诺亚尔公爵家中，有个名为"自由思想者协会"的组织，就是交流手稿与禁书的场所。[③]朗贝尔夫人每周三举办的沙龙，由法兰西学院院士阿拉里教士主持的夹层俱乐部，都是当时著名的思想社团。这些俱乐部是启蒙时代政治沙龙的雏形。其中，夹层俱乐部的影响最大，成员约有 25 人，其中有 4 位国务参事、3 位侯爵和 2 位伯爵，还有英国大使沃波尔。用达让松的话说，这是一个完全自由的英国式的政治俱乐部。[④]一群爱好辩论政治、讨论时事的人交流思想，交换作品。达让松在此结识了初到巴黎的孟德斯鸠，他很可能是《论法的精神》的第一批读者。[⑤]此时，他开始创作《直到民主得以引入君主制政府》，出版后更名为《法国古今

---

① La Bruyère, *Les Caractères ou les Mœurs de ce siècle*, Paris: chez Estienne Michallet, 1696. Pierre Jurieu, *Les soupirs de la France esclave, qui aspire aprés la liberté*, Amsterdam, 1689. Belesbat, *Mémoires sur divers points d'économie politique d'histoire et de philosophie, présentés à Louis XIV*, manuscrit, Fr. 1205.

② Mirabeau, *L'Ami des Hommes*, Tome 1, Avignon: s. n., 1758, pp. 175-176.

③ I. O. Wade, *The Clandestine Organization and Diffusion of Philosophic Ideas in France from 1700 to 1750*, Princeton: Princeton University Press, 1938, p. 98.

④ D'Argenson, *Mémoires et journal inédit du marquis d'Argenson*, Tome 1, p. 68.

⑤ N. Childs, *A Political Academy in Paris, 1724-1731: The Entresol and Its Members*, p. 185. E. Carcassonne, *Montesquieu et le problème de la Constitution française au XVIIIe siècle*, Paris: PUF, 1927, p. 111.

政体论》。[1]

这份手稿流传与保存的情况很复杂，而且直接影响对文本的解读，因此在分析文本之前，有必要对相关情况做一番交代。现保存在法国阿森纳图书馆和外事档案馆的共有 7 份未刊印的手稿，这大概就是当时哲人圈里私下传阅的手稿。其中有 4 份手稿的封面标注了 1737 年。[2]在 1739 年 5 月写给伏尔泰的信中，达让松曾提到他有一本写了近两年的作品，[3] 说的可能就是这份 1737 年的手稿，而且可以大概肯定，1737 年稿就是《法国古今政体论》的初稿。另外，阿森纳图书馆所藏MSS 2338 手稿的封面上标了 3 个年份，分别是 1748、1752 和 1755 年。[4]这份稿子的内容与已刊印的 1737 年稿差别都很大。[5] 可以推测，上述3 个年份意味着在完成初稿后近 20 年间，达让松曾对初稿多有修订。另外，上文说过，《法国古今政体论》分别在 1764 年和 1765 年两次刊印，这两个版本的内容差别不大，很可能用的是同一份底稿。根据德国史家格斯勒（Peter Gëssler）的考订，卢梭交给出版商刊印的手稿底版本为迪潘所有，而他手里的版本是 1737 年的初稿。[6] 所以，可以认定，1737 年手稿、1764 年版与 1765 年版源于同一底稿，而 MSS 2338 则需另作分析，此稿的修订不见于印本。1784 年《法国古今政体

---

[1] N. Childs, *A Political Academy in Paris, 1724-1731: The Entresol and Its Members*, pp. 69, 140, 164-166.

[2] D'Argenson, *Jusques où La Démocratie peut être admise dans le Gouvernement Monarchique Novembre 1737*, Arsenal, MSS 2337.（下文简称 MSS 2337）

[3] N. Johnson, "L'idéologie politique du marquis d'Argenson d'après ses œuvres inédites," *Etudes sur le XVIIIe*, Tome XI (1984), p. 22, note 3.

[4] D'Argenson, *Jusques où La Démocratie peut être admise dans le Gouvernement Monarchique Novembre 1737*, Arsenal, MSS 2338.（下文简称 MSS 2338）

[5] N. O. Henry, *Democratic Monarchy the Political Theory of the Marquis d'Argenson*, unpublished Ph.D. diss., Yale University, 1968, p. 308.

[6] N. O. Henry, *Democratic Monarchy the Political Theory of the Marquis d'Argenson*, p. 72.

论》再版。此版与上述 4 版的内容出入都很大，且在革命前多次重印，对当时的舆论影响甚深。1784 年版的编订者乃达让松之子，他自称是依照了其父的遗稿做的修订。[1] 但是由于 1871 年 5 月罗浮宫图书馆失火，达让松文藏大部分被毁。所以，1755 年之后，达让松是否对 MSS 2338 手稿再做修订，这就不得而知了。有些学者对该版持保留态度，认为不少内容乃是达让松之子擅作修改的结果。即使存在这种可能性，也没有充分证据证明整部稿子全是伪造的。根据上述情况，本文将综合比对 1737 年手稿（即 MSS 2337）、MSS 2338 版和 1784 年三个版本。

　　除了《法国古今政体论》之外，达让松的日记也是理解其思想不可或缺的材料。现存共有 3 个版本，篇幅内容差别都很大。托克维尔在创作《旧制度与大革命》的过程中，将达让松的日记作为他理解社会心态的主要材料。由于他当时能用的只有 1825 年这个版本，而该版没有收入达让松关于政治革命的预言，所以托克维尔才认为革命是不可预见的。[2] 鉴于此，本文将选取 1857 年和 1859 年这两个较为完整的版本，互为补充，作为理解《法国古今政体论》的背景材料。此外，本文将参考泰森（Charles Tassin）和勒瓦瑟尔（Émile Levasseur）的论文。此二人的研究有不可取代的价值，因为他们看过的材料早已在那场大火中化为灰烬。

---

　　[1]　D'Argenson, *Considérations sur le gouvernement ancien et présent de la France comparé avec celui des autres États, suivies d'un nouveau plan d'administration*, corrigée sur ses manuscrits par M. le Mis de Paulmy, Amsterdam, 1784.（下文简称 D'Argenson, *Considérations*, 1784）

　　[2]　1825 年版出自其后人之手，仅 1 卷，1857 年版有 5 卷，1859 年版有 9 卷。这三个版本之间差异极大。如达让松的《国家改革策论》手稿片段仅入 1857 年版（第 5 卷，第 259-391 页）。三版之间的差异与真伪曾是史学界和文学批评学界争论的焦点，参见圣伯夫在《周一漫谈》上的评述（Charles Augustin Sainte-Beuve, *Causeries du lundi*, Paris: Garnier frères 1852-1862, Tome 12, pp. 78-131; Tome 14, pp. 238-259）。

《法国古今政体论》规划的改革

《法国古今政体论》结构严谨，八章内容前后贯通，层层递进。全书以政体定义开篇，继而撰述统治原则，然后比较各国政体的优劣，接着简述法国封建政府与民主政体的发展历程，并分析当下改革之时机，提出改革方案，最后以改革之目标结束全书。在日记中，达让松写道，希望有朝一日自己能当上首相，[1] 依此改制，矫国更俗。可见，他写作的目的不是著书立说。因此，《法国古今政体论》严格来说不是一份阐述其思想的理论文本，而是改革纲要。若要理解达让松改革的初衷与目标，需要结合其他材料进行解读。

达让松对法国的现状与未来的看法极为悲观。在他眼里，路易十四身后的这个国家已是一座"硕大的收容院"（grand hôpital），百姓哀痛不已。[2] "革命"一词频频出现在他的日记里。达让松在 1751 年就预言，法国将面临一场"全面革命"（une totale révolution），[3] 最底层的民众会起身反抗王权，[4] 政治与社会秩序都将遭到颠覆。在他看来，法国的问题可以归结为三个方面[5]：王权式微；[6] 掌握实权的下

---

[1]　D'Argenson, *Journal et mémoires du marquis d'Argenson*, publiés par E. J. B. Rathery, Paris: Mme ve J. Renouard, 1859-1867, Tome 1, pp. lii, 81, 144, Tome 5, p. 259, Tome 7, p. 299. Voltaire, *Œuvres complètes de Voltaire*, avec des notes et une notice historique sur la vie de Voltaire, Tome XI, Paris: Furne, 1837, p. 484.

[2]　D'Argenson, *Journal et mémoires du marquis d'Argenson*, Tome 2, p. 218. N. O. Henry, *Democratic Monarchy the Political Theory of the Marquis d'Argenson*, p. 40.

[3]　D'Argenson, *Journal et mémoires du marquis d'Argenson*, Tome 6, p. 464. D'Argenson, *Mémoires et journal inédit du marquis d'Argenson*, Tome 5, p. 347.

[4]　D'Argenson, *Journal et mémoires du marquis d'Argenson*, Tome 1, p. xlviii. C. Tassin, "Un Membre de l'Académie de l'entresol: Le marquis d'Argenson," *Correspondent*, Tome CXXXIII (1883), p. 348.

[5]　N. O. Henry, *Democratic Monarchy the Political Theory of the Marquis d'Argenson*, p. 42.

[6]　C. Tassin, "Un Membre de l'Académie de l'entresol: Le marquis d'Argenson," p. 348.

级官员管理不善；[①] 外省的悲惨与萧条。[②] 这三个问题实则贯穿了他一生的思考。达让松相信，所有问题的根源就在绝对王权本身。因为正是在这种制度下，公权力毁灭了一切，奴役了一切，[③] 只有私利，毫无公益（bien public）可言。"祖国"只是一个可笑、空洞的词。[④] 国民对公权力没有丝毫信任。所以，绝对王权看似强大，实则软弱无力。此外，举国之事皆靠国王下派的专员管理，这些人并不熟悉地方情况，势必导致治理不善。[⑤] 最后，骄奢之风弥漫，举国上下大兴土木，劳民伤财，外省民众皆为满足宫廷的贪欲而日夜劳作。"宫廷成了国家的坟墓"。[⑥] 财富都流入了巴黎，所有怀有野心抱负的人都投奔首都。外省必然贫瘠。达让松说道，"在我们这个时代，法国已从体态匀称的女人蜕变成一只大脑袋、细长腿的蜘蛛"。[⑦] 将绝对君主治下的法国比作蜘蛛，在当时这是十分流行的说法。重农学派的米拉波侯爵后来也说过法国是个头大腿细的怪物，极容易中风。

《法国古今政体论》便是一剂治病的方子。达让松认为，罗马衰亡是因为王权绝对化而不受节制，法国若要避免重蹈覆辙，必须建立一套能容纳民主的君主制。[⑧] 所谓民主君主制，实际上是一套混合体

[①] D'Argenson, *Journal et mémoires du marquis d'Argenson*, Tome 2, p. 218. C. Tassin, "Un Membre de l'Académie de l'entresol: Le marquis d'Argenson," p. 348.

[②] D'Argenson, *Journal et mémoires du marquis d'Argenson*, Tome 1, pp. 52-55, Tome 2, pp. 149-153, 177.

[③] D'Argenson, *Mémoires et journal inédit du marquis d'Argenson*, Tome 5, p. 364.

[④] D'Argenson, *Mémoires et journal inédit du marquis d'Argenson*, Tome 5, p. 264.

[⑤] D'Argenson, *Journal et mémoires du marquis d'Argenson*, Tome 4, pp. 157-158, 197. C. Tassin, "Un Membre de l'Académie de l'entresol: Le marquis d'Argenson," p. 350.

[⑥] D'Argenson, *Journal et mémoires du marquis d'Argenson*, Tome 7, p. 46.

[⑦] D'Argenson, *Mémoires et journal inédit du marquis d'Argenson*, Tome 5, p. 325.

[⑧] D'Argenson, *Mémoires et journal inédit du marquis d'Argenson*, Tome 5, pp. 264, 271. N. Johnson, "L'idéologie politique du marquis d'Argenson d'après ses œuvres inédites," *Etudes sur le XVIIIe*, Tome XI (1984), pp. 27-28.

制。他称之为"受君主制庇护的共和国"（républiques protégées par le Monarchie）。① 《法国古今政体论》对这套制度作了完整的阐述。我们大致可以从原则目标、纵向改革与横向改革三个角度对其进行解读。

从原则上来说，达让松将内政治理分为两类，分属两种不同性质的行政权管辖。其一是关系个别利益的地方问题，比如地方慈善、基础建设、慈善救济等。这些事务属"村镇权利"（droit de commune）的管辖范畴，② 由民众官员（officier populaire）负责；③ 其二凡有关"公益"（bien commun, bien public）的事务，④ 则由国王官员（officier Royal）负责。⑤ 他们有权协助民众官员，管理地方政务，并负责监督如法令执行等问题，但不得介入司法事务。⑥ "国王官员"即指治安财政督办官及其助理（subdélégues）。为了避免地方结党营私的现象，达让松规定督办官在每个省任期不得超过3年。⑦ 上述两种行政权相互配合。地方政府自行集会协商，处理市镇事务，享有一定独立性。⑧ 代表王权的国王官员负责普遍之法（les lois générales）的落实，协调地方之间的利益，避免冲突。⑨ 在达让松看来，这套新制度既保证了对王权的依赖，

---

① MSS 2337, p. 30. MSSS 2338, p. 36.

② MSS 2337, p. 30. D'Argenson, *Considérations*, 1764, p. 28. D'Argenson, D'Argenson, *Considérations*, 1784, p. 15. D'Argenson, *Journal et mémoires du marquis d'Argenson*, Tome 1, p. 374.

③ MSS 2337, p. 268. MSSS 2338, p. 216. D'Argenson, *Considérations*, 1784, pp. 190，207. 与1764年版相比，1784版更强调地方权力。

④ MSS 2337, p. 170. MSSS 2338, p. 140. D'Argenson, *Considérations*, 1764, pp. 33, 53, 62. D'Argenson, *Considérations*, 1784, pp. 2, 34, 51, 57, 143.

⑤ MSS 2337, p. 256. MSSS 2338, p. 214. D'Argenson, *Considérations*, 1764, pp. 234-244, 270-271; D'Argenson, *Considérations*, 1784, pp. 75, 185, 251-263

⑥ MSS 2337, pp. 265-267. D'Argenson, *Considérations*, 1764, p. 238. 1784年版涉及督办官的内容极少，或与时局有关。

⑦ MSS 2337, p. 268. D'Argenson, *Considérations*, 1764, p. 242.

⑧ D'Argenson, *Considérations*, 1764, p. 27. D'Argenson, *Considérations*, 1784, p. 28.

⑨ MSS 2337, p. 30. MSSS 2338, p. 28. D'Argenson, *Considérations*, 1764, pp. 26-27. D'Argenson, *Considérations*, 1784, pp. 27-28.

也确保了市镇一定程度的独立。民众官员与国王官员产生方式类同，先经民众或下级行政机构选举产生候选人名单，再由上级部门从中筛选任命。① 所以，王国行政官员的产生是一个结合选举与任命的复杂过程。选举体现了民主与自由，而任命则确保了王权与秩序。除此之外，在达让松的设计中，选举与任命的结合也有预防腐败的功能。在他看来，若任由民众自行选举，势必出现权钱交易，唯有让选民不得知晓投票结果，且由上级部门掌握最终决策权，才有可能避免腐败。②

从纵向的角度来说，《法国古今政体论》构想了一套由省（département）、区（district）与市镇构成的三级行政体制。省设省三级会议，省三级会议闭会期间，由常设委员会负责相关事务。③ 在旧制度的语境下，département 一词通原指由某位行政长官（如部长或是督办官）负责管辖的区域，往往包括多个外省，而在现代，它指的是一种行政区划。这层意义的转变大概最早出现在《法国古今政体论》中。④ 区设区议会，由村镇代表、区府行政官员、教区和大区（arrondissements）的行政官员组成，人数多于省三级会议成员。⑤ 市镇议会则由民众直选的官员组成。所有行政官员的产生都实行选举与任命双重机制。

各省设立省财政署，管理地方政府日常开销事务，唯有重大开销才需提交御前会议审批。⑥ 这与设立地方选举同样意在纠正绝对主义

① MSS 2337, p. 268. D'Argenson, *Considérations*, 1764, p. 242.

② D'Argenson, *Considérations sur le gouvernement ancien et présent de la France*, Amsterdam: chez Marc Michel Rey, 1764, p. 248. C. Tassin, "Un Membre de l'Académie de l'entresol: Le marquis d'Argenson," p. 356.

③ D'Argenson, *Considérations*, 1784, p. 211.

④ G. Sautel, *Histoire des institutions publiques depuis la Révolution francise, administration, justice, finances*, Paris: Dalloz, 1985, p. 89.

⑤ D'Argenson, *Considérations*, 1764, p. 71. D'Argenson, *Considérations*, 1784, pp. 199-219.

⑥ D'Argenson, *Considérations*, 1764, p. 71. D'Argenson, *Considérations*, 1784, p. 215.

"一统到底"，而地方毫无参政热情的局面。从这一点来说，《法国古今政体论》的制度设计体现了一种地方分权的精神。但是，这一转变并不彻底，因为相对于下级行政部门而言，上级部门在官员任免等方面享有绝对权威，而代表最高权力的依旧是御前会议。所以，达让松尽管认可地方自由的价值，但并不觉得就可以完全放手不管。他始终坚信越自由，越容易腐败，也容易混乱。正是因为如此，保留绝对王权就显得很有必要。

达让松关于官员选举资格的分析，尤值得关注。首先，1784 年版《法国古今政体论》提出，省三级会议的代表必须是大土地所有者，即将地产作为官员的被选举资格。[①] 结合当时一些进步人士支持贵族经商的讨论，达让松此番观点容易被误解为一种体现了反对商业的封建保守立场。但事实并非如此。在泰森搜集的、在编号为 Pensée 677 的笔记中，达让松明确否认了世袭特权的政治功用，提出决定政治地位和政治权利的不是出身与特权，而是人对社会的贡献。[②] 所以，他将地产视为政治权利的基础，应在这一语境下进行解读。对他来说，地产实则有双重政治功能，首先，与其他财产一样，地产能尽可能使个人摆脱对他人的依附，保持独立；其次，与流动财产不同，地产能更紧密、更稳定地把个人与政治共同体结合起来，并使人的趋利之本性不至于损害社会的团结和政治的稳定。[③] 实际上，这代表了由重商主义向农本

[①] D'Argenson, *Considérations*, 1784, pp. 202-204.

[②] D'Argenson, *Mémoires et journal inédit du marquis d'Argenson*, Tome 5, pp. 296-297. C. Tassin, "Un Membre de l'Académie de l'entresol: Le marquis d'Argenson," p. 350.

[③] 关于这一点，参见本书论文《法国革命时期的财产观念、政治权利与资产阶级的自我认同》。

主义转变的开始。[1] 魁奈等人是这一思想的继承者，而米拉波侯爵在其《人类之友》所阐发的思想则直接得益于《法国古今政体论》。

从横向的角度来看，达让松意欲废除地方差异，建立一套统一的地方行政体制。他提出，必须按照一套"明确的方案"与"相关原则"，[2] 进行全面彻底的行政改革。[3] 所以，《法国古今政体论》的改革方案既不是只针对三级会议省或税区地区，而是要将省－区－市镇这套行政建制推及全国。这套主张具有划时代的意义。众所周知，绝对王权的确立与稳固并未带来行政体制的统一化。18 世纪的行政区划依旧十分复杂，督办官统领的 34 个财税区（généralité）因地方税务管理方式的不同，分为三级会议地区（pays d'état）、税区地区（pays d'élection）和课税地区（pays d'impositions）。13 个高等法院辖区又同省辖区不完全重合，一座高等法院兼管数省的情况很普遍。这很容易造成司法权与行政管辖权上的摩擦。各类行政区划彼此重叠，类似中世纪的镶嵌画。新近研究表明，路易十四建立绝对王权，依靠的是通过利益分

---

[1]　Lionel Rothkrug, *Opposition to Louis XIV: The Political and Social Origins of the French Enlightenment*, Princeton: Princeton University Press, 1965, pp. 243-249.

[2]　D'Argenson, *Considérations*, 1764, p. 75. D'Argenson, *Considérations*, 1784, p. 178. "全面治理法律"（une loi d'Administration générale）一词仅出现在1784年版本中，1764年版仅有"明确的方案与相关原则"（un plan fixe et des principes certains）。

[3]　D'Argenson, *Considérations*, 1784, pp. 273, 276, 278, 305. G. Thuillier, "La réforme de administration selon le marquis d'Argenson," *La Revue administrative*, No. 261(1991), p. 217.

摊获取地方特权合作的方式，而不是大刀阔斧地革除地方特权。[①] 在 18
世纪初反对绝对主义的语境中，地方特权常被视为地方自由的保障，
如费奈隆、圣西蒙等人常以此为据，提议恢复地方三级会议。达让松
尽管也珍视地方自由，但是他所倡议的地方自由是以统一的国家框架
为前提的。

　　达让松的这套方案几乎可以看作是大革命创立的行政体制的雏
形。1789 年 12 月 14 日—22 日，制宪议会颁布数部行政改革法令，确
立了省－区－市镇三级行政机构。新体制的架构与《法国古今政体论》
所述基本相同。此外，制宪议会关于"地方私务"（l'administration
locale ou particulière）和"一般国家行政事务"（l'administration
générale）的区分也继承了达让松关于"市镇权利"与"公益事务"的
阐述，同样都是体现了内政治理的分工协作观念。再者，制宪议会将
地方分权与国家统一融为一体，以地方行政体制的统一作为国家大一
统的基础，这套思路与达让松的设想也基本一致。[②] 用他的话说，这是
在对中央的依赖中寻找"独立的空间"（une espèce d'indépendance）。[③]

　　① 关于合作型绝对主义研究，参见：William Beik, *Absolutism and Society in Seventeenth-Century France: State Power and Provincial Aristocracy in Languedoc*, Cambridge: Cambridge University Press, 1985; William Beik, "A Social Interpretation of the Regin of Louis XIV," in *L'État ou le roi les fondations de la modernité monarchique en France (XIVe-XVIIe siècles)*, textes réunis par Neithard Bulst, Robert Descimon et Alain Guerreau, Paris: Editions de la Maison des sciences de l'homme, 1996, pp. 145-160; Legay, Marie-Laure, *Les états provinciaux dans la construction de l'état moderne: aux XVIIe et XVIIIe siècles*, Genève: Droz, 2001; 综述参见：Fanny Cosandey & Robert Descimon, *L'absolutisme en France: histoire et historiographie*, Paris: Seuil, 2002; William Beik, "The Absolutism of Louis XIV as Social Collaboration," *Past and Present*, Vol. 188, no. 1 (Aug. 2005), pp. 195-224. 参见本书论文《从国家中心到社会合作：法国绝对君主制研究路径及其转向》。

　　② 关于革命年代"大一统"的观念，参见：Roland Debbasch, *Le principe révolutionnaire d'unité et d'indivisibilité de la République: essai d'histoire politique*, préface de Michel Debré, Paris: Economica; Aix-en-Provence: Presses universitaires d'Aix-Marseille, 1988.

　　③ MSS 2337, p. 32. MSSS 2338, p. 30. D'Argenson, *Considérations*, 1764, p. 29. D'Argenson, *Considérations*, 1784, pp. 29-30.

如果说，1789 年改革是政治理性主义与激进主义的体现，那么其源头便可以上溯到半个多世纪前的《法国古今政体论》。

"民主君主制"的思想根源

尽管达让松的方案与 1789 年改革非常相似，但是两者的理论基础完全不同，所体现的政治原则也根本不同。1789 年改革表达了人民主权的思想，立法、司法与行政等各部门的官员需由选民选举产生，这是因为主权在民，公权力必须得到选民的授权。尽管达让松也强调地方选举，但是他并不将选举视为民主实践的方式。[①] 在泰森整理的达让松遗稿中，一份编号为 Pensée 527 的笔记写道，地方政府只有协商权，而无决策权。[②] 这说明，达让松倡议的"民主君主制"不能被理解为现代意义上的民主代议体制，其理论基础不是人民主权理论，而是一种融合了功利主义的自由放任（laisser-faire）思想。达让松的创见在于将这项经济原则转变为一种政治理论，并据此发展出一套独特的内政治理原则，以修正绝对王权的弊端。

"放任自由"一词首先出现在 17 世纪后半叶商人撰写的论策中，旋即成为抨击时政的文学与戏剧等作品的核心主题，后经布阿吉尔贝

---

① MSS 2337, p. 268. MSSS 2338, p. 217. D'Argenson, *Considérations*, 1764, p. 242. 此条不见于 1784 版。当时舆论对督办官的批判甚是猛烈，不列此条，是可以理解的。不过，这不是达让松所能预见的。仅此判断，这部分内容的修改很可能是达让松之子擅自修改的结果。

② C. Tassin, "Un Membre de l'Académie de l'entresol: Le marquis d'Argenson," p. 357.

尔等人的阐述，成为一项明确的政治经济学原则。[①] 路易十四统治末年，国贫民困的现状促动大批外省商贾反对重商主义的经济管制政策。管制被视为对人性的压抑，扭曲了自然赋予人的私利。他们认为，唯有让所有人都能不受外力干涉而实现自己的私利，才能实现普遍的善与社会经济的繁荣。领主贝莱巴（Relesbat）呈奏路易十四的备忘录（*Mémoires sur divers points d'économie politique d'histoire et de philosophie, présentés à Louis XIV*）在当时影响颇大，其抄本流传各地。[②] 他提出，国王的任务是顺从自然原则，而战争与贫寒则都是背离自然之道所致。[③] 这种思想承认个人私利的合理性，认为唯有摆脱政治权威的粗暴干涉，完全顺从自然，才能自然而然地实现普遍的善与和谐。

达让松熟谙布阿吉尔贝尔等人的著述。[④] 放任自由是他批评绝对主义、辩护民主君主制的理论基础。[⑤] 他认为，路易十四的统治迫使国民必须顺从国王的需求，外省要唯巴黎马首是瞻，地方则服从中央。

---

① 关于"自由放任"一词的起源分析，参见：A. Oncken, Die Maxime laissez-faire et laissez-passer, ihr Ursprung, ihr Werden, Bern: K. J. WyB, 1886。根据奥肯（A. Oncken）的研究，路易十五的财政总监杜尔阁曾说过："没人知道放任自由这个词实际上出自Legendre写给科尔贝尔的一封信：放手让我们做（lassiez-nous faire）。"奥肯证明这位Legendre即是鲁昂富商Thomas le Gendre，而Le Gendre家族与杜尔阁家族往来甚密。有关"放任自由"的历史，另见G. Schelle, *Vincent de Gournay: laissez faire, laissez passer*, Paris: Guillaumin et cie, 1897, pp. 214-217.

② 根据Lionel Rothkrug的分析，备忘录的抄本在巴黎、格勒诺布尔、鲁昂、南特等地流传，并在各地的俱乐部、沙龙、国王身边的大臣以及巴黎高等法院法官中流传。参见Lionel Rothkrug, *Opposition to Louis XIV: The Political and Social Origins of the French Enlightenment*, p. 328. 有关贝莱巴的政治经济学思想，参见Albert Schatz, *Le mercantilisme libéral à la fin du XVIIe siècle: les idées économiques et politiques de M. De Belesbat*, Paris: Librairie de la Société du Recueil J.-B. Sirey et du Journal du Palais, 1906.

③ G. Sautel, *Histoire des institutions publiques depuis la Révolution francise, administration, justice, finances*, p. 339.

④ N. O. Henry, *Democratic Monarchy the Political Theory of the Marquis d'Argenson*, pp. 57-60. D'Argenson, *Mémoires et journal inédit du marquis d'Argenson*, Tome 5, p. 157.

⑤ D'Argenson, *Mémoires et journal inédit du marquis d'Argenson*, Tome 2, p. 21, Tome 3, pp. 231, 260, Tome 5, pp. 134, 372. D'Argenson, *Journal et mémoires du marquis d'Argenson*, Tome 4, p. 455, Tome 5, pp. 330, 364, 452-453. Émile Levasseur, "Le Marquis d›Argenson," *Mémoires de l'Académie des Sciences Morales et Politiques*, Tome LXXXVII(1868), p. 81.

因为民众劳作不是为了自己的生活，而是要满足奢靡的宫廷。[1] 地方官是中央下派的，对所辖地区一无所知，地方利益难以得到保障。[2] 在这套体制中，只存在国王的私利，毫无公益可言，只有巴黎的利益，外省则完全被漠视，只有王权，而无地方自由。[3] 因而，绝对主义的根本弊端在于它违背了自然之道，扭曲了天赋的私利。

达让松把批判的矛头集中指向"滥加管制"。[4] 在两份现已遗失的手稿中，他曾提到政府不应"过度治理"（pas trop gouverner），"若想管得好，就应管得少"。[5] 达让松的行政改革方案便是这种自由行政理念的集中体现。他将村社、市镇比作个体，而所谓的"市镇权利"有如人的私利，是地方的天然权利，[6] 不仅应当得到承认与保护，而且应在一种自由行政的制度下，使其实现自身的最大化。[7] 为此，地方事务就应交给那些民选地方官员负责，只有这些人才清楚何为地方利益。选举实际上不是民众行使政治权利的方式，[8] 而是一种真实反映地方实情，确保"市镇权利"的内政治理手段。可见，达让松倡议地方民主，其意不在限制王权。恰恰相反，他认为，王权理应得到强化，因为它是国体之头颅，而社会本身也要活力，因为它是国体之臂膀，[9] 有头无

---

[1] D'Argenson, *Mémoires et journal inédit du marquis d'Argenson*, Tome 5, pp. 322, 286, 351, 373.

[2] D'Argenson, *Journal et mémoires du marquis d'Argenson*, Tome 4, pp. 197-198.

[3] D'Argenson, *Journal et mémoires du marquis d'Argenson*, Tome 6, p. 67.

[4] D'Argenson, *Journal et mémoires du marquis d'Argenson*, Tome 4, p. 456.

[5] D'Argenson, *Journal et mémoires du marquis d'Argenson*, Tome 8, p. 220.

[6] MSS 2337, p. 30. MSSS 2338, p. 26, 28. D'Argenson, *Considérations*, 1784, p. 27

[7] D'Argenson, *Mémoires et journal inédit du marquis d'Argenson*, Tome 5, pp. 382-385. D'Argenson, *Journal et mémoires du marquis d'Argenson*, Tome 1, pp. 374-375.

[8] Nannerl Keohane, *Philosophy and the State in France: The Renaissance to the Enlightenment*, Princeton, N.J.: Princeton University Press, 1980, pp. 376-390.

[9] D'Argenson, *Considérations*, 1784, pp. 6, 7, 101.

臂，则如绝对主义，王权看似强大，实则虚弱；[1] 而有臂无头，则如荷兰之类的联邦共和国，国家是松散的。而他设计的"受君主制庇护的共和国"不仅可以取两种体制之优而弃其弊，还能强化王权，因为在他看来，真正强大的公权力必须得到社会与舆论的支持。

尽管达让松相信他的改革无损于王权，但实际上它侵蚀了绝对主义的基本原则。首先，从理论上说，公权力的纯粹性是绝对主义的基本特点，其唯一的来源便是王权的权威，它不仅独立于社会，而且高于社会。绝对王权原则上无须对任何尘世权力与利益负责。用德国史家科斯曼的话说，这是一种没有任何社会基础，且不依赖于任何社会力量的公权力[2]。但是，达让松改革的出发点不是高高在上的王权，而是构成社会的个人，不是那种"一统到底"的公权力，而是天赋的且不容否认的私利。因此，他所理解的国家不是国王人身化的体现，而是由享有私利的个体构成，并且是确保臣民利益得以实现的工具。社会利益是王权统治的基础，后者不能脱离前者而独立存在。而"利益"的基本特点就是它的多样性。正如达让松所言，人的利益是不同的，各人的利益都有各自不同的原则。[3] 这意味着内政治理绝不能遵循统一的规则，相反，各人与各个地方都应该有管理自身的自主权。[4] 在达让松看来，各种私利之间难免有冲突，但是最终能走向普遍的善，能实现公益；而要协调私利与公善，靠的不是王权，而是一种看不见，但

---

[1]　D'Argenson, *Considérations*, 1764, pp. 109-116. D'Argenson, *Considérations*, 1784, pp. 94-101. N. O. Henry, *Democratic Monarchy the Political Theory of the Marquis d'Argenson*, p. 129.

[2]　关于绝对主义的阐释，参见：E. H. Kossmann, *Politieke theorie en geschiedenis*, Bert Bakker: Amsterdam, 1987.

[3]　MSS 2337, p. 29. MSSS 2338, p. 27. D'Argenson, *Considérations*, 1764, p. 26. D'Argenson, *Considérations*, 1784, p. 27.

[4]　D'Argenson, *Journal et mémoires du marquis d'Argenson*, Tome 4, 455-456.

又无所不在的自然力量。而王权应如上帝一般，扮演着"统而不治"的角色。"若想管得好，就应管得少"，这种自由主义行政理念预示着内政治理将逐步摆脱王权的直接控制，而让社会自我管理与自我协调。因而，达让松颠覆绝对主义的第二个方面表现在，他发现了社会，不仅赋予社会以重要性，而且勾勒了社会与政治的基本关系与界限，这既彰显了国家与社会之间的紧张关系，也构成了对王权的潜在限制。社会是否繁荣，人民福祉是否能得到保障，都成为评判王权统治的尺度。由此，公益上升为至高的标准，这意味着国王不能随心所欲地统治。布兰维里埃说，若政府领导无方，缺乏理论，随波逐流，则注定不会长久美满[1]。而达让松把这门有关政府领导的理论称之为"政治科学"（science politique），核心内容是阐发政治如何体现并满足社会利益。[2]在某种程度上，可以认为达让松已经表达了一种朴素的唯物主义思想。米拉波伯爵后来用一种更极端的方式表达了类似的看法，他说一切政治都来自一粒小麦，因为人类社会完全是通过实物来统治的，而实物的规律则是统治人与自然界的普遍规律。正如罗桑瓦龙所言，这一思想既预示了 19 世纪的圣西门主义，也昭示了马克思主义，其中蕴含的理性主义则是法国革命政治激进主义的重要来源。[3]

---

[1] Gustave Lanson, "La transformation des idées morales et la naissance des morales rationnelles de 1680 à 1715," *La Revue du Mois*, IX (Janvier-Juin 1910), p. 425.

[2] D'Argenson, *Mémoires et journal inédit du marquis d'Argenson*, Tome 5, pp. 261, 270.

[3] 皮埃尔·罗桑瓦龙：《乌托邦资本主义：市场观念史》，杨祖功等译，北京：社会科学文献出版社，2004 年，第 58 页。

18 世纪法国政治激进主义的起源

达让松认为，社会贫瘠，民不聊生，都是那位"奴役了法兰西"的绝对君王的过错。[1] 他甚至宣称，如果路易十四还不算暴君的话，那还能有谁配得上这个头衔？[2] 此番激烈之言辞在当时并不少见。费奈隆、布阿吉尔贝尔、布兰维里埃等思想家也都毫不避讳地把社会问题归罪到路易十四头上。费奈隆甚至不再称国王为"陛下"，在《致路易十四》这封匿名信中他说道："先生，您理应像自己的孩子一样疼爱您的臣民，他们至今依旧对你感恩戴德，可是他们现在饥寒交迫，挨饿受冻，这完全是您之过。"[3] 在连年征战与横征暴敛中，这些人发现国王与国家之间并不总能一致。布阿吉尔贝尔写道，聚敛钱财的种种办法让君王对立于法兰西。[4] 因此，"朕即国家"的原则便遭到了质疑，而"公益"（bien public）或"人民利益"（bien du peuple）这些概念逐渐取代了自黎塞留时代以来盛行的"国家理据"（raison d'État），成为判定政体合法性的新基准。

在这方面，他们同绝对主义理论者的根本分歧的焦点在于：王权与公益何者为本？后者并未轻视公益，他们只不过认为，公益得以实现的前提是人民完全顺从王权，并与君主制融为一体。波舒哀曾说，人民因君王而成为人民。他认为王权才是公益的缔造者，一旦确立绝

---

[1]　D'Argenson, *Considérations sur le gouvernement ancien et présent de la France*, Amsterdam: chez Marc Michel Rey, 1764, p. 1. G. Lanson, "La transformation des idées morales et la naissance des morales rationnelles de 1680 à 1715," *La Revue du Mois*, Tome IX (1910), pp. 416, 418. Nannerl Keohane, *Philosophy and the State in France: The Renaissance to the Enlightenment*, pp. 333-345.

[2]　D'Argenson, *Mémoires et journal inédit du marquis d'Argenson*, Tome 5, p. 312.

[3]　参见：Fénelon, *Lettre de Fénelon à Louis XIV*, Paris: Antoine-Augustin Renouard, 1825.

[4]　G. Lanson, "La transformation des idées morales et la naissance des morales rationnelles de 1680 à 1715," *La Revue du Mois*, Tome IX (1910), p. 415.

对王权，公益自然就能有所保障，也必然能得到彰显。但是达让松认为，公益是决定王权合法与否的前提。[①] 唯有那种君王视国家福祉为其统治宗旨，并视其自身为国家的首席行政长官的政体，才是合法的，他将此命名为"君主政体"（royauté），而另一种"非法"（fausse）政体下，国王视国家为一己之私产，达让松称之"国王政体"（monarchie）。[②]

既然公益不是王权的自然衍生，那么反绝对主义思潮就此提出了一个更迫切，也更根本的问题：公益如何代表，如何得到保障？整个18 世纪的政治思想与政治改革基本上可以被视为对这个问题的回应。我们大体上可以把相关回应分为两类：其一是主张恢复贵族或其他中间团体权力，以制约王权，防止国家沦为专制，此即所谓的"贵族反动"（réaction aristocratique）；其二是希望确立公意统治的"王权论派"（thèse royale）。这两股思潮对绝对王权弊端的理解不同，就法国政治制度发展历史的看法迥异，而各自倡议的政治改革方案也截然不同。

圣西蒙公爵等人是"贵族反动"的代言人。他们认为绝对王权的根本问题是君权不受限制，认为君主制与专制的区分是相对的，政体越纯粹，越有可能沦为专制，混合政体相对更为稳定，因而类似贵族这样的中间权力也是不可缺少的预防机制。[③] 拉布勒的《贵族爵位的历史》为这种观点提供了历史依据，法兰克人征服高卢的历史证明贵族就是这些征服者的后代，等级的区分是一种有据可查且不容置辩的历

---

① 参见 *Raison et déraison d'Etat: théoriciens et théories de la raison d'Etat aux XVIe et XVIIe siècles*, sous la direction de Yves Charles Zarka, Paris: PUF, 1994.

② MSS 2337, p. 1. MSS 2338, p. 4. D'Argenson, *Considérations*, 1764, p. 2. D'Argenson, *Considérations*, 1784, p. 11. 1784 年版将王政与君主制混为一谈，另立"绝对君主制"词条，其含义类似之前版本的君主制。

③ E. Carcassonne, *Montesquieu et le problème de la Constitution française au XVIIIe siècle*, pp. 7-8, 74-75. 另参见：Mark Hulliung, *Montesquieu and the Old Regime*, Berkeley: University of California Press, 1976.

史事实。[1] 他们主张回到封建时代，恢复显贵的权力，强化等级区分，振兴全国三级会议、高等法院等机构，使中间权力变得更有组织，更有实权，以此来限制王权，抵制专制。贵族的权力在路易十四时代遭到严重削弱，因而这种思想言论对他们来说颇具吸引力，为他们重新掌权提供了依据。圣西蒙幻想贵族能有所行动，费奈隆则希望强化大主教与教士的政治权力，布兰维里埃要恢复全国三级会议。

　　达让松是"王权论派"的代表，他同样希望能摆脱暴虐肆意的绝对王权，不同的是他相信当前法国亟须的，不是对王权进行限制，而是对其实施有益的指导，使其重新成为公意的化身。"王权论派"对法国历史有其独特的看法，他们认为真正体现法国政府精神的，不是征服战争确立的等级制，而是罗马人统治时期建立的地方行政体制，绝对王权与地方自治相互合作，选举传达民意，确保王权始终能体现公意。[2] 他们认为封建制度的出现、贵族的篡权都是导致王权与公意渐行渐远的因素。[3] 这一历史叙述体现在杜波瓦教士撰写的《法国君主制建立批判史》中。因而，在"王权论派"构造的蓝图中，国家是由平等个体组成，政治权利与出身无关，而取决于个人对国家社会的贡献。正如达让松所强调的，公意与良法唯有在公民身份彻底平等的前提下才能得以实现。这意味着特权与团体都无置锥之地，不仅因为它们有碍公意的实现，而且也同自由放任思想所高扬的个人主义扞格难入。[4]

　　在 18 世纪的政治史与思想史中，"贵族论派"和"王权论派"扮

---

　　① E. Carcassonne, *Montesquieu et le problème de la Constitution française au XVIIIe siècle*, p. 12.

　　② MSS 2337, p. 170. D'Argenson, *Considérations*, 1764, p. 148. D'Argenson, *Considérations*, 1784, p. 143.

　　③ E. Carcassonne, *Montesquieu et le problème de la Constitution française au XVIIIe siècle*, p. 47.

　　④ D'Argenson, *Journal et mémoires du marquis d'Argenson*, Tome 2, p. 312, Tome 4, p. 141.

演了不同的角色，影响也截然不同。大体说来，在 18 世纪上半叶占支配地位的是"贵族反动"，《论法的精神》可以视为此种思想的集大成。高等法院和外省三级议会以此理论为圭臬，与王权周旋。由于法国缺少真正的代议机构，高等法院一度扮演了公意代言人的角色。但是他们的言论始终无法摆脱特权等级的狭隘性，与团体主义有着无法脱离的联系，无法从根本上解决政治民主与身份平等这两个对当时法国社会而言最为迫切的问题。因而，在 18 世纪中叶以后，"贵族论派"的式微在所难免，而"王权论派"倡导的平等个人主义与公意原则日渐占据上风，政治与思想的发展共同促成了这一转型。首先，在政治方面，高等法院多次被废，尤其是在莫普改革中，这让持"贵族论派"的人发现，基于历史与传统的特权无力阻挡王权的入侵，于是他们放弃了孟德斯鸠的理论，[1] 转而从公意与人民主权思想中寻找合法性，这一变化可以从 18 世纪 70 年代之后的高等法院谏诤书中得到证明。[2] 此外，思想方面的主要冲击来自启蒙运动，尤其受重农学派与卢梭的影响。此二者或多或少都得益于《法国古今政体论》。米拉波侯爵曾对此书做过精彩的评注。[3] 而卢梭在《社会契约论》中对达让松的观点称赏不已。他们与达让松一样都旗帜鲜明地反对特权制度与团体主义，并以一种十分激进的方式强调政治平等，而且坚信在平等个体之上，理应有一个

---

[1] E. Carcassonne, *Montesquieu et le problème de la Constitution française au XVIIIe siècle*, pp. 163-164.

[2] 如：1771 年图卢兹高等法院、贝桑松高等法院以及波尔多高等法院在各自的谏诤书中都表明人民的同意是法律的本质。1771 年南锡高级法庭的谏诤书与同年第戎高等法院的谏诤书均强调国王的统治必须服从基本法，而基本法是国王与国民之间自由签订的一份契约。1788 年雷恩高等法院的谏诤书甚至强调既然基本法是公约，那么若国王未能履行公约，国民完全有权单方面退出公约，可解除公约。参见 Roger Bickart, *Les parlements et la notion de souveraineté nationale au XVIIIe siècle*, Paris: F. Alcan, 1932.

[3] Mirabeau, *Considerations sur le gouvernement de france par M. le marquis d'argenson*.（无出版地与出版时间）

享有绝对权威的公意。在 18 世纪后半叶的公共舆论中，公意日渐占据了统治地位。与这个统一而不可分的公意相抵触的一切东西，不论是基于历史的贵族特权，还是来自社会经济领域的行会制度，抑或源于地方传统的彼此殊异的行政组织，都必须清除。这为政治激进主义指明了方向，即预示着罗桑瓦龙所谓的"大一统"的雅各宾主义政治模式。其次，公权力的原则与基础也得到了重塑。公共性被视为政治的基本法则，这对革命政治影响至深。而公意则被视为权力合法性的唯一基础。正如塞日在《公民读本》中所宣称的：只要得到人民的同意，特权完全可以废除。[①] 这意味着经公意授权，任何制度都可以被废除，这为激进变革创造了条件。综上，本文认为，达让松在《法国古今政体论》中阐发的政治思想与改革议程是法国大革命政治激进主义的一个不容忽视的源头。

---

① E. Carcassonne, *Montesquieu et le problème de la Constitution française au XVIIIe siècle*, p. 477. 有关塞日思想的影响，参见：Keith Michael Baker, *Inventing the French Revolution: Essays on French Political Culture in the Eighteenth Century*, Cambridge: Cambridge University Press, 1990, pp. 128-152.

四　法国革命时期的财产观念、政治权利与
资产阶级的自我认同 [1]

在法国大革命的历史编纂学中，以勒费弗尔和索布尔为代表的经典学派把 1789 年革命看作是一场资产阶级革命，认为革命根源于资产阶级与贵族之间的不可调和的社会矛盾。两个阶级有着截然不同的经济利益，因此也代表了迥异的政治诉求。2003 年，美国学者莎拉·马萨（Sarah Maza）推出了《法国资产阶级的神话：1750—1850 年间社会形象的研究》，对经典学派的观点提出了重要修正，并引起学界的热议。[2] 革命与资产阶级的阶级意识问题再度成为一个焦点。就马萨的《法国资产阶级的神话》一书，国内学者已发表了书评。[3] 不过，关于该问题的深入研究尚不多见。本章试从财产及其权利问题的角度出发，解释革命政治理念与政治实践之间的张力，以期深化对法国大革命时期阶级意识的理解。

---

① 　原文与吕一民教授合著，原刊于《史学集刊》2015 年第 1 期。在此感谢吕一民教授惠允刊印于本书。

② 　Sarah Maza, *The Myth of the French Bourgeoisie, An Essay on the Social Imaginary 1750—1850*, Cambridge, MA: Harvard University Press, 2003.

③ 　庞冠群：评莎拉·马萨《法国资产阶级神话》，《中国学术》，2010 年第 27 辑。

阶级神话与问题提出

《法国资产阶级的神话》一书体现了西方史学研究在 20 世纪 80 年代经历了文化转向后所呈现的新特点。马萨使用的材料主要包括小册子、陈情书等"软性材料"（soft data），而不是财富统计、遗产清单等传统社会史研究所倚重的"硬性数据"（hard data）。① 她所分析的"资产阶级"（bourgeois）也不是一个社会经济概念，而是一种文化认同与体验。她认为，在大革命前，这是个贬义词，带有讥讽的意思，一般只用于指称他人，没有人说自己是资产阶级。所以，这个措辞代表不了任何一种有着明确自我意识的身份认同。此外，革命前的政治文本将第三等级塑造成对抗特权等级的统一阵营，而尽可能掩盖等级内部有产者与贫民的区分，比如在西耶斯的笔下，所谓的第三等级就是排除了特权者的整个民族。基于上述理由，马萨认为，将大革命看作是一场资产阶级的革命其实是后世"创造"出来的"神话"。

马萨并不否认生产关系与经济发展的作用，但是认为贫富分化只能代表一种普遍存在的社会紧张关系，唯有当这种客观现实反映在人们的意识中，才会诞生阶级意识，只有在这个意义上，才存在阶级。换言之，她事实上把自为阶级（class-for-itself）当作是阶级存在的必要充分条件。这与英国史家汤普森（E. P. Thompson）的观点接近。在《英国工人阶级的形成》一书中，汤普森说道：如果人们能明确地意识到

---

① 玛丽·普维（Mary Poovey）在其《近代事实的历史：有关财富和社会的科学中的知识问题》一书中分析了近代事实和客体的解体，研究了事实这一观念是如何获得近代的客观性实体的内涵的（the connotations of objectivity entity）。她的结论是数据（也就是方法论上的统计）最终变成了一种超然的和公正的现实表象，被建立为一种认识论的领域。这一认识论将数字表象建立为创造社会客体的优先方式。参见 Mary Poovey, *A History of the Modern Fact: Problems of Knowledge in the Sciences of Wealth and Society*, Chicago: University of Chicago Press, 1998, 导言和第一章。

他们之间有着共同的利益，同时也觉察到他们的利益与另一群人是不同的，而且往往是对立的，这时阶级意识就形成了。[1] 在《民俗学、人类学与历史学》一文中，汤普森强调，只有当经济获得了一种文化意义，并且可由经验来理解时，经济才能成为一种历史力量。[2] 根据这种观点，文化与观念不再只是一种被经济物质决定的上层建筑，相反，它对物质基础与社会世界亦能起到积极的塑造作用。这正是文化转向后阶级研究的基本取向。[3]

马萨关于革命前后政治历史的论述令人耳目一新，但是对革命过程中的政治与阶级意识的分析则稍显不足。她更多谈论的是贵族与人民的对立，而较少关注美德共和国内部的政治区分。本章试采取类似的论证方式，从财产权与公民权的观念切入，弥补这一不足。

之所以要从财产权切入，是因为修正派与传统学派尽管针锋相对，但一致认为法国革命奠定了近代资产阶级的财产观念。19 世纪右派史家泰纳（H. Taine）认为财产转移始终是这场运动的内在力量、根本动力和目标。[4]20 世纪左派史家索布尔（A. Soboul）也持有类似的观点。[5] 修正派史家休厄尔（William H. Sewell）尽管同索布尔在有关无套裤汉认同的问题上存在根本分歧，但也基本将革命看作是一场财产革命，

---

[1]　E. P. 汤普森：《英国工人阶级的形成》，钱乘旦等译，译林出版社，2001 年版，前言。

[2]　E. P. Thompson. "Folklore, Anthropology, and Social History," *Indian Historical Review*, Vol. 3, No. 2 (Januarv 1977), p.18.

[3]　关于这一点，参见以下两本论文集：Patrick Joyce ed., *Class*, Oxford: Oxford University, 1995; Geoff Eley & Keith Nield eds., *The Future of Class in History: What's Left of the Social?*, Ann Arbor: The University of Michigan Press, 2007.

[4]　转引自 Thomas E. Kaiser, "Property, Sovereignty, the Delaration of the Rights of Man, and the Tradition of French Jurisprudence," in *The French Idea of Freedom: The Old Regime and the Declaration of Rights of 1789*, edited by Dale Van Kley, Standford: Standford University Press, p.300。

[5]　Albert Soboul, "Problèmes du travail en l'an II," in *Annales Historiques de la Révolution française*, 28e Année, No, 144 (Juillet-Septembre 1956), pp.236-254.

他认为与其说资产阶级财产是由大革命解放的，不如说是由革命创造的，1789 年制宪议会颁布的"八四法令"和《人权与公民权宣言》将财产变成了一种通过劳动获得的，并且与自身关联的具体有形的所有物（physically palpable possessions），而任何自由支配使用财产的行为都不会侵犯到其他公民的自由。[①]

在笔者看来，这些观点与其说反映了革命时期的观念，不如说是继承了 19 世纪自由资产阶级的思想。1842 年，法学家贝里姆（William Belime）在《论占有性权利和占有性行为》一书中写道："一旦财产的合法性受到侵害，那么法律本身也就会受到质疑；因为社会、法律乃至德性都是建立在财产之上的。"[②] 财产是政治秩序与社会秩序的根基，这是贝里姆想要表达的观点。但革命时期的情况有所不同，不是德性建立在财产之上，而是财产以德性为基础，私有财产是衡量革命所欲求的政治独立与意志自由的尺度，而不是狭隘的阶级利益的体现。革命者曾满怀信心地认为，通过政治与法律手段，完全有可能建立一个由有产者组成的和谐的社会。这种政治上的乐观主义反映了革命时期的有产者从未将自己看作是一个封闭的群体，区分有产者与无产者也不是革命的目标。下文将在观念与实践两个层面论证上述观点。

---

①　William H. Sewell, Jr., *Work and revolution in France: the language of labor from the Old Regime to 1848*, Cambridge: Cambridge University Press, 1980. p.300.

②　William Belime, *Traité du droit de possession et des actions* possessoires, Paris, 1842, p.3. 转引自 Donald R. Kelley and Bonnie Smith, "What Was Property? Legal Dimensions of the Social Question in France (1789-1848)," *Proceedings of the American Philosophical Society*, Vol. 128, No. 3 (Sep., 1984), p.203。

公民权的德性基础

1789 年 10 月 29 日，制宪议会规定了公民权的纳税标准。积极公民拥有投票权，他们的纳税额相当于非熟练技工的 3 天工资。而有权当选全国议会代表的公民——所谓的资格公民——的纳税标准是 1 银马克，相当于 54 天工资，而且要有不动产。

这项规定甫一出台就遭到激进革命者的口诛笔伐，他们认为制宪议会意在确立"纯粹财阀"的统治。德穆兰（Camille Desmoulins）在他创办的《法兰西和布拉班特革命》（*Révolutions de France et de Brabant*）上控诉道："首都只有一种声音，不久在各省就会出现一致抵制银马克规定的声音，它把法国变成了贵族政府。"[1] 一些后世史家不加批判地承袭了这类看法。奥拉尔（François-Alphonse Aulard）认为，从积极公民和消极公民这套言辞中产生了一个"彻底的资产阶级组织"（toute l'organisation bourgeoise）。[2] 在《法国资产阶级史》（*Histoire de la Bourgeoisie en France*）一书中，史家佩尔努（Régine Pernoud）写道，公民从此享有的政治权与他们拥有的财富成正比，在这方面，资产阶级做出了人们所能预料的回答。[3]

实际上，这种观点与实情不符。根据这套纳税标准，政治权的社会基础并不狭隘，当时法国享有被选举权的资格公民约有 250 万，而

---

[1]　转引 L. G. Wickham Legg, *Select Documents Illustrative of the History of the French Revolution: The Constituent Assembly*, Oxford: Clarendon Press, 1905, Vol.1, pp. 173-174。

[2]　François-Alphonse Aulard, *Histoire politique de la révolution française*, Librairie A. Colin, 1901, p.62。

[3]　雷吉娜·佩尔努：《法国资产阶级史》，下册，康新文译，上海：上海译文出版社，1991年，第287页。

积极公民的人数超过 400 万，[①] 这远远高于同时期英国和美国的选民数量。更重要的是，这类言论几乎完全歪曲了制宪议会的初衷。制宪议会之所以要把财产定为选举资格的标准，不是要维护有产者的统治，而是因为财产在某种意义上代表了人的独立。1789 年的革命者坚信唯有拥有独立意志的人才配享有政治权。选举权体现的正是这一原则。

巴纳夫（Antoine Barnave）有关公民权的发言是理解这一问题的关键文本。他分析了财产如何能确保可靠的政治身份，建议在诞生官员与立法议会代表的选举大会上应该存在三种"担保"（avantage）：首先是智慧（lumière），在某种程度上，一定的税金保证了更为精心的教育和更广博的学识；第二种保障是社会委托其选择的人有志于公共事务（l'intérêt à la chose publique），这种保障，显然比那种捍卫的特殊利益所能提供的保障更为有效；最后一种保障存在于财产的独立之中（independence de fortune），它使得个人不愁温饱，并或多或少地使其摆脱可能对他产生诱惑的腐败手段。[②] 根据这三项标准，巴纳夫认为需要从中间阶层中寻找完美政治主体，只有这一类人才能彻底摆脱依附，平衡公益与私利之间的关系。太富裕的上层社会已完全拜倒在金钱的诱惑下，而下层民众只有出卖自身，才能保障生计问题。这两类人要么唯利是图，要么连人身自由都无法保证，都没有独立意志。

---

① 乔治·勒费弗尔：《法国革命史》，顾良等译，北京：商务印书馆2010年，第159页；William Doyle, *The Oxford History of the French Revolution*, 2nd ed, Oxford: Oxford University Press, 2002, p.125; Malcolm Crook, *Elections in the French revolution: An Apprenticeship in Democracy, 1789-1799*, Cambridge :Cambridge University Press, 1996, p.45; Patrice Gueniffey, *Le nombre et la raison: la Révolution française et les élections*, préface de François Furet, Paris: Editions de l'Ecole des hautes études en sciences sociales, 1993, p.102, 表1.

② 罗桑瓦龙：《公民的加冕礼：法国普选史》，吕一民译，上海：上海人民出版社，2005年，第63页。并参考：*Archives parlementaires de 1787 à 1860 Premier Serie (1789-1799)*, Tome 29, p. 366。巴纳夫发言所用原词为avantage，他意思是选举大会要选出符合三项品质（avantage）的人，罗书做"保证"或"担保"，意即选举大会的筛选能担保选出符合品质的人选，意思是一样的。

而只有那些具有一定财产的中间阶层，才具备服务公益事业的资格。这才是制宪议会规定选举资格的初衷。

因此，在新社会中，财产体现的不是一种人与物的占有关系，而是人与共同体的政治联系。公民身份即是这种政治关系的凝聚。在革命者的构造中，这种政治联系必须是稳定的、可信赖的。这大概就是西耶斯所谓的"公民的共同品格"（la qualité commune de citoyen）。^① 只有符合这些品格，才能具有公民身份，其中最重要的一项就是意志独立，不屈从于他人。简单地说，就是能做自己主人。这难道不正是一个挣脱了重重桎梏的新生民族最强烈的愿望吗？财产的价值即在于它是衡量政治独立的标准。正是在这个意义上，公民身份只能赋予有一定财产的人，而同时排除了大富大贵和一穷二白的人，因为这两类人都不能做自己的主人。可见，政治权并非与财产拥有量成正比。

同样，女性与仆人不享有选举权，也与他们的依附性有关，而与财产多少无关。在革命者的观念中，这两类人都隶属家庭这个私性空间，其意志都从属于支配这一空间的主人。在当时的人们看来，女性通过一种严格属于自然范畴的纽带而从属于男性。尽管她们也从事劳作，但是家务劳动只是一种周而复始的活计，无助于政治社会的繁荣，因此这样的劳动根本不同于其他生产性的社会劳动，无法赋予女性以独立人格。^② 仆人也是一样。如果仅从财产考虑，他们属于有产者，而且收入要高于许多手工业者，此外约有 42% 的仆人能读会写，文化程

---

① Sieyès, *Qu'est-ce que le tiers état?: Précédé de L'Essai sur les privilèges*, Société de l'histoire de la Révolution française, 1888, p. 90.

② 罗桑瓦龙：《公民的加冕礼：法国普选史》，第103页。

度较高，完全可以被纳入积极公民行列。[①]但是，他们没有选举权，因为仆人被视为主人的附属品，他们的投票只会重复主人的投票，其观念也只是主人观念的复制。他们属于家（domus）的空间，从未成为公民社会的成员，更不可能被视为具有独立意志的人。因此，他们不符合"公民的共同品格"，无法享有选举权。

综上分析，将财产权确立为政治权的基础，所体现的并非是资产阶级的阶级利益，而是对人的独立与自由的强调。在1789年的语境下，这是对抗特权社会的武器。[②]《人权与公民权宣言》第一条说道：人生来是，而且始终是自由的，并享有平等的权利。这实际是说，人必须成为他自己的主人，不受任何限制地实现他所欲实现的目标，当然前提是不对他人的自由构成威胁。这一原则瓦解了特权的根基，自此之后，出身与身份将毫无意义。这种自由既体现在政治上，也表现在经济上，而在1789年的革命者看来，财产即是经济自由的体现，因为任何人都可以创造他的财富，这是其天赋才能的表现，也代表了他对社会的贡献，更是人格独立的基础。在这样一种观念下，有产者并不是一个封闭的群体，有产与无产的区分不是绝对的，也不会构成某种对立的身份认同的基础。尽管制宪议会确立了纳税公民权，但是革命者并不把自己看作新的特权等级，他们甚至认为，随着等级被废除，阶级也将被消

---

① 关于18世纪法国仆人的研究，参见：Sarah Maza, *Servants and Masters in Eighteenth-century France: The Uses of Loyalty*, Princeton, N.J.: Princeton University Press, 1983. James R. Farr, *The Work of France: Labor and Culture in Early Modern Times, 1350–1800*, Lanham, Md.: Rowman & Littlefield Publishers, 2008。

② 马迪厄的评价颇具洞见：他们（指制宪会议员——引者注）之所以要把政治的、行政的和司法的权力全委之于资产阶级，并非是由于阶级利益之故，他们更是觉得不认识字的人尚无过问政事的能力。人民还需要教育。参见：马迪厄：《法国革命史》，杨人楩译，北京：三联书店，1957年版，第87页。不过，需要指出的是，1790年选出的新一届地方政府的官员中，不少人是文盲。此外，革命时期的各项选举法令也从未将是否识字看成是享有选举权的标准。

灭了。[1] 所以，自为意义上的资产阶级是不存在的。

创造公民的社会政策

革命时期的许多社会政策表面看来是在转移社会财产，实则不然，其目的不在于满足阶级利益，而是缩减贫富差距，以维系一个能符合"公民共同品格"，且具有独立人格的稳定的公民群体。过富和赤贫都是令革命者深虑的问题。革命时期，有很多小册子都在反对富人，并希望解决社会贫困问题。[2] 在当时的人看来，贫富差距对政治的影响要比其经济后果更为严重。既然个人在践行其政治权利所必不可少的人格独立需要一种以财产形式存在的物质基础，而财产的功能是使其获得独立性，那么这就意味着财产必然使其所有者尽可能少地与他人发生关系。而赤贫与过富则会滋生依附关系，要么自己依附他人，要么就是自己脱离劳动，剥削他人。无论出现哪种情况，独立与自由都将不复存在。所以，如果对财富的累积放任不管，那么具有独立人格的公民将越来越少。

解决这一问题的途径就是调节财产的再分配，因为当时的人相信，过富和贫困实际上都是财产分配不当造成的结果，有人大富大贵，则必有人一贫如洗。正是基于此种考虑，制宪议会废除遗嘱权，规定子女有权平分家产，目的在于避免巨额财富世代相袭，此外也要让所有

---

① 乔治·勒费弗尔：《法国革命史》，第156页。

② 如见 M. l'abbé de Antoine Cournand, *De la propriété, ou, la cause du pauvre, plaidée au tribunal de la raison, de la justice et de la vérité*, Paris, 1791; Pierre Guyomar, Le partisan de l'égalité politique entre les individus, ou Problème très important de l'égalité en droits et de l'inégalité en fait. 1791 ;Antoine-Louis Séguier, La constitution renversée, S.l., 1791. F. J. L'Ange, *Moyens simples et faciles de fixer l'abondance et le juste prix du pain*, Lyon: Imprimerie de Louis Cutty, 1792。

的孩子在进入社会之前，就享有"财产的平等馈赠"，完善其人格，尽可能避免对他人的依附。[1] 国民公会设立渐进税，也是出于同样的考虑，这是一项调节财富分配的温和而有效的措施。[2] 超过生活必需的那部分财产被视为"多余的财富"，代表韦尼埃（Théodore Vernier）认为这类财富会对政治体造成可怕的扭曲（monstrous distortions）。[3]

财产权必须符合政治的原则，也应有益于政治独立，无损公民品格的培育。在孔多塞看来，税收的目的不仅仅是刺激工商业，更重要的是平衡社会正义。财产的累积不能以牺牲穷人的利益为代价，否则就有悖"平等与理性"的原则，而这两点恰是共和自由的根本要求。[4] 另一位国民公会代表勒基尼奥（J. -M. Lequinio）在《共和国的财富》（*Richesse de la république*）中表达了类似的立场：唯有依靠一种财产渐进平等化的方式，才能维持自由和平等的体制。[5] 几乎所有的吉伦特派成员都赞成这种看法，在 1793 年 4 月 17 日关于宪法的讨论中，他们一致认为财产就是一种社会体制。[6] 罗伯斯庇尔在同年 4 月 24 日做的报告《论财产》中重审了这一原则，他说："你们曾说过作为最神圣的自然权利，自由应以他人的权利为限。但你们为什么不将同样的原则应用到财产上呢？财产是一项社会体制。"[7] 可见，山岳派与吉

① Marcel Dorigny, "Les Girondins et le droit de propriété," in *Bulletin d'histoire économique et sociale de la Révolution française*, 1980-1981, Paris, CTHS, 1983, pp.15-31.

② *Archives parlementaires de 1787 à 1860 Premier Serie (1789-1799)*, Tome 65, p.117.

③ *Archives parlementaires de 1787 à 1860 Premier Serie (1789-1799)*, Tome 60, p.292.

④ Keith Baker, *Condorcet: From Natural Philosophy to Social Mathematics*, Chicago:University of Chicago Press, 1975, pp.308-314.

⑤ J.-M. Lequinio, *Richesse de la république*, Paris: Desenne et Debray, 1792.

⑥ 参见: Marcel Dorigny, "Les Girondins et le droit de propriété," in *Bulletin d'histoire économique et sociale de la Révolution française*, 1980-81, Paris, CTHS, 1983, pp.15-31。

⑦ Buche & Roux eds., *Histoire Parlementaire de la Révolution française*, Tome 26, Paris: Paulin, 1836, pp.130-133.

伦特派所理解的财产都不是一种与个人私利相关的概念，而是带有普世价值。正如当时的政治经济学家加尼耶（Germain Garnier）在《论财产与政治权利的关系》（*De la propriété dans ses rapports avec le droit politique*）所说，地球上有产者人数越多，那么整个人类就幸福。[①] 从这个意义上来说，财产权实际不是绝对的，而是相对的，理应受到代表公意的法律的制约，财产权应有助于社会所有成员的最大利益。[②] 在国民公会代表昂兹（Nicolas Hentz）看来，此即革命的目标，不能让某些人太富有，而是要让所有人有足够的财产。[③] 这也是售卖国有财产的用意所在。

待售的国有财产（biens nationaux）分为两类："第一类国有财产"（biens de première origine）指的是 1789 年 11 月 2 日制宪议会下令从教会手中没收来的土地；"第二类国有财产"（biens de deuxième origine）指的是 1792 年 7 月之后没收的流亡者土地。[④] 国家有权没收教会与流亡者财产，这本身就说明了财产权不是一项绝对权利，法律可依公益之需，代表主权意志，决定财产的归属。制宪议会代表蒙洛西埃（François de Montlosier）指出，议会处置教会财产，所依据的并不是某种财产的理论，而是主权的权利（droit de souveraineté）。[⑤] 另

[①] Garmain Garnier, *De la propriété dans ses rapports avec le droit politique*, Paris: G. Clavelin, 1792, p.84.

[②] 救国委员会致信特派员卢—法齐拉（Roux-Fazillac），引自 Jean-Pierre Gross, *Fair Shares for All*, p. 116.

[③] Nicolas Hentz, "Exposé des motifs qui ont déterminé les bases adoptées sur les donations entre vifs et à cause de mort," in *Archives parlementaires de 1787 à 1860 Premier Serie (1789‑1799)*, Tome 70, p.646.

[④] 有关两类国有财产售卖的综合研究，参见 Bernard Bodinier & Eric Teyssier, *L'événement le plus important de la Révolution: la vente des biens nationaux (1789‑1867) en France et dans les territoires annexés*, avec la participation de François Antoine, préface de Jean-Marc Moriceau, Paris: Société des études robespierristes: Editions du CTHS, 2000.

[⑤] *Archives parlementaires de 1787 à 1860 Premier Serie (1789‑1799)*, Tome 9, pp.398-404.

一位代表蒲佐（François Buzot）也强调，国家代表主权，对教会财产拥有不可争议的权力。[1] 关于流亡者财产的讨论则更凸显了财产必须服从公益这一立场。政治契约是决定财产权享有的首要条件，若背弃了契约，那么政治共同体也就否认了所有者与其财产之间的关系。立法议会代表普利厄（Pierre-Louis Prieur）指出，国难当头，私自出逃的行为本身就意味着解除了个人与国家之间的契约关系，那么，国家也就没有必要再保护他的财产了。这样的人"如果不是一个坏公民，就是叛徒。这才是我们讨论的出发点"。[2] 共和二年风月八日颁布的"风月法令"(Loi de ventôse an II)也体现了类似的逻辑，意欲通过政治手段，借由转移财产的方式，实现改造社会的目的。该法令规定，把从疑犯那里没收来的财产分给穷困的爱国者（patriotes indigents）。[3]

通过出售国有财产，创造更多的有产公民，这一想法在革命时期十分盛行。1789 年 10 月，正当制宪议会热议教会财产之际，王家农业协会（société royale d'agriculture）向议会提交了一份备忘录，他们认为明智的政府倾向于分配更多的财产，让人民有机会享有他们自己的财富，公民的身份会因有产者的头衔而得到巩固。[4] 同一时期，另一份匿名小册子《论国债与法国的重生》（*Essai sur la dette nationale et sur la régénération de la France*）建议，以教会地产为担保，发行指券，

---

[1]　*Archives parlementaires de 1787 à 1860 Premier Serie (1789 - 1799)*, Tome 8, p.354.

[2]　*Archives parlementaires de 1787 à 1860 Premier Serie (1789 - 1799)*, Tome 28, p.75.

[3]　该法令的起草者圣茹斯特在报告中说道："革命带领我们认识到了这样一条原则：不管是谁，只要是国家的敌人，那么，在这个地方他就不能拥有财产。政府的本质已经发生了革命性的变革；但是市民社会未受任何影响。我们政府的原则是自由；而我们市民社会的原则依旧是贵族的。"转引自 Patrice L.R Higonnet, *Goodness Beyond Virtue: Jacobins during the French Revolution*, Cambridge, Mass.: Harvard University Press, 1998, p.122.

[4]　*Mémoire présenté par la Société royale d'agriculture à l'Assemblée nationale, le 24 octobre 1789, sur les abus qui s'opposent aux progrès de l'agriculture, & sur les encouragemens qu'il est nécessaire d'accorder à ce premier des arts*, Paris, chez Baudouin, 1789, p.37.

这不但能避免密西西比泡沫的重演，而且能增加有产者数量，提高农业产量。[1]

这正是出售国有财产的目的。转让委员会专门负责国有财产售卖事务，在提交国民公会的报告中，委员会的负责人德拉克洛瓦（Charles Delacroix）指出："一个伟大的国家首先需要关心的事情是，必须试图以公正的手段，让尽可能多的公民同土地相连。"[2] 为此，国民公会规定，流亡者的土地以小块出售，确保社会各阶层的人都能购得，此外，当地若没有公地可用，那么每户可从该地没收来的流亡者土地中获得 1 阿庞（约 0.5 公顷）的土地，并只需向共和国交纳少量的租税。[3] 在内政部长罗兰（Jean-Marie Roland）看来，小块拍卖不仅有利于培育政治德性，而且也具有经济上的合理性，"从政治上来说，增加有产者的数量对共和政府来说至关重要，因为没有什么能比有产者更紧密地与国家相连，更关乎对法律的尊重，还因为没有什么比消除那种令人吃惊的财产不平等更有利于创造我们政治宗教的平等体系，而从经济上来说，小块出售更有利于精耕细作，也因此能获得更大的收益"。[4] 布朗基（Jean Dominique Blanqui）认为建立民主政府首先要避免的就是出现巨额财富的拥有者，而像出售国有财产这般有益的法令就是要

---

[1] *Essai sur la dette nationale, et sur la régénération de la France*, 1789. BN: 8oLb39.7935. 承蒙汤晓燕相助从法国国家档案馆获取此份档案材料，特此鸣谢。

[2] 转引自 Jean-Pierre Jessenne, "Redefinition of the Rural Community," in *The French Revolution and the Creation of Modern Political Culture*, Vol. 4, *The Terror*, edited by Keith Michael Baker, Pergamon, 1994, p. 225.

[3] P. M. Jones, *The Peasantry in the French Revolution*, Cambridge: Cambridge University Press, 1988, p.155.

[4] Roland, *Compte rendu à la Convention nationale par J. M. Roland, ministre de l'intérieur, de toutes les parties de son département, de ses vues d'amélioration et prospérité publique*, Paris, 6 janvier 1793, De l'imprimerie nationale exécutive du Louvre, 1793.

让巨额财富消亡。[1]

可见，售卖国有财产并不是一个单纯的转移财产问题，也不是马迪厄所说的阶级剥削的现象。[2]共和二年的革命者希望通过这项措施，让绝大多数人享有足够的财产，同时尽可能减少无产者与富人的数量。这与他们脑海中的政治独立观念息息相关。如上所述，既然财产是符合共同品格的公民的物质基础，那么就可以通过财产的再分配创造更多合格的公民。

此外，这也与他们的财产和劳动观念有关。财产首先是个带有浓厚德性色彩的政治概念。库尔南（Antoine de Cournand）在《论财产及贫困的原因》（*De la propriété, ou, la cause du pauvre, plaidée au tribunal de la Raison, de la Justice et de la Vérité*）中提出，所有人必须劳动，每个人都要为自己的生存而劳动，通过劳动，德性才能逐步得到重生。[3]这种观念实际上是前现代社会的遗留，带有宗教赎罪的意味，[4]经启蒙思想的冲击，非但没有消退，反而在反贵族、抨击奢侈腐化与矫揉造作的风气影响下，成为抨击旧制度政治文化的有力武器。农业与土地被视为淳朴与德性的象征。巴黎高等法院法官罗塞尔·德·拉图尔（Pierre-Philippe Roussel de la Tour）的小册子《结合当前情景反

---

① Blanqui, *Réflexions sur le gouvernement démocratique et les ecueils qu'il faut y eviter*, Paris: De l'imprimerie de F. Porte, rue J. J. Rousseau, n° 11, vis-à-vis la Poste, 可能出版于 1795 年。

② A. Mathiez, "La Terreur, instrument de la politique sociale des Robespierristes," in *Girondins et Montagnards*, 2nd edn, Paris, 1988, pp.109-138.

③ M. l'abbé de Cournand, *De la propriété, ou, la cause du pauvre, plaidée au tribunal de la Raison, de la Justice et de la Vérité*, Paris, 1791. 另见: Roger Barny, *Le droit naturel à l'épreuve de l'histoire: Jean Jacques Rousseau dans la Révolution*, Presses Université de Franche-Comté, 1995, p.122.

④ William H. Sewell, Jr., *Work and revolution in France: The Language of Labor from the Old Regime to 1848*, Cambridge: Cambridge University Press, 1980, pp.21-22.

思农业无可估量的优势》集中反映了这一观念。[1] 这种认识一直延续到革命时代。圣茹斯特（Saint-Just）在《共和国体制散论》（*Fragments d'institution républicains*）中也说过，要改革德性，就必须满足（人的）需要和利益，要做到这一点，就必须让每个人拥有一定数量的土地。[2] 劳动甚至是美德公民的一个内在的特质。在无套裤汉的自我认同中，有用的人就是"有用的，因为他知道怎么耕地，怎么打铁，怎么锯木头，怎么用锉刀，怎么盖屋顶，怎么做鞋子，知道如何为共和国奉献最后一滴血……"[3] 通过劳动，一种形式上为私人所有的财产便能有助于公益事业，同时个人德性的重生也能推动共同体走向繁荣。[4] 基于这样一种认识，必须让更多的人成为有产者，这几乎是革命者的普遍信念。在这一点上，山岳派和吉伦特派也没有根本分歧，只是在方式手段上略有异见，前者倾向于政府干预，后者则相信仅凭自然秩序，便可使社会财富趋于更平等分配。[5]

不过，这只是他们个人所愿，若分析其所为，则问题就变得更趋复杂。国民公会一方面规定以小块土地出售国有财产，另一方面又允许可以采取私人间合伙购买的方式，但村庄又不可以集体购买国有财产。这让农民实际获益甚微。同样，虽然圣茹斯特在风月法令的报告中提到疑犯的土地将无偿转让，但实际法令却对此避而不谈。事实上，

---

[1] Pierre-Philippe Roussel de la Tour, *Réflexions sur les avantages inestimables de l'agriculture, relatives aux circonstances présentes*. BN: S. 21981. 无出版日期。

[2] Charles Vellay, ed., *œuvres complètes de Saint-Just*, Tome II, Paris: Charpentier et Fasquelle, 1908, p.513.

[3] A. Soboul & Walter Markov eds., *Die Sans-Culotten von Paris: Dokumente zur Geschichte der Volksbewegung 1793－1794*, Berlin: Akademie-Verlag, 1957, pp. 1-4.

[4] Sewell, Jr., *Work and revolution in France*, p.111.

[5] Condorcet, *Journal d'instruction sociale*, No. 1, 1er Juin 1793, No. 2, 8 juin, 1793. Paris: EDHIS, 1981;（影印档案，无页码）. Grouvelle, "Abolition du croit de teste," in *La Feuille Villageoise*, 11 avril, 1793, Tome VI, pp.41-43.

不少嫌疑犯根本没有地产。另外，巴雷尔提出的国家济贫法令也没有对"赤贫者"给出一个明确的界定。这些缺憾使得相关法令要么前后矛盾，要么因不切实际而缺乏可行性。不过，若仅凭这一点就批评说国民公会意在笼络群众，则未免有过于严苛之嫌。

事实上，革命者对私有财产的认识有其含糊与矛盾的一面。他们很清楚私有财产是有缺陷的，若不加限制，至少会危及政治平等。罗伯斯庇尔坚信，"政治不平等的根源是财产的极度不平等"。但他们也反对土地法，反对财产平均主义，坚持财产权是不可侵犯的。在某些场合下，罗伯斯庇尔也承认私有财产的缺陷是不可弥补的。他们始终没有放弃经济自由。上述观念与实践之间的龃龉正是政治平等与经济自由之间张力的体现。

经济自由与政治平等曾是对抗贵族血统特权的有力武器。财产有效地贯通了两者。在革命者的理解中，财产是人通过自己的个体劳动，作用于自然的产物，劳动即是将自然的无用之物，转变成对共同体有用之物的过程。这其实是一个属于自然范畴的行为。因此，财产并非剥削所得，而是个人禀赋与才能自由发挥的结果，是个体的延伸与政治独立的表征。正是在这个意义上，财产将经济自由和权利平等联系起来，政治权利实际上就是个人自由的结果，而经济自由则是获取政治权利的手段。任何人实际上都可以通过竞争与奋斗获得政治权利。在这套话语中，财产权绝非阶级利益的体现，而政治权利也是一个开放的范畴。另外，当时资本集中尚未在经济生产中占统治地位，所以那些缺少竞争条件的人也不会对未来丧失信心。

只有当对抗性的观念成为新社会的构成法则的时候，其内在的张力才开始显现。在确立了选举保证金制度以后，权利的平等似乎成了一种虚妄的承诺。激进民主言论推动了观念的极化（polarization）。随着共和国的降生，民众的一日三餐问题遂变成了一个严肃的政治问题。里昂的市镇官员朗治（François-Joseph L'Ange）在《足食简易策与面包平价论》（*L'Ange, Moyens simples et faciles de fixer l'abondance et le juste prix du pain*）中提出过全面粮食国营制度。而谢尔省的教士普蒂让（Jean Baptiste Petitjean）倡议建立土地公有制："不久财产会变成公有的，以后只会有一个地窖、一个仓库，所有人都可以从中取得他需要的东西。"①

从某种意义上说，这些堪称未来社会主义序曲的言论表明，在第三等级内部，有产者与无产者的区分已经出现。但这还不至于分裂整个等级，更不会形成对峙的阶级意识。一方面，朗治这些人从未将批判的矛头指向财产私有制，他们只是站在消费者一边反对生产者，或是站在城市一边，反对农村，他们高呼财产公有制，却不是要实现土地集中，而只是为国家征集农产品提供合理的借口。这些建议带有深深的时代烙印，充其量也只是想要把共和二年的经济统制推向极端，实现产品的社会化。而革命领导者也是一样，他们在经济自由、私有财产与政治平等之间摇摆不定。1792 年的政治民主是缓解张力的一种途径，不少革命的领导者对此深信不疑。而共和二年的慈善、救济以及售卖国有财产等社会民主措施则是另一条途径。或许，救国委员会

---

① Albert Mathiez, *La Vie Chère et le Mouvement Social sous la Terreur*, pp.72-94; Anatoli Ado Paysans en révolution: Terre, pouvoir et jacquerie (1789-1794), édition établie sous la responsabilité de Serge Aberdam et Marcel Dorigny, avec une préface de Michel Vovelle, Paris: Société des études robespierristes, 1996, pp.333-334. 关于这位教士的传记，参见：P. Lassœur, "Le curé Petitjean: soulèvement communiste à Épineuil en 1792," *Mémoires de la Société du Cher*, Tome XXXI, 1918-1919, pp. 241-269.

在解决社会疾苦的具体做法上有些一厢情愿，对农村的实情也了解不多，但他们那个理想的共和国的确是由农民、手工业者等独立生产者组成的。国民公会在政策上的犹豫和前后矛盾说明有产者也已觉察到他们自己与无产者的不同，觉察到社会民主制与经济自由之间的冲突，但是在共和二年，这种意识尚不明确，更谈不上强烈。

热月政变的社会意义

共和二年的社会民主实验可能是法国有产者与无产者最后一次联手合作。救国是维系团结的主要原因。一旦这个危机解除，那么在这个曾经对抗特权的阵营内部，便会出现根本性的分裂。共和三年风月和芽月事件中，平民领袖埃贝尔（Jacques Hébert）和科德利埃俱乐部的主要成员被送上断头台。这是自 1789 年以来政府第一次把枪口对准平民领袖。从此，山岳派和平民之间出现了不可修补的裂痕。无套裤汉发现，救国委员会的那些社会政策完全是为了支持战争，毫无满足平民的打算。此次事件为热月政变埋下了伏笔。虽然政府的威权得到了稳固，但是这终归是暂时的，失去了平民支持的救国委员会已是四面楚歌，迟早会落败于反对派之手。

革命的政治史与社会史纠缠在一起，政治危机推动了社会利益的分化，而社会意识的觉醒则奠定了更深层的观念上的分裂。尽管从政治史的角度来看，风月、芽月危机与热月政变造成了截然相反的后果，前者保存了救国委员会，后者埋葬了山岳派统治，但从社会史的角度来说，这两次事件的影响却是一致的，因为它们都打压了平民的力量，确立了资产阶级的统治权。

热月政变结束了雅各宾专政这一革命插曲。重新登台的有产者不仅完全丧失了革命初年那种乐观主义和世界主义的幻想，而且也不再为维护第三等级的团结而鼓吹博爱。共和国的建立借助了平民的力量，但是共和国的存续则必须排除其创立者。山岳派的政治实验让有产者认识到，政治民主与财产安全之间只能取其一。为确保私人财产的绝对性，就要废除那些惠及民众的、带有普世主义情结的经济措施。正是在这个意义上，热月党人迅速取缔了公地平分和救济院财产国有化等措施。所谓的第三等级已经不复存在。

热月事件代表了长时期的政治反动与社会反动的开始。一种建立在财产基础上的社会对立逐步成型。当看到"第四等级"（城市底层民众和无套裤汉）露出了"凶恶的面孔"之后，有产者才意识到自己与无产者存在着根本不同。这种区别感同时也塑造了他们的自我认同。他们认识到 1793 年雅各宾宪法是有害的，出自阴谋家之手，其结果必然是社会与政治的全面失序。所以，未来社会的原则应体现并维持有产与无产的区分，这不仅是必要的，也是必需的。

布瓦西·邓格拉（Boissy d'Anglas）在共和三年获月 5 日的著名发言中提出："有产者统治的国家处于社会秩序中，而无产者统治的国家则处于自然秩序中。"[1] 为了秩序的稳定，即便是人生而权利平等的原则也需要做出让步。朗瑞内（Jean-Denis Lanjuinais）在共和三年热月 26 日的发言所阐述的不是理论上的合理性，而是现实中的必要性。他认为强调人人享有平等权利，这会激起那群曾为了所有人的安全而

---

[1] *La Constitution de l'an III, ou, L'ordre républicain*, actes du colloque de Dijon, 3 et 4 octobre 1996, textes réunis par Jean Bart, Universitaires de Dijon, 1998, p.88.

拒绝或暂缓其行使公民权的人反对宪法，那么就永无宁日了。[①] 共和四年葡月 2 日的《法国报》（*Gazette française*）上的一段文字清晰地描述了有产者意识的觉醒，正是对共和二年的恐惧唤醒了这种意识："5年来，我们一直没有意识到的一项原则就是社会本应由有产者构成，如果再让无套裤汉统治法国，必然会点燃富人与穷人之间的战争，而最具破坏性的、最漫长的战争就是这两个阶级之间的冲突。"[②]

　　在思想意识的另一极端，一种较之共和二年的社会平等主义更激进的思想也日益成熟。巴贝夫将一种原本属于乌托邦空想的社会主义带入政治史。共和三年的经济危机是孕育这种思想的土壤。而有产者对财产安全的维护使得这种思想的批判力度变得更加猛烈。一种以无产者利益为核心的革命议程诞生了，巴贝夫也吸收了马拉的思想，提出了无产阶级专政。财产所蕴含的私利与博爱之间的关系由此变得更为紧张，它不再被看成是个人权利的合理的前提，不再与政治平等和民主关联。正是在这个意义上，巴贝夫提出，私有财产是针对原初权利（droit primitif）的最危险的侵害。

　　正如勒南（Ernest Renan）所指出的，这种完全剥离了德性、公益以及彰显个人价值的财产观念，实际上就是 18 世纪最后几年那些清算革命"失败账本"（la banqueroute）的人发明出来的。这种偏狭的财产观念与社会秩序紧紧联系在一起。经济自由和选举制确保了资产阶级的统治地位。有产者在清剿保王党的同时，还必须同无产者作战。

---

　　① *Réimpression de l'ancien Moniteur*, Tome 25, Paris: H. Plon, 1862, pp. 498-499.

　　② Jena-Marc Schiappa, "Les conceptions de la Propriété dans le discours politique en l'An IV, " in Geneviève Koubi, *Propriété & Révolution*, actes du Colloque de Toulouse, 12-14 octobre 1989, Paris: CNRS, 1990, p. 53.

这一斗争模式在整个 19 世纪一直延续。[①] 从这个意义上来说，并不是资产阶级创造了法国大革命，而是法国大革命的经历塑造了资产阶级的阶级意识。

---

① 参见 Patrice Higonnet, *Sister Republics: The Origins of the French and American Republicanism*, Cambridge, Massachusetts: Harvard University Press, 1988.

第三部分

政治文化

五　谁是无套裤汉：身份意识与法国革命前后政治文化变迁探析 [1]

　　谁是无套裤汉？乍一看来，这个问题似乎纯属多余。法国史家索布尔在其扛鼎之作《共和二年巴黎的无套裤汉：1793 年 6 月 2 日—共和二年热月 9 日的民众运动与革命政府》（下简称《共和二年巴黎的无套裤汉》）中，早已给出了明确答案。此后各国史家，无论是传统阵营的，还是持修正观点的，皆因循其论，未有创新。索南舍尔（Michael Sonenscher）、谢伊（Louisa Shea）和斯坦利（Sharon A. Stanley）关于法国启蒙运动的新作不约而同地关注到底层文人的犬儒心态。[2] 此类研究使我们得以重新审视启蒙文化与革命激进主义之间的联系。索南舍尔更明确指出，套裤即为革命借用自沙龙的文化符号。本文从几则史料入手，结合学界新近研究成果，尝试挖掘"无套裤汉"背后隐含的多重身份意识，探寻法国革命前后政治文化的变迁轨迹。

---

　　① 　本文原刊于《世界历史》2013 年第 5 期，文字略有改动。借此机会，特别感谢任灵兰老师的建议与意见。

　　② 　Michael Sonenscher, *Sans-Culottes: An Eighteenth-Century Emblem in the French Revolution*, Princeton: Princeton University Press, 2008; Louisa Shea, *The Cynic Enlightenment: Diogenes in the Salon*, Baltimore, Md.: John Hopkins University Press, 2010; Sharon A. Stanley, *The French Enlightenment and the Emergence of Modern Cynicism*, New York: Cambridge University Press, 2012.

"无套裤汉"研究今昔

《共和二年巴黎的无套裤汉》一书是索布尔的法国国家博士论文，出版于 1958 年。[①] 该书一举奠定了他在国际史坛的地位。索布尔本人也因此被称为"无套裤汉历史学家"（historien des sans-culottes）。[②]

索布尔写这篇博士论文，意在还原"无套裤汉"的本来面目。在该书前言中，他写道：旧法国（l'ancienne France）和革命法国时期，有一群人一直没有出现在他们原本的位子上，这就是当时人所谓的"无套裤汉"。[③] 在此前出版的各类革命史著中，"无套裤汉"的形象含糊不清。米什莱的《法国大革命》中只有"人民"，没有"无套裤汉"。梯也尔所用的档案很有限，无法全面再现巴黎各区的历史。莫蒂梅—泰尔诺（Mortimer-Ternaux）和泰纳（Hippolyte Taine）毫不掩饰他们的右派立场，对民众运动竭尽讽刺之能事，在他们的书中，只有"暴民"和"社会渣滓"，没有"无套裤汉"。梅利耶（Ernest Mellié）笔下的巴黎"人民"只考虑生活琐事，不参与革命运动。马蒂厄（Albert Mathiez）的《恐怖时期的昂贵生计与社会运动》无视革命群众内部的差别。[④] 索布尔不仅要使"无套裤汉"摆脱史家的偏见，还要把他们

---

① Albert Soboul, *Les Sans-Culottes Parisiens en l'An II: Mouvement Populaire et Gouvernement Révolutionnaire 2 Juin 1793–9 Thermidor An II*, Paris: Librairie Clavreuil, 1958. 关于索布尔的相关研究，参见陈崇武：《索布尔对无套裤汉研究的贡献》，《华东师范大学学报（哲学社会科学版）》，1995 年第 1 期。

② 法国史家阿居隆在索布尔去世后写的纪念文章，即以此为标题，参见：Maurice Agulhon, "L'historien des sans-culottes," *Annales historiques de la Révolution française*, 54e Année, No. 249 (Juillet-Septembre 1982), pp. 326-328.

③ Albert Soboul, *Les Sans-Culottes Parisiens en l'An II: Mouvement Populaire et Gouvernement Révolutionnaire 2 Juin 1793- 9 Thermidor An II*, p. 5.

④ 以上综述，参见 Albert Soboul, *Les Sans-Culottes Parisiens en l'An II: Mouvement Populaire et Gouvernement Révolutionnaire 2 Juin 1793- 9 Thermidor An II*, pp. 7-10.

从残存的档案中拯救出来。1834 年底，圣伊莱尔（Barthélemy Saint-Hilaire）毁掉了巴黎各区 300 余份登记册。后来，莫蒂梅－泰尔诺发现，又有三个区的材料无故遗失。1871 年 5 月，巴黎警察总署被毁，革命档案所剩无几。

索布尔的无套裤汉研究遵循严格的实证史学研究路数：爬梳史料、编目登记、分类整理、制表统计、类比异同。根据他的研究，无套裤汉就是一群在 1792 年 8 月 10 日革命后开始登上革命舞台的人。他们身份殊异，有技工、短工、店主、学徒，既有家世殷实者，亦有一贫如洗者。[①] 他们是 1793 年革命运动的主要参与者。无套裤汉身着短上衣（法语为 carmagnole，专指革命时期一种翻领的短上衣），下套长裤（即没有穿套裤，只穿长裤），头顶红色弗吉尼亚帽（即小红帽），佩戴三色徽，手持长矛，脚踏木鞋。索布尔证明，无套裤汉的统一性体现在他们的政治态度上：厌恶贵族、特权和政治不平等，珍视人民主权，强调直接民主，始终将权利平等与生计问题联系在一起，提倡限价，反对私利，但也尊重财产的私有制。无套裤汉本质上是小资产阶级，幻想建立一个以个体劳动为基础的私有制社会，对资本垄断和生产扩张都心存畏惧。索布尔认为，无套裤汉没有明确的阶级意识，缺乏统一的社会纲领，这是导致革命民众运动失败的主要原因。

针对《共和二年巴黎的无套裤汉》一书提出的观点，欧美史家尽管多有修正，但是未能撼动索布尔给出的经典界定。英国史家罗斯（R. B. Rose）所著《无套裤汉的形成》一书，强调巴黎行政建制在民众运动

---

① 中国学者常认为无套裤汉是巴黎的下层民众，这个看法并不准确。比如迪普莱（J.- M. Duplay）是无套裤汉，但有上万家产。这个例子很有名，饶勒斯、勒费弗尔和索布尔在各自的著作中都提过。

激进化过程中的作用，可视为对《共和二年巴黎的无套裤汉》的重要补充。[1] 英国史家安德鲁斯（Richard Andrews）和索南舍尔强调了亲属关系、邻里关系、雇佣关系等因素的重要性。[2] 美国史家休厄尔（William Sewell, Jr.）认为，体力劳动是无套裤汉身份认同的基本要素。[3] 法国史家比尔斯坦（Haim Burstin）在详尽研究无套裤汉的"大本营"圣马塞尔郊区（Saint-Marcel）后，认为无套裤汉是大革命的"创造"，它只存在于那个年代，是政治史上的一个偶然现象。[4] 其实，这个看法并不新颖，英国史家乔治·鲁德早已表达过类似的观点。在新文化史兴起之后，无套裤汉的那身"奇装异服"很快吸引了史家的注意。衣着、武器、徽章、鞋子都成了表征史学热衷讨论的问题。[5] 但是，这些研究没有从根本上改变无套裤汉的形象。而且，在《共和二年巴黎的无套裤汉》中，索布尔也曾关注过类似问题，只是分析的角度有所不同。

---

[1] R. B. Rose, *The Making of the Sans-Culottes Democratic Ideas and Institutions in Paris, 1789-92*, Manchester: Manchester University Press, 1983.

[2] Richard Andrews, "Social Structures, Political Elites and Ideology in Revolutionary Paris, 1792-94: A Critical Evaluation of Albert Soboul's *Les sans-culottes parisiens en l'an II*," *Journal of Social History*, Vol. 19, No. 1 (1985), pp. 71-112. Michael Sonenscher, "The Sans-culottes of the Year II: Rethinking the Language of Labour in Revolutionary France," *Social History*, Vol. 9, No. 3 (Oct., 1984), pp. 301-328.

[3] William Hamilton Sewell, Jr., *Work and Revolution in France: The Language of Labor from the Old Regime to 1848*, Cambridge ; New York : Cambridge University Press 1980，尤见该书第五章。另见本书第十章。

[4] Haim Burstin, *L'invention du sans-culotte: regards sur le Paris révolutionnaire*, Paris: Odile Jacob, 2005.

[5] 仅举几例：Richard Wrigley, "The Formation of Currency of a Vestimentary Stereotype: The Sans-Culotte in Revolutionary France," in Wendy Parkins ed., *Fashioning the Body Politic: Dress, Gender, Citizenship*, Oxford; New York: Berg, 2002, pp. 19-47.

几则材料

自索布尔之后，无套裤汉的形象日渐完整。学界几乎没有人否认，"无套裤汉"代表着一种明确的身份认同。[①] 几乎在所有的研究中，我们看到的都是，有一群人自称是无套裤汉；在 1792 年 8 月 10 日革命后，他们成为巴黎民众运动的主角，不断向国民公会和雅各宾俱乐部施压；1793 年，在山岳派的支持下，他们把以布里索为首的吉伦特派赶出了国民公会，并推动了革命政府的建立，实行限价措施；在热月政变后，无套裤汉最终退出了历史舞台。但是，历史果真如此吗？且先从几条材料谈起。

第一份材料题为"巴黎无套裤汉名录：姓名、别名及住所"，共 15 页，出版于自由三年，即 1791 年。[②] 作者是匿名的，无从考证。这份名单列了 80 个人的名字、住所、职业，排列无序。某些人名后附有简评，饶有趣味。比如，在"格尔萨"（Antoine-Joseph Gorsas）这个名字后写道："自与女士们分手以后，他不仅没有套裤（sans culottes），而且也没有衬衣（sans chemise）。"[③] 在"达尔诺"（Darnaud）[④] 后则写道："他同样完全没有套裤，因为他一直习惯从别人那里借套裤。"[⑤] 在大革命期间，这 80 个人经历各异，有的加入了雅各宾俱乐部，

[①]　此书是例外：索南舍尔：《无套裤汉，法国大革命中十八世纪的象征》（*Sans-Culottes: An Eighteenth-Century Emblem in the French Revolution*）。本章深受此书启发，但是分析的角度和论证的观点有所不同。

[②]　*Liste des sans-culotte de Paris, avec leurs noms, surnoms et demeures*, Paris: l'an troisieme de la liberté, 1791.

[③]　*Liste des sans-culotte de Paris, avec leurs noms, surnoms et demeures*, p. 1.

[④]　此人应该就是达尔诺（Baculard Darnaud）（1718–1805），法国剧作家，出版商，因其诗作《情感的考验》（*Les Épreuves du sentiment*）而名噪一时。

[⑤]　*Liste des sans-culotte de Paris, avec leurs noms, surnoms et demeures*, p. 4.

有的成了科德利埃派，还有的不久就退出了革命。但是，他们都是属于革命前的"文人共和国"，都是活跃的底层文人。这可能是他们之间唯一的共性。匿名作者编订这份名录的用意何在？这个问题也难以考辨清楚。不过，既然他将这些人统称为"无套裤汉"，那么，可以合理推断，这个称呼至少在 1791 年的时候就已经代表了一种认同或身份。而且，与索布尔笔下的"无套裤汉"比起来，1791 年的名录所囊括的人更为丰富。此外，另一个值得注意的细节是，sans 与 culottes 之间是没有连字符的。

第二份材料出自出版商、行吟诗人马尔尚（Française Marchant）主编的 *Les Sabats Jacobites*。在这份出版物的第 44 期（出版时间约 1791 年 7、8 月）上，马尔尚构想了一个新国家："布里索的共和国"（La Republique de Brissot）。1791 年，瓦伦事件发生后，革命者布里索等人要求废除君主，建立共和国。马尔尚的这份单子反映的就是这段历史。根据他的设想，共和国的执政官由布里索和孔多塞出任，元老院由蒲佐（Buzot）、布歇（Boucher）、勒布伦（Lebrun）等组成，格雷古瓦教士（abbé Grégoire）任共和国主教，共和国的骑兵则是"无套裤汉"（les Sans-Culotes）（原文如此）、"无鞋汉"（les Sans-Souliers）、"无衬衣汉"（les Sans-Chemises）。[①] "无套裤汉"竟与布里索结成了同盟，一同捍卫共和国。这显然又与索布尔构建的政治世界有所不同。

这两份材料尽管看似比较单薄，却提供了两个有趣的线索，即在 20 世纪史家公认的"无套裤汉"历史起点之前，这个称呼已经代表了某一类人的认同。而且，他们并不是我们熟悉的那群活跃在 1793 年街

---

① Française Marchant, *Les Sabats Jacobites*, Paris: au Palais-Royal, 1791, No. 44, pp. 297-294. *Les Sabats Jacobites* 未知何意，只能保留原文，望方家指教。

头的"无套裤汉"。实际上，这些材料并不是"孤证"。在米涅、卡莱尔、戈代（Joseph Guadet）、加卢瓦（Léonard Gallois）、克鲁泡特金等 19 世纪史家撰写的法国大革命通史或专论中，"无套裤汉内阁"（le Ministère sans-culotte）这个词很普遍。①但在 20 世纪史家的论著中，这个词却越来越少见到。"无套裤汉内阁"指的是 1792 年 3 月临危受命的罗兰内阁，也就是所谓的吉伦特派内阁。费里埃侯爵（Charles-Élie de Ferrières）是革命的亲历者。他在《回忆录》中提到："这些新内阁成员都是些无名小卒，在廷臣眼中十分可笑。时人戏称（par dérision）无套裤汉内阁。"②费里埃侯爵的回忆录评述公允，素为后世所重。由此可见，该词并非史家臆造，至少在 1792 年之前就已经很流行了，而且还是句"戏言"，带有讽刺的意思。

第三条材料出自格尔萨之笔，是份仅有 1 页的小册子，形同传单。③这个格尔萨就是被收入《巴黎无套裤汉名录：姓名、别名及住所》的那个人。传单可能出版于 1792 年年底到 1793 年年初之间，标题为《但……谁是无套裤汉呢？》。格尔萨写此传单，就是要回答这个问题，因为当"人们说无套裤汉就是共和派"的时候，所有人都会说"那我们都是"。所以，他要做一番区分，搞清楚哪些人是"真正的无套裤汉"（les vrais sans-culottes），而哪些人又是"冒牌的无套裤汉"（le sans-culotte postiche）。在传单最后，格尔萨以一个非常拗口的句子，

---

① Joseph Guadet, *Les Girondins: leur vie privée, leur vie publique, leur proscription et leur mort*, Paris: Librarie Académique, 1861, Tome 1, p. 210; Léonard Gallois, *Continuation de l'Histoire de France d'Anquetil*, Paris, Desrez, 1837, Tome 1, p. 141.

② Marquis de Ferrières, *Mémoires du marquis de Ferrières*, Tome 3, Paris, Baudouin frères, 1821, pp. 53-54.

③ Antoine-Joseph Gorsas, *Mais... qu'est-ce qu'un sans-culotte?*, Paris: Imprimerie Gorsas, n.d. 本文注意到这份材料，受 Michael Sonenscher 的 *Sans-Culottes: An Eighteenth-Century Emblem in the French Revolution* 的启发。参见此书相关分析。

给出了答案：

> 好吧，正如我告诉你的，今天的无套裤汉是一个穿着漂亮套裤（bonnes culottes）的无套裤汉（sansculotte），但是他还想抢夺那些穿套裤的人的裤子，这样就不用给那些穷鬼（pauvres diables）一个苏了，这些穷鬼就是无套裤汉（sansculottes）。

从第三份材料可以看出，在 1793 年初，"无套裤汉"这个头衔已经成了众人争夺的对象。宣称是"无套裤汉"的那群人，实际上鱼目混珠，良莠不齐。这再次有悖于通行的看法。无论是索布尔，还是后来的修正派史家，都只是关注"无套裤汉"与吉伦特派、山岳派之间的矛盾与冲突，从来没有人说过"无套裤汉"这个身份是存在争议的。更有趣的是，这位出面澄清的格尔萨是吉伦特派。半年后，他就被"无套裤汉"赶出了国民公会，于同年 10 月 7 日被送上断头台。这番复杂关系令人费解。他缘何要为"无套裤汉"做辩解？"无套裤汉"和吉伦特派之间又有着什么样的关系？而在共和二年历史开始之前，那群自称是"无套裤汉"的又是些什么人？他们为什么把自己叫作"无套裤汉"？这个称谓又意味着什么？显然，根据既有的认识，我们无法给出确切答案。但是，从另一个角度来说，这些困惑正说明了我们离"无套裤汉"的世界还有一定的距离。一定有一段知识遗失了。正如文化史家达恩顿所言，觉察到这样一种距离感，这是研究的开端。我们需要挖掘秘事，钩稽故实，溯源而上，回到 18 世纪启蒙时代的沙龙世界。那里，才是"无套裤汉"一词的真正诞生地。

沙龙中的"无套裤"

　　"沙龙"原指宽敞雅致的会客厅，在 17 世纪上半叶逐渐变成了文化生活的场所。起初，这里是玩文字游戏、朗诵诗歌的地方，后来慢慢变成了信息交流、思想交锋、批评时政的舆论中心。这个变化大约出现在 18 世纪上半叶。1720 年前后出现的"夹层俱乐部"（club de l'Entresol）即是当时达让松（d'Argenson）等名流讨论时事的地方。[①] 沙龙的主人往往是知名贵妇人，她本人的名望决定了沙龙的档次。德芳夫人（Mme du Deffand）的沙龙里有杜尔阁、孔多塞、马蒙特尔（Marmontel）。若弗兰夫人（Mme Geoffrin）沙龙的常客包括封特奈尔、孟德斯鸠、达朗贝尔。沙龙既是文化的场所，也是展现权力的地方。贵族争相扮演路易十四和教会曾经扮演过的角色，充当文人和文化生活的保护人。从某种意义上来说，这是绝对王权松懈的表现。"套裤"（culotte）便是观察这一现象的窗口。

　　每逢新年，沙龙的女主人会送给那些受她保护的文人一条套裤。这一习俗可能起源于唐森夫人的沙龙。唐森夫人是活跃在摄政王时期的名媛，与许多政要来往甚密。达朗贝尔是她与戴杜舍（Louis-Camus Destouches）的私生子。唐森夫人举办的文学沙龙享有国际声誉，常客中不仅有孟德斯鸠、封特奈尔，还有来自英国的第一代博林布鲁克子爵亨利·圣约翰。唐森夫人为这些人准备的新年礼物，就是一条用两厄尔长[②]的天鹅绒做成的套裤。这一做法可能沿袭古风，但是在这里却

---

　　① 有关夹层俱乐部，参见本书论文《〈法兰西古今政体论〉析义：兼论 18 世纪法国政治激进主义的起源》。

　　② ell：旧时量布单位，约为 45 英寸（约 113 厘米）。

有另一番含义。唐森夫人权力欲极强，政治手腕高明。其兄唐森教士能成功出任昂布兰主教，就是她的功劳。沙龙也成了唐森夫人展现个人权力的舞台，就好比半个世纪之前路易十四的凡尔赛宫一样。孟德斯鸠等人常被她唤作"bête"。这个词现在的意思是野兽，而在当时的语境下，内涵更宽泛："笨拙的"、"粗笨的"、"未开化的"、"无能的"等等。"套裤"实际上相当于一种类似遮羞布的东西，盖住这群"bête"的下身。送"套裤"就表示正是她将这群原本不知礼数的蛮人带入了文明世界。此举意在表现她高人一等，以此彰显权势。

在贵妇人的沙龙里，新年送套裤这一做法蔚然成风。不过，并不是所有的贵妇人都像唐森夫人那样"作风放荡"。在文人世界里，"套裤"一词也逐渐成了文人世界的一个"俗语"。说一个人"有套裤"，意思是他得到了赏识，找到了"靠山"，以后就衣食无忧，前途一片光明了。莫朗德（Charles Morande）在 1771 年出版的《犬儒哲学》上写道：

> 现在有这么一群人，他们挣得了自己的套裤（gagné ses culottes），身居豪宅，出入车马接送，声名显赫，夜夜笙歌，挥金如土。[1]

莫朗德是路易十五时期著名的讽刺作家，《铁甲报人》的作者。他说这番话，显然带有讽刺与挖苦的味道。若弗兰夫人去世后，英国《早报》（*Moring Post*）的悼词也带有类似的戏谑语调："以后，可能有

---

[1] Michael Sonenscher, *Sans-Culottes: An Eighteenth-Century Emblem in the French Revolution*, p. 61.

两百多名蹩脚文人（poetasters）再也无法穿上'天鹅绒套裤'了。"[①]
可见，作为一种隐喻的修辞，"套裤"说法不仅出现在18世纪的法国，
而且在英国也比较流行。1804年英国人菲尔特姆（John Feltham）出
版的《妙语大全》（*The Encyclopedia of Wit*）就将这个词收入在内。

另一个与之对立的措辞也随之出现，这就是"无套裤汉"。这自
然指的就是那群混迹底层的下层文人，食不果腹，衣衫褴褛，整天要
躲避当局的追捕。1784年，未来法国革命的领导者、吉伦特派的首要
人物布里索客居伦敦。在他刚刚创办的《伦敦学会日志》上，布里索
写下了这样一则文字：

> 圣雅克路[②]上的书商总说："我是多么想把伏尔泰、卢梭、
> 狄德罗和其他所有无套裤汉（sans culottes）都锁进阁楼。这样
> 一来，我就可以让他们没日没夜地干活，可以挣很多钱。"看
> 来，伦敦书商的想法也是一样的。[③]

看来，布里索对伦敦很失望，觉得天下无商不奸。随后，他回到
了巴黎，不幸被捕入狱，在巴士底狱中被关了两个月。后来出任巴黎
革命公社检察长的马尼埃尔（Louis-Pierre Manuel）对旧制度的文人世
界也一样不满。圣雅克路书商的这番话被他原原本本、一字不差地收
入1783年出版的《历史、批评、文学和哲学随笔》中。这或许是当时

[①] Michael Sonenscher, *Sans-Culottes: An Eighteenth-Century Emblem in the French Revolution*, pp. 18-19.

[②] 巴黎街道名——引者注。

[③] Michael Sonenscher, *Sans-Culottes: An Eighteenth-Century Emblem in the French Revolution*, p. 60.

底层文人耳熟能详的"段子"。不过，马尼埃尔似乎觉得意犹未尽，又加了这样一个脚注：

> 迪里耶（Duryer）交付译稿，却只从索芒维尔（Sommanville）那里拿到了一个埃居。百篇长诗，只挣得 4 里弗，百篇短诗只能拿到 40 苏。这可是法兰西学院啊！ ①

同样是文人，同样胸怀大志，同样想要像他们的偶像伏尔泰那样在文坛上绽放光芒，可是，"有套裤汉"和"无套裤汉"的境况竟有如此的差别。前者身处"精英云集"的上流社会，后者则拥挤在达恩顿所谓的"格拉布街"。文人唯有依附那些贵妇们，挣得他们的"套裤"，才有出头之日。否则，只能在"格拉布街"上受人欺压，穷愁困顿。导致这一现象的根源，自然是特权。旧制度法国是个特权社会。特权无处不在。文化产业也不例外。革命前夕，有套裤汉与无套裤汉的分野就是特权体制造成的社会流动不均匀、不公平的结果。这一点，达恩顿在他的《旧制度时期的地下文学》中已经做了深入分析，此处无须赘言。②

行文至此，我们实际上已经对 1791 年那份《巴黎无套裤汉名录：姓名、别名及住所》做出了解释。这份名录中的"无套裤汉"根本不是索布尔分析的 1793 年激进分子，而是旧制度下那群生活在贫民窟里的文学无产者。无怪乎，名单上的 80 人无一例外都是报人写手。可见，

---

① Louis-Pierre Manuel, *Essais historiques, critiques, littéraires et philosophiques*, À Geneve, 1783, p. 155, note 1. 索南舍尔未曾注意这个脚注。但很显然这个脚注更能说明问题。

② Robert Darnton, *The Literary Underground of the Old Regime*, Cambridge, Mass.: Harvard University Press, 1982.

无套裤汉这个名词实际并不是革命创造的，而是来自旧制度。此外，至少在 1791 年之前，这个名词基本保留了原来的意思，还没有完全变成某种政治身份。

不过，在马尔尚的"布里索的共和国"中，"无套裤汉"成了一个新体制的保卫者。可见，从 1791 年下半年开始，"无套裤汉"的政治色彩逐渐凸显出来，至少变成了一种积极的身份，不再是前途无望的自嘲用语。布里索或吉伦特派是这群人的代言人。那么，这个变化是如何出现的呢？达恩顿的理论无法解释这些问题，因为他笔下的文人世界是个男性的世界，而"无套裤汉"的政治化则蕴含着性别政治。

革命初期的"无套裤汉"

法国革命的起源是一个经典问题。传统学派往往强调社会原因，修正学派则重视文化原因，他们各执一词，争执不下。但是，首先对革命做出诊断的并不是历史学家，而是当时的人，是那些革命的亲历者。正如美国史家塔克特（Timothy Tackett）所言，法国大革命的第一批史著出现在 1789 年底—1790 年。

1790 年，一部匿名小册子《论法国大革命的原则和起因》（下文简称《起因》）问世。[①] 很快，作者的身份就被揭晓了。此人名叫梅朗（Sénac de Meilhan），是路易十五私人医生的儿子，当过普罗旺斯等地的督办官，而且还是一位极有才华的诗人。革命爆发时，梅朗 53 岁，

---

① Sénac de Meilhan, *Des principes et des causes de la Révolution de France*, À Londres, 1790. 本文所引版本为 Sénac de Meilhan, *Des principes et des causes de la Révolution de France*, Paris: Boucher, 2002.

身在巴黎，但很快便加入流亡者的队伍，出逃法国，定居伦敦。《起因》一书就是在英国出版的。梅朗认为，导致革命爆发的原因不止一个。他对旧制度法国进行了全方位的批评：内阁不稳、贵族反动、财政混乱、民众对启蒙运动的误解。在他看来，这些原因导致了所谓的"精神的发酵和对权威的不屑"。[1]

除此之外，梅朗还提供了一种性别政治的解释。他说"几年来，若干个沙龙的统治让巴黎，随之也让整个法国成了一个受五六个女人支配的贵族国家（un État aristocratique）"。[2]梅朗毫不讳言，革命是女人干政的结果。这是当时一种较为流行的看法。在时人眼中，社会危机的一个很重要的表象就是国衰兵弛，法国无法再扮演曾经雄霸欧洲大陆的角色。荷兰遭普鲁士入侵，但法国却无力出兵援助。这让很多人，尤其是那些佩剑贵族痛心疾首。国家的无能源于性别与权力秩序的颠倒。凡尔赛已成为玛丽·安托瓦内特的掌中玩物。国库成了她满足个人私欲的金库。"钻石项链事件"彻底败坏了王后在民众心中的形象。在人们眼中，国王的性无能，王子迟迟不能降生都与她的"荒淫无度"有关。1786 年斯特拉斯堡造币厂铸造的一批金路易已经在国王的脑门上加了一个角，以示王后的不贞。同样，法国的整个公共领域本应由男人支配，现在却成了贵妇人手中的玩物。之前风行的"西江月"[3]一类讽刺歌谣逐渐"政治化"。那些巴结贵妇人的"有套裤汉"便被看成是为满足个人私利，可以不择手段、无视国家危难的小人。

---

① "精神的发酵"（fermentation des esprits）是梅朗反复使用的术语，参见 Sénac de Meilhan, *Des principes et des causes de la Révolution de France*, pp. 5，16，22，45.

② Sénac de Meilhan, *Des principes et des causes de la Révolution de France*, p. 25.

③ 该词借用杨人楩先生的译作，代指革命前流行的情色歌谣。参见马迪厄：《法国革命史》，杨人楩译，北京：三联书店，1958 年，第 14 页。

这就是革命前的心态。这种危机的表象促使"无套裤汉"渐渐变成了一个积极的、正面的用词。根据现在掌握的材料，革命时期，"无套裤"一词首次出现于 1790 年底出版的一本题为《无套裤的国民》的作品。作者是匿名的，但很有可能就是上文提到的马尔尚。①在此，"无套裤的"这个限定词被用作一种隐喻，代表了不向特权者屈服的立场。"唯向伟大的人民低头。"这无疑带有反贵族的精神。从这个意义上说，"无套裤的国民"即指除了特权者以外的所有国民。这已不再是一种自嘲的措辞，而是表达了国民的新的自我认同，正如 1791 年 5 月的一份报纸所写："这个国家中最活跃的、最忧心忡忡的、最诚实的、最有用的人，乃是所谓的无套裤汉（les Sans-Culotes）"②。

1791 年 6 月 20 日的"瓦伦事件"使"无套裤汉"一词发生了决定性的变化。路易十六对革命的敌视由来已久。尽管法国名义上实行的是君主立宪制，但是制宪议会并没有赋予国王实权。《教士公民组织法》也让这位虔诚的天主教徒心生不满。国内激进派与立宪派的关系日趋紧张。路易十六认为时机成熟，决定出逃。车队于瓦伦被阻，前来接应的布耶侯爵未能准时抵达。结果，路易十六被遣返巴黎。"瓦伦事件"使得革命阵营出现了分裂。雅各宾俱乐部里，布里索和孔多塞等人明确表示支持共和国。而那些坚持君主立宪制的成员离开了俱乐部，成立了"斐扬派"。为首的"三巨头"——巴纳夫（Barnave）、杜波尔（Du Port）、拉梅特（Alexandre Lameth）——希望保全王权，

---

① *La nation sans culotte*, Paris, 1790. 参见 Rolf Reichardt, *Handbuch politisch-sozialer Grundbegriffe in Frankreich 1680-1820*, Heft 7, Honnête homme, Honnêteté, Honnêtes gens, München: Oldenbourg, 1986; Christine Bard, *Une histoire politique du pantalon*, Paris: Seuil, 2010.

② Annie Geffroy, "Sans-culotte(s) (novembre 1790-juin 1792)," in *Dictionnaire des usages socio-politiques (1770—1815)*, Tome 1, Paris: INALF, 1985, p. 165.

阻止共和国的建立。巴纳夫发表著名的演讲：革命已经结束，若要再走一步，社会将被颠覆。他私下同王后秘密通信，希望她出面，亲自向利奥波德皇帝请和，以免战争爆发。

当然，在当时的情况下，建立共和国是个危险的选择。但是，斐扬派反对共和，也并非全是为了公共利益着想。拉梅特等人擅自挪用王室经费，杜波尔也有自己的政治野心。这些同样不容否认。1791 年秋天开始，格尔萨在他办的报上公开指责斐扬派"卖国求荣"的卑劣行径。在格尔萨看来，这实际上与旧制度那群为了挤入上流社会，而巴结贵妇、扮演"野兽"的"有套裤汉"文人没什么差别。玛丽·安托瓦内特就是斐扬派的"贵妇人"。布里索、孔多塞等人则自始至终与宫廷划清界限，呼吁建立共和国。因此，共和派就是"无套裤汉"，是不愿向显贵低头的人。1791 年 12 月，有数百民众聚集斐扬宫门口，要求进入斐扬派俱乐部，旁听讨论。一名斐扬派代表怒斥道："一定要摆脱这批'无套裤汉'（sans culottes）。"格尔萨写道，这个俱乐部与先前那些闭门营"苟且之事"的贵妇俱乐部没什么差别，而真正的"无套裤汉"是不怕公开议事的，是光明磊落的。

这一系列变化便反映在上文提到的"布里索的共和国"这份材料中。马尔尚将布里索等后来被称为"吉伦特派"的那些人看作是"无套裤汉"的代言人，将"无套裤汉"视为共和国的保卫者。这正是1791 年下半年"无套裤汉"一词的真正含义。

这一点还可以通过以下这条材料获得证明。在 1792 年 1 月出版的《理解革命流行词的新辞典》中，编者比埃（Adrien-Quentin Buée）对"无套裤汉"（sans-culottes）一词做了这样的界定：

该词指称宪法的主要根源（la maître ressort de la constitution）。我们都知道，孟德斯鸠分析过政府的原则。在英国，政府的原则是基于对一部平衡众人权力的宪法的热爱。在荷兰，这是基于商业精神。在德国，是外交精神……在旧制度的法国，政府的原则是基于对国王的热爱；在新体制下的法国，就是对无套裤汉的恐惧。①

我们知道，瓦伦事件之后，制宪议会在巴纳夫等人的带领下，陆续采取了不少激进措施，包括暂停选举，修改选举权的纳税标准，颁布舆论禁令，制订治安法令。拉法耶特又带领军队射杀马尔斯校场请愿的民众。此外，"三巨头"又向国王与王后陈说利害，路易十六这才签署了宪法。所以，1791 年宪法的通过是建立在对共和民主派的打压之上的。比埃所言即为此意。在当时的语境下，"无套裤汉"即指以布里索等人为首的共和民主派。

"无套裤汉"文化的转型

1792 年上半年，法国出现了经济危机，指券贬值，蔗糖短缺。这进一步明确并深化了斐扬派与共和派的对立。布里索、佩蒂翁等人抨击斐扬派内阁，认为经济危机的主要原因便是斐扬派商人的囤积。传言，支持斐扬派的立法议会代表安德烈（d'André）以 40 万里弗的价格买

---

① Adrien-Quentin Buée, *Nouveau dictionnaire pour servir à l'intelligence des termes mis en vogue par la révolution*, Paris: impr. de Crapart , janvier 1792, pp. 114-115. 比埃的生平参见 Joseph Michaud et Louis Gabriel Michaud eds., *Biographie universelle, ancienne et moderne*, Tome 59, Paris: Thoisnier Desplaces, 1835, pp. 417-418.

空了里尔城所有的蔗糖。① 这类消息真假难辨。不过，关键在于，在这番"较量"之后，与斐扬派对峙的"无套裤汉"不再只是"共和派"，而是"人民"，因为斐扬派损害的正是人民的利益。因此，在 1792 年初的危机之后，"无套裤汉"的内涵进一步扩大。格尔萨说道，人民包括"文人、零售商、技工、工匠，简而言之，是那些被之前特权等级称为'群氓'（populace）的人，就是那些现在穿得像个粗俗的乡巴佬，像个无套裤汉的那群人"。②

在瓦伦事件前后，"无套裤汉"代表的是一种政治立场：反对王政，倡导共和制，与之对立的是那些支持王政、与王后勾结的斐扬派。1792 年初的经济危机，使得"无套裤汉"这一身份具有了社会意义，包括文人、劳动者以及其他勤劳朴实的人。而与之相对的则是那些唯利是图的"有产者"（la bourgeoisie）。"无套裤汉"的这两层含义互相对应，正如革命新闻记者普吕多姆（Louis-Marie Prudhomme）所言，一名"有产者"不可能是民主派。此时的"无套裤汉"已经越来越接近 1793 年那个经典形象。

国民公会中，吉伦特派和山岳派的矛盾以及革命政治的激进化推动"无套裤汉"又一次转型。1792 年底，审判国王一事促使两派矛盾白热化。吉伦特派希望拖延审判，他们觉得弑君必将引发全面战争。山岳派予以反驳，强调宣布国王无罪就等于否认革命。此外，经济形势较前一年更为恶劣。各地都爆发了声势浩大的民众运动，纷纷要求限价。这违背了吉伦特派的自由市场纲领。实际上，若想恢复自由经济、

---

① Michael Sonenscher, *Sans-Culottes: An Eighteenth-Century Emblem in the French Revolution*, p. 356.

② Michael Sonenscher, *Sans-Culottes: An Eighteenth-Century Emblem in the French Revolution*, pp. 356-361.

挽救国王，那就应该实现和平。但是，吉伦特派又偏偏主张将战争进行到底。决策上的自相矛盾使其陷入进退两难的境地。此时，吉伦特派的将领杜穆里埃战败投敌，并意欲攻回巴黎，另立新君。这使局势进一步恶化。正是在这样的背景下，罗伯斯庇尔号召民众提高警惕，反对吉伦特派的阴谋。他在 1794 年 4 月 10 日的发言中指出：

> 他们对立了穷人与富人的利益；他们把自己装扮成富人的保护者，对抗无套裤汉，他们拉拢平等的所有敌人，加入他们的阵营。①

在罗伯斯庇尔的这份发言中，"无套裤汉"的内涵就包含了社会与政治两个层面，既代表了与富人对立的穷人身份，也代表了反对王政、支持政治平等的共和立场。这实际上是延续了 1792 年的界定。不同的是，革命形势的变化瓦解了无套裤汉与吉伦特派之间的结盟。现在，山岳派成了他们的代言人。此后，便开始了那段我们熟悉的历史：清剿吉伦特派，建立革命政府，实行山岳派专政统治。

　　上文提到那份极具论辩色彩的传单可能就是出版在 4 月 10 日之后。格尔萨所谓的那位"穿着好套裤的无套裤汉"可能暗指素来穿着考究的罗伯斯庇尔。那些"假冒的""无套裤汉"不仅穿着漂亮裤子，而且还要抢夺别人的裤子，以便既能施舍"穷鬼"，又不会让自己有丝毫损失。这或许就是格尔萨眼里的山岳派。

---

① Maximilien Robespierre, *Œuvres complètes*, Tome 9, Paris: E. Leroux, 1958, p. 376. 转引 Michael Sonenscher, *Sans-Culottes: An Eighteenth-Century Emblem in the French Revolution*, p. 283. 引文中"他们"指布里索等人。

　　"谁是无套裤汉"这个问题本质上就是权力的较量。格尔萨的界定不可能给这个问题画上句号。其他的答案必定争相出现。其中最著名的，应该就是 1793 年 4 月出现的另一份传单："回答一个迫切的问题：谁是无套裤汉？"[1] 这份传单的内容没有必要详述，因为其所体现的正是索布尔笔下的"无套裤汉"。实际上，发现这份材料的就是索布尔本人。在与德国史家马尔科夫（Walter Markov）合编的档案集中，索布尔将此列为第一份材料。他或许认为，这个文本代表了无套裤汉自我意识的觉醒。索布尔之后的史家尽管对他的观点有所修正，但是也同样以此文本作为核心材料，建构了无套裤汉的各类形象。这些史家之所以会将这份传单当作无套裤汉的"出生证明"，是因为他们完全忽视了文本"诞生"的历史过程，将其孤立于整个语境，无视文本背后的政治权力问题。正如上文所分析的，这份材料实际上是在回应格尔萨的传单，是一场政治论战的产物，是试图明确无套裤汉身份的多种尝试中的一种。用法国史家夏蒂埃的话说，这就是一场"表象之争"。

　　在这场论战之后，吉伦特派渐渐处于下风，无力回应新的挑战。在 1793 年 6 月 2 日政变中，他们被山岳派与无套裤汉联手赶出了国民公会。法国革命进入了山岳派专政阶段。关于"谁是无套裤汉"的论战也随之结束。共和二年的无套裤汉就是"回答一个迫切的问题：谁是无套裤汉？"所意欲传达的"无套裤汉"的形象。这实际上说明了这份文本代表了一个终点，而不是起点。至少在革命时期，不会再有人讨论"谁是无套裤汉"这个问题了。

---

　　① *Réponse à l'impertinente question: Mais qu'est-ce qu'un Sans-Culotte?*, in Walter Markov et Albert Soboul eds., *Die Sans-Culotten von Paris: Dokumente zur Geschichte der Volksbewegung 1793-1794*, Berlin: Akademie-Verlag, 1957, pp. 1-4.

结　语

大凡言词皆有其原始意象。这界定了词汇的基本内容，起到了一种限定的作用。在具体的使用过程中，言词逐渐会形成新的意义。这类意义是实践性的，受使用者所处的具体环境和个人立场的影响。把握不断被重塑的意义，既不能忘记原始意象，还需要理解变化的情景。意义的变化即是原始意象与情景互动的结果。

在旧制度法国的文人世界里，"无套裤汉"本是一个带有自嘲口吻的习语，表达了底层文人对自己前途无望、生活窘困的感叹，对衣食无忧的"有套裤"文人的嫉妒。在革命前反特权，尤其是反对女性干涉公共事务的舆论氛围下，"无套裤汉"逐渐变成了一个政治术语，表达了"非特权者"对自身地位与身份的重新界定。这已经变成了一种积极的身份，成了"国民"的代名词。革命时期的政治动荡导致该词的含义不断发生变化，"谁是无套裤汉"这个问题实际上就可以被视为是"国民"自我认同的重新界定。

共和二年的历史尘封了"无套裤汉"一词的本意，使其变得面目全非。1798 年第五版《法兰西学院辞典》把这个词列入"革命以来出现的新词"专栏，并给出了如下界定："起初指人民中最贫穷的一群人，后用以指称一种光荣的称号。"[①] 这个界定基本上反映了 1792 年以后的意思。不过，两者之间还存在着一些细微的差异。与 1792 年的意思相比，《法兰西学院辞典》上的界定淡化了"无套裤汉"的政治色彩，

---

① *Le Dictionnaire de l'Académie française*, Tome 2, Paris: Chez J. J. Smits et Ce. Imp-Lib., 1798, p. 775.

更突出以财产为基础的社会身份的对立。这显然是受了热月政治的影响，预示着正在成型的阶级关系。这也正是后世史家观察"无套裤汉"的视角。因此，人们熟知的只是那些 1793 年高呼平等、强调生存权利的"无套裤汉"。而原来意义上的"无套裤汉"都已经退隐到了幕后。其中就有梅西耶（Louis-Sébastien Mercier）。他本是旧制度下真正的"无套裤汉"文人，也曾名列 1791 年出版的那份"名录"中。但是，即便在索布尔那部逾千页的浩繁研究中，他也只占据不到四行的位置。[1] 对此，梅西耶似有先知先觉。他早已觉察到，历经了十年动荡，若要再现过去的世界，实非易事。共和八年，梅西耶在《新巴黎》中写道：

> 人们已基本遗忘了无套裤汉这个词的起源（l'origine），其实是这样的：诗人吉尔贝（Gilbert）[2] 可能是自布瓦洛（Boileau）[3] 以来最有名的打油诗人（le versificateur）。穷困潦倒的吉尔贝在一篇讽刺诗里抨击某些哲人：一名文人想要加入法兰西学院，就得讨好这些人，于是这个文人想出了一首讽刺短诗，题为：无套裤汉（Le Sans-culotte）；人们把这首诗算在吉尔贝的头上；富人也乐意用这个词来讥讽所有那些没有考究衣服的文人。[4]

---

① Albert Soboul, *Les Sans-Culottes Parisiens en l'An II: Mouvement Populaire et Gouvernement Révolutionnaire 2 Juin 1793-9 Thermidor An II*, pp. 1012-1013.

② 吉尔贝·罗默（Gilbert Romme，1750—1795），法国政治家，数学家，诗人，革命时期共和历创立者，革命前是共济会"九姐妹"（Les Neuf Sœurs）分会成员。

③ 尼古拉·布瓦洛—德普雷奥（Nicolas Boileau-Despréaux，1636—1711），法国诗人，作家，著有《讽刺诗》（*Les Satires*）、《诗艺》（*L'Art poétique*）等。1684 年当选法兰西学院院士。

④ Louis-Sébastien Mercier, *Le Nouveau Paris*, Tome 3, Paris: Fuchs, 1798, pp. 204-205.

梅西耶给历史学家敲了一记警钟。历史背景远比最后所呈现的结果要复杂得多。言词是一种文化现象。文化更具惰性，其变化往往落后于社会政治的变动。人们总是习惯于用过去的观念来回应新现象，因为若非如此，新事物就会变得难以理解。而变动的现实会让既有的文化观念变得支离破碎。若不将这些散落在各处的、混乱无序的碎片贴补完整，那么，历史本身的意义也难以得到再现。这正是本章所要传达的意思。

六　历史语境中的历史行为：以 1792 年法国国民公会选举为例 [①]

　　语境主义理论源自人类学的研究领域，同时也受文学批评和哲学思想的影响，强调唯有结合背景，言语与行动的意义才能得到解释。[②]很明显，语境主义带有相对主义的味道。不过，它并不只是为了强调意义的相对性，而是要寻求意义与特定语境之间的系统性关联。从这一点来看，语境主义又带有结构主义的色彩。自 20 世纪 70 年代以后，语境主义影响到了历史学科，为欧美史学界超越社会史研究范式提供了思想资源，并带来了研究方法的变革。[③]

语境主义与历史解释

　　从历史观和治史方法来看，语境主义本质上就是历史主义，大体

---

　　① 本文原刊于《世界历史评论》，第7辑，上海：上海人民出版社，2017年。
　　② 关于哲学中的语境主义参见：A. W. Price, *Contextuality in Practical Reason*, Oxford: Oxford University Press, 2008；关于思想史的语境主义研究最新成果参见：Darrin M. McMahon & Samuel Moyn eds., *Rethinking modern European intellectual history*, New York, NY: Oxford University Press, 2014; 政治哲学方面的代表作如见：Jonathan Floyd & Marc Stears eds., *Political philosophy versus history?: contextualism and real politics in contemporary political thought*, Cambridge, UK; New York: Cambridge University Press, 2011.
　　③ 所谓社会史危机的最初症状，参见：Elizabeth Fox-Genovese & Eugene. Genovese. "The Political Crisis of Social history, A Marxian Perspective," *Journal of Social History*, Vol. 10, No. 2 (1976), pp. 205-220; Gareth Stedman Jones, "From Historical Sociology to Theoretical History," *British Journal of Sociology*, Vol. 27, No. 3, (Sep., 1976), pp. 295-305; Tony Judt, "A Clown in Regal Purple: Social History and the Historians," *History Workshop*, No. 7 (Spring, 1979), pp. 66-94.

上包含了以下几层预设。首先相信过去的世界是可以理解的，这是历史阐释的基本前提。若非如此，历史阐释就是不可行的。因此，从认识论的角度来看，历史语境的差异仅仅是相对的，现代学者是可以理解逝去的时代的。其次，历史阐释的目的是阐明过去与现在的差异。正如英国史家巴特菲尔德所言，史家应为过去解释过去，而不是用当下解释过去，也不是在过去中寻找现在。[①] 故而，从方法论的角度来看，历史语境的差异又是绝对的。再者，历史阐释的任务是为历史构建出一个意义图景来。只有在这样一个意义图景中，历史事件才能变得可以理解，史家也不至于望文生义，曲解史料。由此看来，这个图景既是理解历史的入口，同时也限制了历史阐释的唯一性。对于这个意义图景，不同的史学流派有不同的称呼。年鉴学派称其为心态世界，文化史家称之为意义图式，而 20 世纪 80 年代兴起的新文化史家则称之为政治文化。最后，语境主义坚持，意义是公共的，是所有人共享的。如果你不知道什么是眨眼示意，或不知道如何抽动你的眼皮，你就不能眨眼示意（或模仿眨眼示意）。这一立场既受文化人类学的影响，也与维特根斯坦已降对意义私有化的哲学批判思潮有关。[②]

　　语境主义预示了历史研究方法的创新。正因为意义是共享的，所以史家可以借由一则农夫的故事，进入 18 世纪法国人的心态世界。这也消解了整体与个体、全局与局部的二元对立。因此，在语境主义的视野中，任何"历史残片"都具有同等重要的研究价值，因为它们承载了过去的意义，是进入陌生世界的入口。这要求史家首先是位优秀

---

① 巴特菲尔德：《辉格党式的历史阐释》，李晋译，北京：三联书店，2013年版。
② 参见：Stephen Greenblatt, "The Touch of the Real," in Sherry Ortner ed., *The Fate of Culture: Geertz and Beyond*, Berkeley, 1999. pp.14-29. 格尔茨：《文化的阐释》，纳日碧力戈等译，王铭铭校，上海：上海人民出版社，1999年，第14页。

的讲故事的人，可以依据一则故事、一条材料，怀着"同情之理解"，抱着"必敬以恕"的态度，刻画逝去的世界。[1] 这与社会史对待史料的态度大相径庭。社会史惯用教区登记册、税收花名册、人口数据、识字率、遗产登记册、契约租约等类型的史料。这类材料的特点是，每则材料本身的内容十分单薄，叙述模式又十分雷同，无法逐一分析。比如史家难以根据一份教区签名做文章。但如果通过量化统计方式把大量同类材料组建成均匀的、可进行比较的单位，并以特定的时间间隔来衡量历史事实的演进，那么原本零散的材料就构成了系列史，具备了解释的价值。[2]

根据研究对象不同，语境主义的史学研究大致可分为"释义"与"释事"两类。"释义"是思想史家之所长，意在结合过去的智识语境，解析概念术语的应有之意，如贝纳德·贝林倡导的语境史学和斯金纳领导的剑桥学派。传统思想史或关注思想家的论著，或梳理核心观念的演变。语境主义的"释义"与这一传统有所不同，关注的是"意义"。美国史家贝克对此这样评述，思想史应是研究意义的历史，而意义是一切社会行动所共有的维度。所以，融合了语境主义的思想史不再仅仅是历史学的一个分支，而是所有历史研究应有之组成部分。[3]

"释事"为文化史家所长。如达恩顿缕析的 1749 年"十四人案件"，玛莎分析的"钻石项链事件"，法日尔讲述的"巴黎儿童绑架案"，

---

① 参见：李剑鸣：《历史语境、史学语境与史料的解读：以弗吉尼亚州批准美国宪法大会中一条材料的解读为例》，《史学集刊》，2009 年第 5 期。

② 孚雷：《历史学中的计量》，雅克·勒高夫等编，《新史学》，姚蒙编译，上海：上海人民出版社，1989 年版，第 112 页。

③ Keith Michael Baker, *Inventing the French Revolution: Essays on French Political Culture in the Eighteenth Century*, Cambridge University Press, 1990, p. 13.

再如美国史家史密斯新作《热窝当的怪兽》。[①] 此类"奇闻轶事"颇受文化史家的青睐。故事越荒唐，不仅越吸引人，也更有解释价值。因为荒唐本身就预示着古今两种历史语境之间的隔阂。文化史家即要让陌生变得熟悉，让荒唐变得可以理解。[②] 与此不同，本文将要阐释的事情，乍看起来并不陌生。对现代人来说，选举至少不像巫术那样让人觉得是来自前现代社会，带着某种独特文化心态印记的现象。而正是这种切近感，使得许多史家在解释 1792 年法国国民公会选举时不自觉地出现了时代错置的问题。

学界关于 1792 年国民公会选举的解释

本章所分析的选举发生在 1792 年 8 月 10 日革命之后。这是法国革命的关键转折之一。1792 年 4 月立法议会向波西米亚和匈牙利宣战。然而，法军在各条战线上却连连失利。国内的贵族和拒绝宣誓效忠宪法的顽固派教士乘势作乱。西部与东南地区骚乱频仍。此外，殖民地也相继爆发独立运动，致使蔗糖等生活必需品无法运入法国，经济危机开始波及城市。与此同时，国王频频动用"否决权"，接连否决了立法议会提交的多部治安警戒法令。法国面临存亡之险。"否决权"

---

① Darnton, Robert, *Poetry and the police: communication networks in eighteenth-century Paris*, Cambridge, Mass.: Belknap Press of Harvard University Press, 2010. Sarah Maza, *Private lives and public affairs: the causes célèbres of prerevolutionary France*, Berkeley: University of California Press, 1993. Arlette Farge & Jacques Revel, *The Vanishing Children of Paris: Rumor and Politics before the French Revolution*, translated by Claudia Miéville, Cambridge, Mass.: Harvard University Press, 1991. 史密斯著作的中文书评参见：汤晓燕：《"全景式"文化史研究的新尝试：评史密斯新作〈热窝当的怪兽：野兽的形成〉》，《史学理论研究》，2013 年第 4 期。

② 达恩顿：《屠猫记：法国文化史钩沉》，吕健忠译，北京：新星出版社，2006 年第 1 版，第 80 页。

本是 1791 年立宪君主制宪法赋予国王的合法权利。因此，在 1792 年夏天，号召废除宪法、限制王权逐渐成了激进政治舆论的主调。这便是 8 月 10 日革命爆发的背景。

这场革命不仅废除了君主制，而且带来了普选。革命次日，立法议会便下令，废除了积极公民与消极公民的区分，规定，凡是年满 21 岁的法国人，在本地定居一年以上，且不是家仆，只依靠自己的劳动为生，就享有选举权。法国历史上第一次普选由此开始。选举依旧采取两级复选方式。各地初级选举议会统一于 8 月 26 日召开。选出的代表组成省选举会议，于 9 月 2 日开始投票选举国民公会代表。[①]

1792 年的这场选举决定了国民公会的政治格局，对革命的激进化和恐怖统治的降临都有根本影响。因此，厘清选举中各派势力之间的角逐，尤其是雅各宾派的激进立场是否影响到了这场全国选举，对理解革命的政治走势至关重要。此即本章所要阐释的问题。

对于这个问题，欧美学者并无根本分歧，几乎一致认为雅各宾派对选举并无明显影响。不过，他们的理由各有不同。革命史权威马迪厄认为，雅各宾派未能影响选举，是因为巴黎的这些激进分子的名望还未远播内陆，而当选的吉伦特派人数较多，是因为他们占据了立法议会的讲坛，且有自己的机关报，控制了舆论。[②] 所谓的机关报指的是布里索办的《法兰西爱国者》和孔多塞的《巴黎纪事》。实际上，马迪厄的解释与他亲雅各宾派的政治立场有关，他实际上是在指责吉伦

---

① M. J. Mavidal & M. E. Laurent (eds.), *Archives Parlementaires, premi*ère *série (1789 à 1799)*, Tome 48, Paris, 1896, pp. 29-30.

② 马迪厄：《法国革命史》，杨人楩译，北京：商务印书馆，1958 年版，第 184-185 页。另一位革命史权威乔治·勒费弗尔并不关心选举政治，在其《法国革命史》中对 1792 年选举只字不提。

特派虽然得民心，却有负重望，龈龈计较，念念不忘与雅各宾派的宿仇。相反，雅各宾派自知人数很少，而能团结不分裂，勇于担负革命使命。

澳大利亚女史家帕特里克对国民公会的政治史研究做出了开拓性贡献。在代表作《法兰西第一共和国的人》中，她坚信地方选举议会以温和立场为主，很难发现 1793 年雅各宾派与吉伦特派冲突的预兆。通过分析 1792 年选举中的小册子"宣传战"，帕特里克认为雅各宾派选举"失利"的原因是他们未能有力地宣传自己的政治主张。[1]

法国史家葛尼菲在革命研究修正派代表人物孚雷的指导下，完成了第一部关于选举的专门研究。他的观点与上述两位学者没有本质区别，认为在 1792 年时，雅各宾派尚未形成明显的"党派"意识，故此选举政治宣传也就无从谈起。[2]

马迪厄将雅各宾的失利归结于客观原因，帕特里克与葛尼菲挖掘了主观原因。计量史则提供了客观科学的证据。[3] 英国史家克罗克的研究结合了两类统计研究的成果。其一是 20 世纪 80 年代，以布捷为首的一批法国学者历经多年全面统计了革命各阶段，各市镇雅各宾俱乐部的发展情况。第二项统计是关于省选举议会的出席情况的。克罗克比照了这两项统计结果，发现在 1792 年普选中，雅各宾俱乐部分布相对密集的地区，选举议会的出席率很低，相反，在俱乐部分散的东部地区，选举投票参与度反而很高。比如，瓦尔省和下阿尔卑斯省有 40 多个俱乐部，但是选举议会出席率不到 15%，相反，夏朗德省选举议

---

[1]　Alison Patrick, *The Men of the First French Republic: Political Alignments in the National Convention of 1792*, Baltimore and London: The Johns Hopkins University Press, 1972, p. 139, 155, 170.

[2]　Patrice Gueniffey, *Le nombre et la raison: la Révolution française et les élections*, Paris: Editions de l'EHESS, 1993, pp. 453-458.

[3]　Malcolm Crook, *Elections in the French Revolution: Apprenticeship in Democracy, 1789 – 1799*, Cambridge: Cambridge University Press, 1996, pp. 79-82.

会出席率是 32%，但是该省只有 29 个俱乐部。阿韦龙省选举议会出席率超过 20%，但该省只有 9 个派俱乐部。基于这项发现，克罗克认为，在 1792 年的普选中，雅各宾派在宣传方面比较消极怠工，故此才未能调动民众的选举热情。

以上解释看似都十分合理，又兼有数据支撑，牢不可破，但完全忽视了革命时期的历史语境，偏离了历史的本意，并不合情。这个问题与革命选举研究的发展情况有关。所以，在复原选举语境之前，我们首先需要了解革命选举研究的现状。

革命选举研究的现状与问题

众所周知，法国大革命研究不仅历史悠久，而且相关论著数量惊人，用"汗牛充栋"来形容也毫不为过。但是，革命选举研究却相对较为薄弱。借用孚雷的说法，该问题是革命历史编纂学里的"穷亲戚"。[1] 第三共和国时期曾出现过一批论著，但是基本以地方选举研究为主。[2] 20 世纪 60 年代以后，该问题才逐渐受到学界关注。究其原因有二。

首先与现代化理论的兴起有关。这套理论假设，现代化乃是一个波及全世界的，且不可逆转的过程，始于 18 世纪的欧洲，本质上是从传统社会过渡到现代社会。而传统性与现代性的对立体现在人的价值、

---

[1] François Furet, "La monarchie et le règlement électoral de 1789," in Keith Baker (eds.), *The French Revolution and the Creation of Modern Political Culture*, Tome I, The Political Culture of the Old Regime, Oxford: Pergamon Press, 1987, p. 375.

[2] 比较有代表性的如 Ch. Chassin, *Les élections et les cahiers de Paris en 1789*, 4 tomes, Jouaust et Sigaux, Paris 1888-1889. François Rouvière, *Le mouvement électoral dans le Gard en 1792: recherches pour servir à l'histoire de la révolution française*, Nîmes: A. Catélan: Peyrot-Tinel, 1884.

观念和政治行为等诸多方面。选举作为一个现代社会重要的政治行为，自然是考察传统向现代转型的重要问题。美国学者埃德尔斯坦以"选举社会学"作为理论模型，以法国革命时期弃权问题作为主要研究问题，意在分析民众对政治的态度，试图证明尽管较之旧制度，民众的政治觉悟和政治参与皆有明显发展，但是总体上法国革命依旧只是政治现代化历程的起点。①

　　革命选举受关注的另一个原因是，该问题便于进行统计研究。革命时期的选举档案异常丰富，包括各类选民登记册、会议纪要、选举结果、投票记录等。投票者的职业、年龄、籍贯和政治立场，缺席率和出席率的地区差异，农村和城市政治参与的不同等几乎所有问题都可以进行统计。所以，在计量方法如日中天的年代，选举问题自然受到那些热衷计算的史家的青睐。那个年代的论著中，表格和曲线时最常见的两块内容。这不仅让政治史家放弃了比如"略有增加""发展较快"一类模糊的表述方式，也推动了历史学的科学化。

　　上述两项动因具有内在联系。现代化本质上是一种通过将传统性与现代性截然分立而构架起来的二元进化理论，以传统性的衰减和现代性的上升这两种并立的曲线，来标识消退与进步的趋势。量化方法则为这种理论提供了一种"可见"的文本化方式。同质的事实经由统计，被组织成可比较的要素，并以图表的方式展现出来。事实便幻化为曲线或数字。由此，要素之间的关系映现为一种视觉印象，具有比文字叙述更可靠的说服力。② 以本文分析的问题为例，当克罗克把雅各宾俱

---

　　① Melvin Edelstein, "Vers une 'sociologie électorale' de la Révolution française: la participation des citadins et campagnards (1789–1793)," *Revue d'histoire moderne et contemporaine*, Vol. 22, No. 4 (1975), p. 529.

　　② Philippe Carrard, *Poetics of the New History: French Historical Discourse from Braudel to Chartier*, Baltimore: Johns Hopkins University Press, 1992, p. 15.

乐部地域分布与选举缺席的曲线叠加到一起的时候，此二者之间的反比关系便跃然纸上。这样一来，政治现代化的趋势便可以通过视觉印象加以证实。而史家的任务便是说明这样的趋势何以发生。

现代化提供了理论框架，量化统计提供了研究方法。20 世纪中叶以后，革命选举研究的发展便受这方面的推动。不过，问题也随之产生。现代化和量化统计都带有非历史主义的倾向，要么在过去中寻找现代社会的痕迹，要么是用现在去解释过去。过去本身的价值都遭到了忽视。历史的多样性和复杂性皆为数据曲线勾勒的进步趋势所抹杀。那么，这样的解释即便是客观合理的，也可能完全不符合历史语境，不符合当时的情理。实际上，这也是革命选举研究中最突出的问题之一。

对于历史解释而言，合理与合情皆不可少。简单说来，合理的解释只是提供了一套符合逻辑的因果说明。但是，因果关系本身也应当是历史性的。同样的一组变量，在某时代可能呈现正相关的关系，而在另一语境下很可能毫不相关。举例来说，19 世纪的法国，政党关系推动并强化了阶级认同，而在同时代的美国，这两个因素之间毫无关系。之所以会有这样的差异，原因在于两国工人阶级的阶级认同发展有别。所以，历史语境决定了因果关系的具体表现方式。

从这个角度来看，量化研究和现代化理论都不能引出一个合乎历史语境的提问视角。就本章涉及的问题而言，上述史家之所以认定雅各宾派宣传不力，导致了选举参与度不高，是因为他们都假设了竞选与宣传必定会调动民众的参与热情，也会为本党派拉拢更多选票。在现代政党政治下，这样的情况或许合情合理。但是，放在一个前现代的语境下，是否还能行得通，这个问题有待考察。

革命选举的历史语境

1793 年初，马赛市镇选举的这个例子有助了解革命选举语境的特殊性。这次选举是为了改选市镇官员，马赛的雅各宾俱乐部不仅积极地起草了候选人名单，而且派出成员前往马赛各区进行宣传，游说选民。此番竞选活动为雅各宾派的候选人赢得了不少选票，但是随后便遭到大批选民的反对。约有 150 名公民联名向省府上书请愿，要求此次选举结果作废，重新进行选举。他们认为，雅各宾派的竞选是不合适的，非法的，是在操控选票，甚至有威胁选民意愿的嫌疑。[①] 言下之意，他们认为合适的选举，应顺其自然，由选民自由表达他们的意见。

当然，市民的抗议与马赛市镇内部的政治分歧也有一定关系。市府渐为雅各宾派控制，政治上趋向激进，而市镇各区的区委会立场较为温和。这份请愿书的出现可能与此有关。不过，从根本上来说，这番言辞透露了一种特殊的历史语境，那就是将现代的竞选行为看作是不正当的政治干涉。此种心态始于旧制度，贯穿了整场革命。

在旧制度末年的语境下，真正的选举被看作是应当如同显而易见的真理一样压倒一切。当时的政治家马布里说道：把众人聚合起来，共同意见很快就产生了。选举便是这样一种聚合行为，选举的结果应当能反映公意。公意的诞生应是个自然而然的过程，而任何其他力量的介入都被视为对这一过程的阻挠。竞选行为以及设立候选人等方式皆是不可取的，因为这是一种强行引入政治区分，并假设某人优于他

---

① Paul Hanson, "The Federalist Revolt: An Affirmation or Denial of Popular Sovereignty," *French History*, Vol. 6, No. 3 (September 1992), p. 340.

人的做法。1791 年的一份材料写道：在我国的风俗中，一个人如果恬不知耻到了自己向人民要求选票的程度，最终是不配获得这些选票的。同样，共和六年风月法令第四条规定，对于一个共和主义者来说，坦率的自荐是最光明正大的方式，且无论从哪个角度来说，这种方式都要比阴谋诡计或野心驱使下的暗箱操作要好得多。[1] 共和六年的一份"取消候选人名单制度的特别委员会报告"表达了与马布里类似的看法："通过选票，把合适的人扶上权位，这种想法最先只是在每个选民心中萌芽，只有到了选举会议上，这样的想法才会成长、开花，一种难以言状的多种因素聚合成的精神电流最终结出硕果：共同的选择产生了，如此公正的选择是任何单个选民所无法完成的。"[2]

在罗桑瓦龙看来，这正是法国式自由主义的体现，即认为自由便是符合自然的，而任何人为的干涉便是扭曲了这个自然过程，是滋生压迫与专制的根源。这种思想最初在重农学派那里得到了最完整的阐述，随后又在抨击行政专权的思潮中获得了动力。重农学派代表人物利维耶尔提出，显而易见的道理是经自由而自然诞生的意志的集合，是政府的指针，可以制衡专制与主观看法。[3]

可见，任何竞选活动与这样一种政治文化格格不入，本质上被视作一种应受指责的"乞票"行径。除了这层主观原因之外，客观上，革命的选举方式和选举环境等客观原因对此也有影响。

革命时期的选举保留了传统的形式，投票是在一个选举议会上进

---

[1] 罗桑瓦龙：《法兰西政治模式：1789 年至今公民社会与雅各宾主义的对立》，高振华译，北京：三联书店，2012 年版，第 48 页。

[2] Gueniffey, *Le nombre et la raison*, pp. 512-513. 另见：罗桑瓦龙：《法兰西政治模式：1789 年至今公民社会与雅各宾主义的对立》，第 47 页。

[3] 罗桑瓦龙：《法兰西政治模式：1789 年至今公民社会与雅各宾主义的对立》，第 58-59 页。

行的。选举会议的召开时间往往定在农忙时节，会影响农民的生活。比如 1790 年第一届市镇改选定在 12 月初，但是安省山区的男性公民以往都要在每年 11 月前往阿尔萨斯打工。所以，农村的选民往往只参加头几天的讨论与投票便离去的情况十分常见。[①] 各届议会坚决不允许以地方特殊性为借口更改法令，在他们看来，这无异于搞分裂。更何况，会期时常持续半月有余，这意味着偏远地区的选民必须要在城里住上两周。吃住都是一笔不小的开销，这也是选民不愿参加选举的原因之一。在地方选举议会的材料中，关于此类问题的争论屡见不鲜。[②] 再者，选民需要进行公开讲演，陈述自己的政治态度与立场。但事实上，这项要求难倒了不少选民。即便对那位《百科全书》的出版商庞库克来说，这也不是一件轻松的事。他觉得，只有用英语讲演，才觉得自如，因为能听懂的人不多。[③] 最后，议会法令从未规定拥有读写能力是履行选举权的前提。而很多选民根本连自己的名字都不会写。比如布兰市拥有 110 名符合选举资格的积极公民，其中会写字的仅有 13 人。[④] 为了不在选举议会上遭歧视，半途退出选举的人也不少。[⑤]

　　这些客观因素看似琐碎，但都会影响民众参与选举的热情。更重要的是，新的选举制度和政治制度虽然确立了，但是旧制度的政治心

---

① Jules Viguier, *Les débuts de la révolution en Provence (24 janvier 1789-30 septembre 1791)*, Paris, L. Lenoir, 1895, p. 85.

② 如见: *Département de l'Yonne: Procès-verbaux de l'administration départementale de 1790 à 1800*, Tome V, Auxerre, 1903, p. 32. Pierre Duchemin, *Le Canton de Motteville (Yerville) et les Districts de Caudebec-Yvetot et Cany, pendant la révolution (1789 – 1800)*, A. Bretteville, 1897, p. 40.

③ *Lettre de M. Panckoucke à MM. le président et électeurs de 1791*, C. Simon, 1791.

④ Alison Patrick. "French Revolutionary Local Gouvernment, 1789–1792," in Colin Lucas ed., *The French Revolution and the Creation of the Modern Political Culture vol. II: The Political Culture of the French Revolution.* p. 412.

⑤ Fernand Evrard, "L'esprit public dans l'Eure (Juillet-Septembre 1792)," *La Révolution Française*, Vol. 66 (1914), p. 409.

态并没有消散。新划的选区形同虚设，选民依旧以原有的教区作为选举协商的基础，而协商的目的是要推选委托人，代替他们行使选举权，之后自己便不再参与选举。[①] 这表明，在民众心中，选举与其说是践行个人权利的方式，不如说是一种不被压迫的手段。他们宁愿上街游行，或是向各级政府递交陈情书或请愿书。这也正是何以 1791 年颁布的限制集体请愿权的法令如此难以令人接受的原因。革命时期著名的法学家勒沙伯里耶的讥讽之言实则道出了制度与现实之间的差距，他说：人人都在批评那部把法国人分为两类公民的法律，实际上只有不到十分之一的人出席选举议会。[②]

除此之外，还需要考虑革命时期的政治环境。尤其是在 1792 年之后，国内政局异常复杂，各种反革命势力甚嚣尘上。各地的选举无疑是各派势力角逐的良机。小册子、传单掀起一波又一波舆论战。其中，既有革命者散发的"疑犯名单"，告诫选民不宜让这些人进入选举议会，[③] 也有贵族和其他反革命分子散发的传单，试图恐吓选民，或是煽风点火，乘机作乱。1792 年普选中，瓦兹省克雷皮选区就出现了大量流亡贵族和领主印发的小册子。[④] 这些真假难辨的信息致使原本就十分复杂的地方政局变得更为复杂。面对这些宣传，本来就对选举热情不大的选民更会选择退出选举，置身事外，以求自保。奥恩省的卡尼选

---

① Gueniffey, *Le nombre et la raison*, pp .216-217

② Étienne Charavay, *Assemblée électorale de Paris*, Tome II, D. Jouaust, 1894, p. 517. 勒沙伯里耶所谓的两类公民，即积极公民与消极公民。

③ 如里昂、瓦兹省卡尼选区、瓦兹省克雷皮选区、下塞纳省的许多市镇 Guerre. *Histoire de la Revolution de Lyon. suivie de la collection des pieces justification*, De l'Imprimerie de Regnault, 1793, 书信第 VIII 封，无日期. Désert. *La Révolution Française en Normandie: 1789－1800*. p. 161. Pierre Duchemin, *Le Canton de Motteville (Yerville) et les Districts de Caudebec-Yvetot et Cany pendant la révolution (1789-1800)*, Yvetot, A. Bretteville, 1897, p. 37。

④ Henri Baumont, "Les Assemblées primaire et électoral de l'Oise," *La Révolution Française,* 1904, Vol. 47. p. 147.

区选举中漫天散播的嫌疑犯名单就吓退了不少选民。[①]

综合上述几方面原因，可以得出以下结论。首先，革命时期的选举政治文化始终反对任何人为的干涉。与现代社会不同，竞选是遭人厌恶的不当行为。其次，各种现实因素使民众的选举态度十分消极。再加上实际政治氛围日趋紧张，致使选举宣传反而会让民众心生厌恶之情，甚至退出选举。这三方面的原因便构成了理解革命选举的历史语境。在这样的语境下，选举中的宣传与竞选活动很有可能对选举很不利。

在1792年选举中，塔恩省与伊泽尔省的情况能支持上述结论。在塔恩省，卡斯塔尔地区的雅各宾俱乐部在选举中不仅到处张贴告示，还派出专员教育各阶层公民正确的选举方式，告诫选民应当选举什么样的代表。[②]同样，伊泽尔省格勒诺布尔的雅各宾俱乐部成员强行要求选民佩戴小红帽，以示爱国立场。[③]但是，雅各宾派并未从选举中胜出，在两省各自入选国民公会的9名代表中，支持雅各宾派的都仅有两人。[④]

塔恩省和伊泽尔省的情况并不特殊。1792年之前，法国有7个省的雅各宾俱乐部数量超过40个，即下阿尔卑斯省、罗讷河口省、吉伦特省、埃罗省、加尔省、洛特—加龙省和瓦尔省，主要分布在法国西南与南部地区。[⑤]而在这次普选中，除了罗讷河口省以外，在其他6省

[①]　Gabriel Désert, *La Révolution française en Normandie: 1789–1800*, Toulouse: Editions Privat, p. 161.

[②]　P. Duperon. "Etudes sur la Société populaire de Castres d'après les procès-verbaux de ses séances," 1897. pp. 209-210.

[③]　Jean Nicolas, *La Révolution Française dans les Alpes, Dauphiné et Savoie*, Toulouse, 1989, p. 134.

[④]　Patrick, *The Men of the First French Republic*, p. 189.

[⑤]　下阿尔卑斯省42个；罗讷河口省57个；吉伦特省有60个；埃罗省48个；加尔省55个；洛特—加龙省47个；瓦尔省60个。见：*Atlas de la Révolution Française (VI): Les société politiques*, pp.102-103.

的选举中，雅各宾派都没有取得明显优势。[①] 从另一方面来看，在当选的国民公会代表中，约有一半以上的雅各宾派代表集中于 14 个省，并且在其中每个省，雅各宾派代表占本省代表总人数超过三分之二。换言之，这 14 个省的选举基本可算是雅各宾派的胜利。[②] 但是，这 14 个省的雅各宾俱乐部都不算多，平均不到 20 个，总数仅占全国雅各宾俱乐部的 18.4%。[③] 其中四分之一的俱乐部是 1792 年新建的，未必有足够的声望吸引会众，影响地方选举。

可见，在雅各宾俱乐部分布相对密集的地区，选举议会出席率反较其他地方更低，这并不是雅各宾派选举力度不够所导致的，而恰恰是因为雅各宾派进行了选举动员，才导致选民不愿投他们的票。帕特里克、克罗克等学者的解释似乎完全背离了历史语境的本来面目。当然，雅各宾派的当选或落选，也可能与其他一些偶然因素有关，地缘政治和地方内部政治关系也会造成一定的影响。上述分析并非要穷尽影响选举结果的所有原因，而只是试图说明革命选举竞选与选举宣传的影响有其特殊的历史语境，如果偏离了这个语境，那么得出的解释即便逻辑上说得通，也站不住脚。

余 论

对现代人来说，选举不是一个陌生的现象，它从未被历史尘封，

[①] 关于雅各宾派与吉伦特派在各省的分布，参见：Patrick, *The Men of the First French Republic*, p. 189.

[②] 即下莱茵河省、杜省、科多尔省、索恩–卢瓦尔省、瓦尔省、多尔多涅省、多姆山省、旺代省、萨尔特省、瓦兹省、北方省、马恩省、卢瓦尔–谢尔省、安德尔–谢尔省，共提供 93 名雅各宾派代表，占这些省代表总数的 67%。

[③] 根据布捷等学者的统计，截至 1972 年底，法国共有雅各宾俱乐部 1561 个。

而选举中的宣传、竞选、投票等方式也被当作选举政治与生俱来的固有组成部分。这与屠猫不一样，既不会引人发笑，也不会让人觉得荒唐，以致人们都觉得选举一事向来如此，既无历史性，也无情景性。而面对法国大革命这样一个被称为现代政治文化之母的历史事件，类似的质问更显得多余了。

本章证明，现代选举的诞生远比人们所设想的要复杂得多。在法国革命时期，尽管新的选举制度已经确立，呼吁个人权利的小册子和陈情书也不计其数，但是团体政治文化的心态已然根深蒂固，以致践行个人权利还是一件有待学习的事情。制度与实践之间存在很大的差距，而政治话语也绝不能看作对现实的真实反映。实际上，这都反映了法国革命特有的内在张力，即一个现代政治空间与一个依赖于传统心态的社会之间的张力。选举无疑是公民权发明的场所，但同时也是现代原则与传统社会交锋的舞台。本章梳理并分析的现象与问题本质上反映了传统社会对个体权利民主的抵制。① 历史语境是理解这些矛盾与张力的出发点。

---

① Gueniffey, *Le nombre et la raison*, p. 216-217, 226.

七　理解法国革命中的农民 [①]

　　1932 年，《1789 年大恐慌：法国大革命前夜的谣言、恐慌和反叛》（下文简称《大恐慌》）出版。这是勒费弗尔在巴黎正式出版的第一部作品。这一年他 58 岁。年近花甲的勒费弗尔，只不过刚刚结束学术研究的"学徒期"，步入"正轨"。8 年前，他才告别 25 年的中学教学生涯，荣升为大学教授。4 年后，也就是 1928 年，在马克·布洛赫和吕西安·费弗尔这两位"年鉴学派"奠基人的邀请下，加入斯特拉斯堡大学。在法国，50 岁才通过国家博士论文答辩的人其实并不少。但是，勒费弗尔的学术道路走得格外艰难，尤其和与他同年出生、同样身为法国革命研究大师级人物的马蒂厄相比，更是如此。

　　马蒂厄出生在弗朗什－孔泰的农民家庭，父亲经营酒馆，家境殷实，很早就被送去巴黎念书。1894 年，马蒂厄进入巴黎高师，3 年后就顺利获得教师资格，很快在弗朗什－孔泰大学谋得了教职。勒费弗尔与马蒂厄差不多同时毕业，之后一直在中学教书，因为他家里很穷，一家人——包括年迈的父亲，比他小 15 岁、还在上学的兄弟以及他自己的两个女儿——全靠他一人养活。一战爆发后，他举家逃离，流落到奥尔良，期间博士论文的材料部分遗失。

---

　　① 评乔治·勒费弗尔《1789 年大恐慌：法国大革命前夜的谣言、恐慌和反叛》（周思成译，高毅审校，太原：山西人民出版社，2019 年）。原刊于"上海书评"2020 年 1 月 22 日。

1924 年 6 月 27 日，在足足准备了 20 年后，勒费弗尔进行了论文答辩。答辩组成员中有他自己的导师、75 岁的奥拉尔，还有法国现代史学奠基人、70 岁的瑟诺博斯，个个都是法国史学界响当当的人物。在场的 4 位导师静静地听着这位 50 岁的博士候选人，以清晰的逻辑、精练的语言以及对史料令人难以置信的熟悉程度陈述了他的博士论文。答辩很顺利，据说答辩导师都没提什么问题。但是出版却遇到了困难，因为论文太厚，近千页，有上百页表格，没有出版社愿意接手。勒费弗尔只能自己掏腰包。这笔钱是他与另一位导师、中世纪史家小杜泰利（Charles Petit-Dutaillis）一起翻译《英国宪政史》挣来的稿费。钱不多，只印了 300 本，题为《法国大革命时期诺尔省的农民》。这部日后被称为"法国史学瑰宝"的巨著就这样悄无声息地诞生了，只有 3 个人写书评，法语圈外更无人知晓。勒费弗尔依旧只是法国外省一位默默无闻的研究者。

不过，他的研究引起了布洛赫的注意。这位比他小 12 岁的年轻史家早已闻名世界。在完成了《国王神迹》后，布洛赫想完成一部关于法国农村的综合研究，他读了《诺尔省的农民》一书，并为勒费弗尔的博学折服，极力邀请勒费弗尔加盟新史学的重镇斯特拉斯堡大学。这是一座新城，刚从德国手里收回，又远离巴黎这个学术中心，当时汇聚了一大批一流学者，包括社会心理学家布隆戴尔（Charles Blondel，1876—1939）、社会学家哈布瓦赫（Maurice Halbwachs，1877—1947），城市和大学的环境对知识创新和跨学科交流都大有裨益，也为勒费弗尔提供了优越的研究环境。在斯特拉斯堡的 8 年里，他陆续出版了《法国大革命》（合著）、《1789 年大恐慌》、《恐怖时期的农业问题》和《拿破仑》。

1933 年，希特勒当选德国总理，斯特拉斯堡的纳粹势力开始抬头，气氛变得越来越紧张，街头随处可见反犹标语。布洛赫、勒费弗尔愤然离去，前往巴黎。1935 年，62 岁的勒费弗尔接受了索邦大学的邀请，成为近代史教授，两年后，接替萨涅克，担任法国大革命史讲席教授。勒费弗尔在巴黎一直待到去世，前后 20 多年，这是他第二个学术高产期。《大恐慌》奠定了有关大革命起源研究的基本范式，也是勒费弗尔身前唯一一本被译成其他语言的著作。《法国大革命》是不可撼动的经典，至今依然是。就连素来刻薄的傅勒也不得不佩服勒费弗尔的博学："20 世纪研究法国大革命史最伟大的学院派史家，一个已经掌握了这一阶段最丰富、最可靠知识的人。"[1]

勒费弗尔是典型的共和主义者，很像罗伯斯庇尔，不讲排场，生活简单，总是穿着一件领子很高、有排扣的外套，款式有点过时，有时会戴一顶很亮的黑帽子。理查德·科布（Richard Cobb）说，他看上去有点像法国版的林肯。他一辈子没坐过头等车厢。即便到了晚年，勒费弗尔最大的乐趣还是坐着农民的马车下乡看档案。他是个公正的人，绝不愿意给任何人开后门，包括自己的侄子，写推荐信总是惜字如金，这在法国学界也很少见。勒费弗尔把教师职业看得很神圣，讲课坐得很端正，神情严峻，高贵而不可亵渎。他平生唯一一次出国是去牛津大学讲学，回来后就对英国大学大为不满：条件这么好，怎能让人安心研究？他甚至觉得研究历史的人就不应该结婚，所以那位既尊敬他又怕他的索布尔迟迟不敢告诉他的导师自己结婚了！勒费弗尔

---

[1] 弗朗索瓦·傅勒：《思考法国大革命》，孟明译，北京：三联书店，2005 年出版，第 16 页。

对生活没有太大兴趣，尤其到了晚年，更加孤僻。这与马蒂厄很像。1932 年他写信给马蒂厄说：生活并不幸福，也空洞乏味，没有兴趣，研究可以让人逃避这一切。[①]

勒费弗尔不健谈，也不太容易交往。因为他说话和他写文章一样：简单，甚至简单到让人不容易知道如何接话；逻辑清晰，很有力度，但是有点让人不太能够接受。他这样做，是有他自己的考虑。他认为大学是神圣的地方，以培养公共精神为使命，教师必须要有美德，任何松懈实际上都背离了美德，所以，他认为尝试通过文字表现个人魅力，就是道德败坏。多么严苛的人！文如其人，勒费弗尔的文字一样毫不平易近人。1954 年 4 月 16 日《泰晤士报文学增刊》上有一篇评论文章，说他的书"无可挑剔"但"单调乏味"（drab）。一点不错，勒费弗尔几乎没有一篇文章读起来让人觉得轻松。《法国大革命》虽是一部通史，但确是笔者读过的通史中最难读的一本。而且，我相信，即便是国内法国史专业的研究生，能认真读完的，也不会很多。不能怪他们，太难读，太枯燥了。文字干涩，脉络繁复，又没有新文化史关注的那种有趣的历史情节。整本书都在叙述，好像是讲故事，但他讲的故事不生动，也让人不太容易把握他的意思，不清楚他的目的，不知道他为什么要讲这么多细节问题，为什么要这样梳理事件之间的关系。我想，第一次读《大恐慌》的人可能也会有同感。

---

① 　参见 Richard Cobb, *A Second Identity: Essays on France and French History*, London: OUP, 1969.

《大恐慌》：一部不好读的名著

这是一本文化史和心态史名著，但是与 20 世纪 80 年代之后出现的同类著作相比，很不好读。书里既找不到"屠猫"这样有趣的切入点，也没有任何一处让人觉得亲近、从直观上不觉得有距离的情节。《大恐慌》分析的不是单个事件，而是成千上万个类似的事件。勒费弗尔关心的也不是某一个地方的问题，而是上千个市镇的情况。但是，他既不交代革命爆发后的过程，也不概述法国的地方情况和封建制度。不管涉及什么人，亚瑟·杨格也好，米拉波也罢，他也不会想着要谈一下此人出生在哪里，持什么立场。或许本书涉及的人物和地点太多，要是一一介绍，可能有损本书的精炼与简洁。不过，勒费弗尔写得也太简洁了，好像读者都和他一样熟悉大革命。他也没有任何"引子"，非常"粗暴地"把读者一下就带入某个微观场景，身处一群正在田间劳作的农民之中，却对他们毫无概念。下一章，勒费弗尔又用极其精练、高度概括，却丝毫不显空洞的笔调，以一种宏观视野讲述正在这片六边形的土地上蔓延的骚乱与恐慌。说实话，这种阅读体验不太好，非得保持高度集中的注意力，屏气凝神，才有可能不会觉得"头昏目眩"。我敢保证，勒费弗尔绝没有想过要把这本书写成通俗易懂的畅销读物，也没有想过有朝一日这本书会被译成很多语言，成为历史学名著。作为终身秉持美德精神的史家，这些肯定不在他的考虑中。

幸好，本书的中译本有三位专家写的导论，概述了"大恐慌"发生的原因和过程以及本书的影响。高毅教授是国内研究法国革命史的权威，也是笔者的导师。塔克特（即"谭旋"）是英语学界中最重要的革命史学者。他的研究独树一帜，不盲从，不跟风，任凭文化史风起云涌，不为所动，他秉持传统取向，坚持档案研究，专注研究革命起源与恐怖统治长达 30 余年，即便在现代西方学界也不多见。他仰慕勒费弗尔已久，曾为收入"普林斯顿经典丛书"的《法国大革命起源》新版写序。毕亚尔是心态史家佛维尔（Michel Vovelle）弟子，担任《法国大革命年鉴》主编一职，任罗伯斯庇尔研究会主任，是马蒂厄、勒费弗尔开创的法国大革命经典学派的"传人"，2014 年新版《大恐慌》便由他作序。

但是，就《大恐慌》这样一部精致而娴熟的著作来说，任何概述即便不歪曲原意，也必定无法原汁原味地体现原书的神采。试看第三篇第六章，这是全书最精彩的部分。勒费弗尔熟练地叙述每一股恐慌的发生，谣言的传播。不论是谣言还是恐慌，在他笔下，好像都成了一个可以触摸的东西，更准确地说像是猎物，而他就像猎人，带着史家特有的敏锐，追捕猎物。静心阅读，能从字里行间感受到他发现蛛丝马迹时的那种欣快，甚至可以想象出他从某个村长家的阁楼角落里搬出一捆积满灰尘的材料，解开绳子时的表情。晚年的勒费弗尔经常会回忆说，这是令他最难忘的感觉，为研究恐慌，他跑遍了能去的每个村庄，花十年时间搜集档案，这是他人生难忘的一段蜜月。书中的每一句话都浸透了他多年的扎实研究。

本书的内容繁复，线索繁多，但整体结构并不复杂，概括起来，大约有三部分内容，即大恐慌发生的原因、过程和结果。原因可以分长期与短期两种，长期来看有 18 世纪 70 年代以来经济衰退累积以及法国三个等级的社会结构等因素，短期的社会经济因素则包括 1788 年歉收、不当的粮食政策、游民增多、1789 年年初以来的粮食骚乱，政治因素包括从全国三级会议召开后骤然出现的希望以及随之而来的不满与焦虑，又恰逢夏收，农民更有理由不安。在勒费弗尔看来，大恐慌不是源于阴谋，而是来自几个独立的源头，他大概梳理了几个中心：克利松附近、曼恩、克莱蒙、圣夫洛朗坦、隆勒索涅。源自这几个地区的恐慌，向周边蔓延，彼此有交会，而且在传播过程中，某些偶发事件强化了恐慌，结果大恐慌几乎遍及全国。在最后一章，勒费弗尔交代了恐慌的结果：强化了第三等级团结以及新生民族的团结，间接地推动了"八四法令"的诞生。读者也可参阅塔克特的序言。

心态史与《大恐慌》的洞见

笔者在读书课上带学生读过《大恐慌》，发现即便向学生们介绍了全国三级会议召开前后的背景，对内容作了概述，他们依旧会觉得不清晰，也不知道重点是什么。这本书与他们平时理解的心态史和文化史也有区别。因为一般来说这类研究都是通过一个现象或者事件说明某种观念，或者是阐释某类行为背后的意义。但是，读完这本书也没发现它要阐释的意义是什么，更不清楚勒费弗尔梳理这些复杂线索为了什么。最主要的问题是，如果从文化史或心态史角度去理解《大恐慌》，会偏离作者的意思。勒费弗尔不是要写一本文化史。尽管他分析的确实是心态，但与《国王的神迹》的路数不太一样。笔者觉得，要理解这本书，首先要理解勒费弗尔为什么要研究大恐慌，要明白他做这些论证是为了什么。所以，笔者想简单介绍一下学术背景，包括大恐慌的学术史和勒费弗尔本人的研究背景，从而来解释两个问题：第一，他写作的目的，第二，为什么要选择心态史作为研究方法。

实际上，在勒费弗尔之前，没有人从整体上研究过大恐慌，只有地方史偶有涉及，大革命通史一般都不谈。这很特别，因为从 19 世纪初以来，大革命的研究阵营就出现了分化，有支持革命的理性主义者和自由主义者，有反革命的保守主义者，还有极端保守主义者，不同立场的人几乎在关于大革命的每一个重要问题上都存在根本分歧，但是他们都一致认为大恐慌不值得关注。原因其实不难理解，因为理性主义者和自由主义者认为"大恐慌"太荒唐，简直就是闹剧，这与这场革命的伟大不相称。对保守派来说，"大恐慌"一点不特别，因为民众——尤其是农民——从来都是这样，没有理智，只知道胡闹。这种偏见在 20 世纪历史学家的著作中还能看到，傅勒和里歇在《法国革命史》中说，"在法国，大部分的心态依旧深深扎根于非理性中"。[1]还有一个原因，就是之前大部分研究者只关心城市，不关心农村，因为他们重视政治史，很少研究经济社会问题。而且大部分档案包括《议会档案》、《法国革命议会史》以及革命时期的报纸，主要反映的是城市情况，很少涉及农村。比如勒费弗尔的导师奥拉尔研究共和主义，马蒂厄的博士论文是革命时期的宗教崇拜。泰纳研究过农村，不过他的研究只不过表达了学者对底层民众一贯以来的轻视。总之，农村和农民都是"无足轻重的"。[2]

所以，在研究大革命的学者中，很少有人觉得农村值得关心，更

① F. Furet & Danis Richet, *La Revolution française*, Paris: Fayard, 1973, pp. 85-86.

② Marc Bloch, "Mr Georges Lefebvre, article sur des recherches relatives à la vente des biens nationaux dans Revue d'Histoire moderne, " *Annales d'histoire économique et sociale*, 1ᵉ année, N. 4, 1929. pp. 620-621.

少有人认为大恐慌是一个值得研究的问题。勒费弗尔想要驳斥的，就是这两个流俗之见。《诺尔省的农民》推翻了前一种看法。通过开创性地研究社会经济史，统计了上千卷财产公证档案，分析两百多个村庄的土地转移后，勒费弗尔证明了法国革命是一场社会革命，农村的社会结构发生了转变。19 世纪初诺尔省农民占有土地的比重从革命前的 30% 增加到百分之 42%，有产者的占有比重增加了近一倍，相应地，贵族占有的土地减少了 10%，教会土地减少了 20%。将法国革命视为一场社会革命，这可以称得上是研究范式的转型。马蒂厄在书评中说："大革命的社会史还从未有过如此深入和广泛的爬梳工作。"

《大恐慌》针对后一种偏见，论证层次更复杂。勒费弗尔首先要证明，农民不是没有理智的，他们在大恐慌中的表现，事出有因，为此需要推翻阴谋论（不是"贵族阴谋论"，而是认为恐慌是人为的阴谋）。因为只要证明大恐慌不是阴谋，就等于证明农民不是被人操控的，只要证明大恐慌不仅仅是从巴黎传来的，就证明了农民不会因为这些消息来自"上头"就轻易相信。这便是他为何要花这么多篇幅，证明大恐慌有五六个独立发源地的原因。当然，农民在恐慌中那种杯弓蛇影、草木皆兵的表现，不能不让人发笑，他们的想法看上去确实很愚蠢，人云亦云，"天真得让人发噱"，甚至觉得贵族一定会把国王要求改革的诏令藏起来，隐而不发，觉得要求三个等级联合也必定是贵族拖延时间的策略。但是，他们这样想，绝不是因为有人在散播"贵族阴谋论"。相反，他们有自己的理由，生活环境、社会经济问题、政治环境以及一贯以来的传统，无一不让他们相信"贵族阴谋论"。他们的生计从来没有保障，可以说，政府除了征税，从来也没关心过他们。

农民从来就是"自生自灭的"。底层人——这一称呼没有贬义——难道不是一直都这样吗？他们自己保护自己，有错吗？为了几粒谷子拼命，难道不行吗？更何况，这场革命是由贵族发起的，他们能相信这些好吃懒做，只享受权利而不再承担义务，故而让人更生厌的贵族会主动放弃他们的权力？为了保命，他们难道不可以先发制人吗？所以，轻信，是因为他们生活在死亡边缘，恐慌中的行为是他们保命的手段。

所以，勒费弗尔以逾十年之功，证明的绝不是一个无关紧要的问题，也不是仅仅为了还原事情真相，而是另有深意。他推翻"人为阴谋论"，意在重新还原农民心态的合理性。他充分考量了形成此种心态的内外因素，目的是说明农民的所作所为，不应被看作闹剧，而应该被视为有着充分的正当性。他也要为农民"平反"，因为既然社会经济是农民形成这种恐慌心态的主要原因，那么大恐慌导致的骚乱和无序，罪不在农民，而在社会。

除此之外，勒费弗尔还有更深的考虑，这关系到革命的阶段以及传统与现代的转型。在本书中，他提到了一个重要观点，就是法国大革命不是一场革命，而是几场。这个观点在《1789 年》中得以深化。[①]勒费弗尔认为，大革命一共有四个阶段，依次发生，分别是贵族革命（1787）、有产者革命（始于 1788 年 8 月高等法院公布三级会议具体形式）、城市革命（始于攻占巴士底狱）和农民革命（始于大恐慌）。这四个阶段之间是有内在联系的，他在《大恐慌》中特别强调：正因为革命起源于贵族，所以第三等级的反应才会如此激烈。四阶段的理论非常重要，这解释了两个核心问题：首先，一场开始不过仅限于上

---

① 勒费弗尔：《法国大革命的降临》，洪庆明译，上海：格致出版社，2010 年。《1789 年》为法语原著标题，《法国大革命的降临》为英译标题。

层精英的革命是如何扩展到整个国家的；其次，一开始不过是"贵族反动"的革命是如何摆脱传统与保守，迈向激进与彻底的，即改革到革命是如何转变的。在这两个转变中，农民都至关重要，道理很简单，如果没有占全体人口 80% 的农民参与，法国大革命谈不上是整体革命。但是，这些盲目、自私、目光短浅的农民如何推动了革命进程？传统的做法是干脆把这些与现代政治社会无关的农民排除在大革命进程之外。勒费弗尔没有这么做。根据他的分析，大恐慌就是农民参与革命的开始，而且是一段从传统孕育现代的过程。农民的参与革命是被动的，因为要不是庄稼受损，他们也不会起来反抗。他们参与的方式也是传统的，这和扎克雷（jacqueries）区别不大，但是这次行动产生了积极的意义：促成了第三等级团结，孕育了民族意识，间接推动了"八四法令"的诞生。所以，《大恐慌》不仅证明了农民行为的合理性，也给了农民在这场现代革命中应有的位置。尽管他们可能没有变成有自觉意识的新人，他们的行动也是传统的，但是他们的确帮助摧毁了封建制度，有力地推进了革命。

下面来谈谈勒费弗尔为什么要从心态史角度研究大恐慌。彼得·伯克认为，勒费弗尔写此书，很可能受到了布洛赫的影响。[1] 这有一定道理，但不充分，也降低了《大恐慌》的价值，好像勒费弗尔写这本书是为了尝试运用新方法。实际上，他早在 1920 年的文章中就指出，要理解经济问题，必须要关注社会结构和人们的态度和心理。《诺尔省的农民》也涉及农民的物质生活、教育、舆论等文化现象。[2] 而且，在

---

[1] 彼得·伯克：《法国史学革命》，刘永华译，北京：北京大学出版社，2016 年，第 26 页。

[2] Georges Lefebvre, *Les paysans du Nord pendant la Révolution française*, Bari: Laterza, 1959，第一部分第九章。

勒费弗尔看来,文化和心理不是补充性的,也不是可有可无的,相反,它们对社会经济变迁有很重要的影响。他在《诺尔省的农民》中分析了不同地区的农民,由于他们的生活方式、居住环境以及集体习俗的不同,导致了他们对革命时期财产转移的接受方式和接受程度的不同,以至于影响了革命后村庄财产结构。笔者认为,勒费弗尔之所以会注意到文化心理的作用,原因在于农村的文化习俗相对稳定,这与革命时期积累的社会动荡和经济财产改革形成了鲜明对比,两相对照,更容易突出以下问题,即剧烈的外界变化如何冲击相对稳定的"精神状态"(état d'ésprit),后者又是如何接受前者的。勒费弗尔对这个问题很敏感,所以他能发现,在革命时期财产被塑造为绝对权力,但是农民从来不这样想,他们接受转让国有财产(即从流亡贵族和未宣誓教士没收的土地)的方式始终与村庄共同体权利联系在一起,至少在他研究的诺尔省是如此。

所以,勒费弗尔尽管从事社会经济史研究,但是对阶级和社会结构的理解从来不是僵化的,更不是静态的。他认为,阶级既是财产关系,更是人与人的关系,经济史除了关心数据外,还应当关心"那些面对经济事实(faits économiques)的人,他们有什么反应吗,他们有什么样的不安,内心的信任,怒火或者是满足"。[1] 在当时,社会经济史是新史学的重要研究议题,是史学科学化的实验室。作为新史学的代表,西米昂抨击传统史学三个"偶像崇拜"(起源崇拜、政治崇拜和个人传记崇拜),认为科学史学应当抛弃个人而分析社会,应当抛弃偶然性而研究重复性。他的价格研究充满了数据和曲线,因为这代表了严

---

[1] Georges Lefebvre, "Le mouvement des prix et les origines de la Révolution française," *Annales historiques de la Révolution française*, 14ᵉ Année, No. 82 (Juillet-Août 1937), pp. 289-329.

谨与客观。但勒费弗尔对这样一种社会经济史研究很不满，他在一篇批评西米昂的文章中指出，他的书中完全看不到"活生生并忍受生活重负的人"。[1] 与此不同，《诺尔省的农民》尽管也有大量的数据（第一版中关于诺尔省农业有 200 页表格），但是却被誉为一部"最真实、最鲜活的社会与历史"。[2]

勒费弗尔的历史研究从不忽视人，更不忽视人的情绪和心理，《诺尔省的农民》如此，1956 年出版的《法国革命史》也是如此，《大恐慌》更是如此。认真阅读，你会发现这本书分析经济问题的方式很特殊，基本不用经济数据，更不用抽象概念，分析财政危机，也看不到长串财政数据。他分析社会经济，用的是叙述的方式，而不是分析，是"以情动人"，而不是"以理服人"，展现的是"最真实、最鲜活的社会与历史"。试读中译本 11—12 页上几行文字，读者很容易会被打动，能切身体会到农民的不易，几乎会忘记时空之隔。民众怎么可能理解那些抽象的经济术语呢？他们也完全无从知晓财政赤字，他们当然能感受到生活的不易，但靠的不是经济理论，而是生活经验（experience）。我们不也是一样吗？老百姓中有多少人能理解猪肉涨价的全部原因？而且，哪怕再细致、再准确的经济数据和社会学概念也无法编织出不安、恐惧、仇恨这些情绪。放回史学史的角度，《大恐慌》是对"史学科学化"的讽刺，因为勒费弗尔完全是通过使用新史学所不屑的传统叙述方式，而不是分析方式，来表现新史学青睐的社会经济史课题。

当然，大恐慌这个现象也很特殊，这是勒费弗尔选择心态分析的

---

① Georges Lefebvre, "Le mouvement des prix et les origines de la Révolution française," *Annales historiques de la Révolution française*, 14e Année, No. 82 (Juillet-Août 1937), pp. 289-329.

② Philippe Sagnac, "Les paysans du Nord pendant la Révolution française d'après un ouvrage récent lefebvre," *Revue du Nord*, Tome 10, No. 40 (novembre 1924), pp. 305-314.

第二个原因。因为，在恐慌中，推动农民行动的直接原因，既不是现实因素，更不是某件真实事情，他们对付的不是粮官或税官，也不是实际存在的敌人，而完完全全是他们的想象。农民从革命一开始就害怕贵族会报复，渐渐地越来越担心，直到最后他们都坚信贵族一定会反攻倒算，于是在民众想象中，贵族阴谋成了确凿无疑的事情。"他们之所以轻信，是因为他们都在等着它发生。"但是，子虚乌有的东西，不等于没有价值，仅仅存在于想象中的事情，与真实的事情一样，也能影响人的行动，影响历史发展。这是《大恐慌》的洞见。在之后出版的《法国革命史》中，勒费弗尔将这一洞见拓展到了他对整个革命的研究。

勒费弗尔认为革命时期的恐怖统治来源于对恐惧的非常原始但十分强烈的反应，一开始恐惧对象主要是贵族阴谋。这种心理有两个特点。首先是"预防性"（prévenitif），简单地说是因为恐惧，所以才觉得必须要先下手为强。其次是"镇压性"（répressif），可以理解为在胜利后，必须让恐惧的对象受到惩罚。[1] 这两个特点在大恐慌中暴露无遗，农民们一旦看到盗匪出现的"苗头"，就会率先行动，此为"预防性"；他们烧毁地契，恐吓领主，是为镇压性。这两点构成了勒费弗尔对革命恐怖的精彩解释：真实的危机与恐怖的强烈程度未必成正比，因为有"预防性"一面，恐怖可能提前，因为有"镇压性"的一面，恐怖也可能在危机缓解后持续一段时间。这就解释了很多问题，比如简单来看，1794年夏初救国委员会颁布牧月法令，加速审判，毫无现实意义，因为此时内外危机早已缓和。傅勒曾因此抨击以勒费弗尔为代表的经

---

[1]　勒费弗尔：《法国革命史》，顾良译，北京：商务印书馆，2005，第419页。

典解释。殊不知，随着危机解除，恐怖统治便会迅速撤销，因为得"秋后算账"，"镇压"可能会延后。所以，心态就是一种现实，正因为有心态的作用，所以现实与行动之间总会出现不对称的关系。

几点商榷

《大恐慌》出版近一百年了，但是学界关于恐慌的新研究并不太多，在史料与细节方面对勒费弗尔的修正更少。不过，如果从整体上看，笔者觉得还是有几点可以商榷。

首先，勒费弗尔对 1789 年夏初"市镇革命"谈得很少。熟悉大革命的人都知道，内克被免职，尤其在攻占巴士底狱消息传开后，外省民众就开始不听中央号令，自己行动，抢夺武器，官员逃走。制宪议会还没有那么大的威望，国王也没法发号施令，地方政府也陷入瘫痪，所以，出现了权力真空。这是大恐慌的背景。为什么他不谈？因为如果强调这一点，那么大恐慌中的农民实际上就成了"暴民""乱民"，这就回到勒费弗尔所反对的传统偏见。那么，权力真空这个因素重要吗？我觉得至少不可忽视。1791 年瓦伦事件后，法国的情况和 1789 年夏天很像，风声鹤唳、人心惶惶，而且流亡在外的贵族的确开始征集队伍，准备打回法国。但是，当时没又出现恐慌，除了去年收成不错外，还有两个主要原因：第一，制宪议会很有威信，保持了威权的态势；第二，已经组建了新的地方政府和国民卫队，秩序维持得不错。但这些因素在 1789 年都不存在。

其次，勒费弗尔认为大恐慌孕育了反贵族的情绪，也就是说从

1789 年夏天开始以"国民"自居的第三等级与贵族已经构成了水火不容的对立阶级。我认为，勒费弗尔强调这一点，原因在于他想从农民的骚乱中找到进步价值，尽管这不是他们的主观愿望，但却是他们行动带来的客观结果。不过，很难说人们是否从 1789 年开始就认为要废除贵族等级。一方面，在勒费弗尔自己提供的材料中，农民真正把矛头指向贵族的并不多。另一方面，近期的研究表明，在大恐慌中，农民不仅对付贵族，而且对付一切他们厌恶的人，包括当地的教士和富农。塔克特证明，"贵族阴谋论"说法在外省不多见，只在巴黎及其周边地区比较流行。实际上，这两种观点代表了对 1789 年的不同看法。勒费弗尔认为这是革命的转折点，无论是对领主的仇恨还是对贵族的仇恨，都在这个阶段得以孕育。塔克特则不这么看，他觉得革命的情绪是在革命中慢慢诞生的，需要一个过程，1789 年不是断裂，而是延续，当然，延续中也孕育着断裂，从《革命者的诞生：法国国民议会的代表及其革命文化的诞生（1789—1790）》直至最新的《恐怖的降临》，塔克特一直都这么认为。这个问题从来都是革命起源研究的核心问题。①

---

① 谭旋：《暴力与反暴力：法国大革命中的恐怖政治》，黄丹璐译，太原：山西人民出版社，2019 年。

第四部分

再评法国革命

八 "社会"的回归：近十年内国际学界法国大革命起源研究的转型 [1]

　　一直以来，无论是对历史学家，还是对那些对西方历史感兴趣的一般读者来说，法国大革命的起源问题是一个经久不衰的经典问题。但是，近年来，国际学界关于起源的研究似乎没有以前那么热烈，而相关的介绍和综述也不多。法国本土学界冷落了起源研究。2003年出版的《十字路口的法国大革命研究》、2005年出版的《当下的法国大革命》两部论文集中，没有一篇文章涉及革命起源。[2] 英语学界中，2006年由坎贝尔（Peter R. Campbell）主编的《法国大革命起源》是一本重要的论文集，但是收入的论文只关注了中央与国家层面的政治与行政问题，并没能如实体现近期法国大革命起源研究的进展。[3] 博桑加（Gail Bossenga）的综述只是从国家视角对之前的起源研究进行了重

---

　　① 本文最初写于2009年，为本人翻译多伊尔的《法国大革命的起源》第一版序言。修改后，发表于 *World History Studies*, Vol. 3, No. 1 (June 2016), pp. 105-117。后又经修改，宣读于"纪念张芝联先生：聚谈法国史的回顾与展望"（2018年10月20日）。感谢张杨帆同学译校。文字有所调整。

　　② *La Révolution française au carrefour des recherches*, sous la direction de Martine Lapied et Christine Peyrard, préface de Michel Vovelle, Aix-en-Provence: Publications de l'université de Provence, 2003. *La Révolution à l'œuvre: perspectives actuelles dans l'histoire de la Révolution française*, actes du colloque de Paris, 29, 30 et 31 janvier 2004, sous la direction de Jean-Clément Martin, Rennes: Presses universitaires de Rennes, 2005.

　　③ *The Origins of the French Revolution*, edited by Peter R. Campbell. Basingstoke, Hampshire; New York: Palgrave Macmillan, 2006.

新归纳。① 威廉·多伊尔（William Doyle）于 2009 年出版了第三版《法国大革命的起源》，该书的综述截止到 1999 年。② 本章试图弥补这些缺陷，介绍 2000 年至今的法国大革命起源的研究。笔者认为，在近十年中，起源研究出现了比较明显的转向，新的解释范式（interpretive models）出现，继文化和语言转向之后（after the culture and linguistic turn），"社会"再次作为一个不可或缺的解释维度，重新被纳入对大革命起源的思考中。近期的研究并没有回到经典学派的解释范畴，而是以一种更历史的方式重新思考经典学派和修正学派各自的缺陷，并以一种全新的方式重新将"社会"融入对政治、话语和体制的分析中。

经典解释的内在问题

以马蒂厄、勒费弗尔和索布尔为代表的经典学派认为，法国大革命是一场资产阶级革命，是上升的资产阶级对抗没落的封建贵族的社会革命。这种解释，在一开始就遭受了质疑。关于大革命起源的论战持续了半个多世纪，核心问题是这场革命有无社会原因（social cause）。根据多伊尔的分类，新的解释有两类，分别是 20 世纪 60 年代的修正派和 80 年代出现的后修正派。

修正派认为，旧制度末年，与贵族和资产阶级之间的矛盾相比，这两个社会群体内部各自的张力极大，分歧严重，革命根源与此有关。毫无疑问，旧制度社会的价值标准皆由贵族设定，资产阶级尽管能通

---

① Gail Gossenga, "Origins of the French Revolution," *History Compass*, Vol. 5, No. 4 (June 2007), pp. 1294-1337.

② 多伊尔：《法国大革命的起源》，张弛译，上海：上海人民出版社，2009 年版，第一部分。

过经商发家致富，但是除了变成贵族以外，他们不会有其他的奋斗目标。① 但问题是，既然上层资产阶级（upper bourgeioisie）和贵族被同样的期望融合在一起，成为统一的有产精英（single propertied elite），那么，为什么后来他们会反目成仇呢？为什么还会有一场革命呢？修正派认为这与政治有关。1788 年 9 月 25 日这个日子是关键性的，因为那一天巴黎高等法院颁布法令规定三级会议依照 1614 年旧制召开，三个等级分庭议事，投票和计票均按等级计算，而不是按人头算。这是资产阶级与贵族矛盾的起源。从那天起，资产阶级开始意识到自己的利益与贵族的利益是无法完美相容的，因此，他们开始争夺对三级会议的控制。当时，瑞士记者杜庞（Mallet du Pan）就此发表了他的看法，非常经典，他说："公共争论已经改变。现在，国王、暴政和有关政制的问题已经从舆论的中心退居二线了。现在出现在舞台中央的是第三等级和另外两个等级间的战争。"②

科林·卢卡斯（Colins Lucas）认为，巴黎高等法院颁布的法令重新唤起了贵族与资产阶级之间已销声匿迹了好几代人的矛盾。卢卡斯认为旧制度末年资产阶级和贵族两个群体之间的融合是不彻底的，是不完全的，等级的区分在人们心中依然扎根很深。特权无论如何弥散，它本质上总带有排外性。无论高等法院的真实意图是什么，上述的法令总是会伤害到一部分社会精英，把这些人排除在晋升之外。先前统

---

① Robert Forster, *The Nobility of Toulouse in the Eighteenth Century*, Baltimore: Johns Hopkins Press, 1960; Robert Forster, "The Noble Wine Producers of the Bordelais in the Eighteenth Century," *Economic History Review*, vol. 14, no. 1 (Aug. 1961), pp. 18-33; "The Provincial Noble: A Reappraisal," *American Historical Review*, vol. 68, no. 3 (Apr. 1963), pp. 681-691; Colin Lucas, "Nobles, Bourgeois and the Origins of the French Revolution," *Past and Present*, no. 60 (Aug. 1973), pp. 84-126.

② Georges Lefebvre, *Coming of the French Revolution*, translated and with a preface by R.R. Palmer; with a new introduction by Timothy Tackett, Princeton: Princeton University Press, 2015, p. 113.

一的有产精英很快产生了分裂。①

但是，并不是所有修正派史家都接受卢卡斯的解释。多伊尔坚持"事件史"的逻辑。②他认为这个矛盾的来源与社会阶级没有太大的关系，是精英集团内部的冲突，是偶然事件所致，是举止失当与彼此误解所致。在他看来，巴黎高等法院颁布这个规定，并不想要排挤资产阶级，因为如果高等法院的法官知道这项法令会带来什么影响一定不会这么做。因为他们中有不少人就是新近晋封的贵族，根据 1614 年规定，将和第三等级共同议事，不能进入贵族议厅。在多伊尔的解释中，社会维度被完全剔除了，巴黎高等法院的误判成为解释危机的关键。

在 20 世纪 80 年代出现的后修正派研究中，社会因素的重要性进一步下降。他们采取的是一种政治文化的解释取向，认为大革命本质上是一种全新的政治文化取代旧有的团体政治文化的过程。弗雷说道："大革命发明了一种政治话语和一种政治实践，从此我们不断地生活于其中。"③这种政治文化的解释有点类似于布罗代尔的长时段观念，不同之处是布罗代尔的长时段体现在地理的变迁和经济社会的发展上，而弗雷的"长时段"则是一个历史事件，从中产生了由政治话语和政治符号组成的文化结构。1789 年革命变成了结构：事件被概念化，话语被结构化，行为被符号化。后修正派的解释将旧制度的崩溃和大革命的起源贯通起来，在卢卡斯看来，这实际上是用文化决定论取代了先前的经济决定论。帕特里斯·伊格内（Patrice Higonnet）说道："弗

① Colins Lucas, "Nobles, Bourgeois and the Origins of the French Revolution," *Past & Present*, No. 60 (Aug., 1973), pp. 84-126.

② Gabrielle M. Spiegel, ed., *Practicing History: New Directions in Historical Writing after the Linguistic Turn*, New York: Routledge, 2005; François Dosse, *Renaissance de l'événement: un défi pour l'historien, entre sphinx et phénix*, Paris: Presses universitaires de France, 2010.

③ 弗朗索瓦·弗雷：《思考法国大革命》，孟明译，北京：三联书店，2005 年，第 69 页。

雷的论述几乎完全是与思想意识有关的，他的解释相当简单：旧制度下有一套关于等级制度、团体主义、宗教、传统的话语。然后这套话语解体了。他从未告诉你解体的原因，他只是说这一切发生了。接着他指出第二种话语产生了，卢梭便是这种话语的代表，法国革命就是这种话语走向它内在的荒谬和不可能性的表现。于是弗雷以一种文化意识形态解释法国革命，这种话语有它自己的逻辑和原则，法国革命充分展现了这些原则，并完全脱离了法国社会。"[①]

　　修正派是一种经验研究，后修正派更接近于政治思想的解释。尽管两派各执一词，但都冷落了社会解释。修正派代之以政治冲突，后修正派则以政治文化的长时段贯通了旧制度和大革命。但是，两种解释都带动了一批关于巴黎和外省贵族的经验研究。饶有趣味的是，近十年中，具有开创性的研究也同样是围绕着贵族展开的。这得从修正派经典论著《十八世纪法国的贵族：从封建主义到启蒙》谈起。

　　诺加莱（Guy Chaussinand-Nogaret）的这部经典著作出版于 1976 年，1985 年由多伊尔译成英文。[②] 在这本书中，诺加莱批判了认为贵族抱残守旧的传统观点。他认为，从 18 世纪 60 年代开始，贵族事实上也接纳并吸收了成就（merit）、机会平等这类传统上被视为资产阶级特有的观念。从那时起，贵族和中产阶级之间就不再有泾渭分明的区分了。[③] 成就与机会平等成了他们共享的价值。他们同属于一个精英集团，并在 1789 年的事件中共同扮演领导角色，共同推翻了旧制度。诺加莱

---

　　① 高毅：《法国大革命时代的阶级、团体、自由主义及其他：帕特里斯·伊格内教授访谈录》，《史学理论研究》，1999 年第 3 期，第 92 页。

　　② Guy Chaussinand-Nogaret, *La noblesse au XVIIIe siècle: de la féodalité aux lumières*, Paris: Hachette, 1976.

　　③ Guy Chaussinand-Nogaret, *The French Nobility in the Eighteenth Century*, translated by William Doyle, Cambridge; New York: Cambridge University Press, 1985, p. 34.

认为，导致这一现象的主要原因是社会流动和文化交流。诺加莱留意的很多现象——比如文化交流、沙龙与俱乐部的作用、识字与阅读——都成了修正派与后修正派热衷于研究的议题。

《十八世纪法国的贵族：从封建主义到启蒙》一书具有开创性的意义，但是深入分析，我们会发现诺加莱的论证逻辑实际上与他所反对的经典学派的解释没有本质的区别。经典学派把法国革命看成是由资产阶级与贵族两个水火不容的群体之间的冲突所致。既然如此，那么为什么革命的排头兵是贵族？资产阶级呢？经典学派认为这是因为国王的改革侵犯了特权等级的权利。诺加莱则试图另辟蹊径，从另一个角度进行解释，他认为通过文化交流和社会流动，贵族学到了原本属于资产阶级的那些价值观念。这些观念让他们再也无法忍受既有的制度，并成为他们用来挑战旧制度等级社会的最重要的武器。[1] 在《十八世纪法国的贵族：从封建主义到启蒙》第八章"社会计划"中，诺加莱按照国家和国王的权利、个人权利、特权等级、要求第三等级和贵族平等、政治要求和体制几个方面的内容对 5000 多份陈情书做了统计和归类。他发现贵族的要求和资产阶级一样激进，一样"进步"。归根结底，贵族之所以要革命，是因为他们接受了与旧制度不相容的资产阶级观念。所以，参与革命的还是那些资产阶级以及那些沾染了资产阶级风气的贵族。可以说，诺加莱实际上没有颠覆经典解释的逻辑。他的观点，与其说是"精英融合论"，不如说是"资产阶级同化论"更贴切。

诺加莱之所以会落入经典学派的"窠臼"，是因为他仍旧把那些

---

[1] Guy Chaussinand-Nogaret, "Un aspect de la pensée nobiliaire au XVIIIème siècle: l'antinobilisme," *Revue d'histoire moderne et contemporaine*, Vol. 29, No. 3 (1982), p. 442.

代表了个人主义的成就和机会平等这类观念看成是由资产阶级引入的新事物。实际上，他的研究忽视了一个重要问题：在陈情书中提出这种观念的到底是哪些贵族？旧制度末年的贵族和资产阶级之间的互动或许是个不争的事实，至少在巴黎是如此，他们读类似的书，讨论类似的问题，至少在观念上非常类似。但是，在陈情书中赞许成就、机会平等的贵族就是那些曾经活跃在巴黎，活跃在各类俱乐部，与资产阶级交往甚密的贵族吗？诺加莱似乎认为是的。与其他修正派研究一样，在他的解释中，资产阶级和贵族的文化融合掩盖了二者社会的差异，其结果就是大革命的社会层面的原因被彻底丢到了一边。

实际上，根据1789年1月24日颁布的全国三级会议代表选举法令与陈情书起草的法令，有资格的第二等级代表需满足：拥有可传承的贵族头衔，且年满25岁，并居住在司法区（bailliage），若在几个司法区都有采邑的贵族，可以通过他们的代理人在各个司法区参加选举。根据这个规定，当选三级会议的有322名贵族代表，其中大部分来自最显赫的贵族家族，有70%的贵族家世可以上溯到中世纪。塔克特在《革命者的形成：法国国民议会的代表和革命文化的出现（1789—1790）》一书中指出，大部分第二等级代表，既不是法官，也不是王室的官员，而是士兵，至少有五分之四是在军队供职。换言之，穿袍贵族很少。此外，在三级会议所有代表中，原为各地方科学院院士的代表，仅有60余人，占4%，革命前出版过著作的仅116人，其中贵族只占1/4。[1] 由此可见，"文人共和国"的成员并未在选举中胜出。

[1] Timothy Tackett, *Becoming a Revolutionary: The Deputies of the French National Assembly and the Emergence of a Revolutionary Culture (1789–1790)*, Princeton, New Jersey: Princeton University Press, 1996, pp. 32-58.

成为代表，且有权撰写陈情书的，并不是之前活跃在巴黎公共领域中的穿袍贵族，而是那些最传统，也可能是最"守旧的"佩剑贵族。实际上，那些穿袍贵族往往因为离家太久，所以当他们回乡参加选举时，发现自己虽然在巴黎名声显赫，但在外省的名望远不如一名破落穷困的地方绅士。而且，外省一贯敌视巴黎，对这些来自灯红酒绿之地的贵族更无好感。所以，这些贵族落选，也在情理之中。

"社会"的重新回归

通过上面的简短分析，可以看出，诺加莱的分析中存在两个重要的缺陷，首先他似乎没有注意到，旧制度末年活跃的和最后起草陈情书的是不同的贵族群体。与此相关，他进而忽视了陈情书里的那些观念——成就、机会平等——实际上并不是从资产阶级那里学来的，那么，这些观念到底是从哪里来的呢？这便是近期研究的出发点。

首先需要提到美国史家比恩（David Bien）的研究。事实上，早在 1974 年，他就提出了一个深有远见的看法：贵族也会在他们的著述、小册子、陈情书里谈论成就、机会平等这些概念，但实际上与近代民主的那些核心理念——比如自由、平等、个人主义——关系不大，而且与 1789 年革命梳理的价值观念也有根本差别。比恩认为佩剑贵族常挂在嘴上的这些观念实际上反映的是旧制度的军事改革者试图通过一套严格的代际排外政策（rigorous genealogical exclusions），来推行军队的职业化和正规化，实际上针对的是那些册封贵族（anoblis），而不是资产阶级。在那些老派传统的佩剑贵族看来，这些册封贵族就好像是暴发户一样，只会辱没了贵族的名声，所以，他们要设立门槛，重振真正的贵族的精神。因此，在比恩看来，这些观念实际上体现的是大革命前贵族内部的分裂。①

1996年，比恩的学生布劳法布（Rafe Blaufarb）以佩剑贵族为题，完成了博士论文。在此后的数年里，他围绕这个主题发表了一系列文章。② 布劳法布重提社会解释。他认为从某种意义上来说，经典解释并没有错，旧制度末年的法国的确经历了资本主义经济的繁荣，而修正派的发现也是有道理的，财富的确超越了其他区分——比如等级——变成了新的融合剂黏合了大贵族和上层资产阶级，一个靠金钱团结起来的上层阶级慢慢出现。但是，两派各自强调的变迁带来的影响却不能夸大，因为正如麦克玛纳斯（John McManners）所指出的，新的精英集团只吸收了一部分人。外省的传统精英，尤其是当那些佩剑贵族发现他们现在不得不与那些双手铜臭的"暴发户"平起平坐时候，不免会心生抵触，进而更加保守，更加关注自己的头衔和与其他人的区隔（titles and distinctions）。所以，社会经济的发展实际上没有像经典解释说的那样，产生了一个因晋升之路受阻而受挫的资产阶级与一个保守的、代表既得利益群体的贵族等级之间的冲突。实际上，更深远的矛盾在于佩剑贵族的不满，在佩剑贵族看来，社会变化得太快的，

---

① David D. Bien, "La réaction aristocratique avant 1789: l'exemple de l'armée," *Anales E. S. C.*, 1974, vol. 29, pp. 23-48, 505-34. Bien, "The Army in the French Enlightenment: Reform, Reaction, and Revolution," *Past & Present*, No. 85 (Nov., 1979), pp. 68-98.

② Rafe Blaufarb, "Arstocratic Professionalism in the Age of Democratic Revolution: The French Officer Corps, 1750–1815," Ph.,d. University of Michigan, 1996; Blaufarb, *The French Army, 1750 – 1820: Careers, Talent, Merit*, Manchester; New York: Manchester University Press, 2002; Blaufarb, "Nobles, Aristocrats, and the Origins of the French Revolution," in Robert M. Schwartz and Robert A. Schneider (eds.), *Tocqueville and Beyond: Essays on the Old Regime in Honor of David D. Bien*, Newark: University of Delaware Press, 2003, pp. 86-110.

传统的价值——尤其是贵族的尚武精神——都已经变得一文不值了。他们在陈情书里写下了自己的不满，认为合理的社会应该按照人的贡献来衡量他的价值，这才是平等的，才是合理的。真正的贵族就应出身戎马，爵位和荣耀都应该靠军功挣来。由于佩剑贵族是全国三级会议中第二等级代表的主角，所以他们的不满不可小觑。按照布劳法布的解释，贵族所说的这些荣耀与个人成就观念实际上是用于解决社会问题的药方，其来源并不完全是新思想，而是贵族最传统的价值理念。

美国史家史密斯（Jay M. Smith）的论著进一步阐发了这种平等成就观念与贵族传统观念之间的亲缘性。[①] 他也是从质疑诺加莱的研究开始的，不过角度与布劳法布有所不同。史密斯的问题是诺加莱说的贵族接受的新的观念——平等、价值、天赋、成就——真的是与资产阶级交往的结果吗？或者说，这些真的是启蒙运动创造的新的观念吗？史密斯对这两个问题给出的答案都是否定的。在《成就的文化：1600—1789 年间法国的贵族、为王室效忠和绝对君主制的形成》一书中，史密斯分析了自路易十三以来，"成就"这个概念的演变，指出这个观念一直以来都是贵族观念系统中的要素。所以，陈情书里的那些看似近代的观念实际上是一种再造的或是复生的传统。不过，总体上史密斯的研究不那么吸引人，因为对话语和各类文本的解读占了大部分内容。他基本上不关心贵族的实际行为，也不关心成就价值这些

---

① Jay M. Smith, *The Culture of Merit: Nobility, Royal Service and the Making of Absolute Monarchy in France, 1600-1789*, Ann Arbor: The University of Michigan Press, 1996; Smith, "Social Categories, The Language of Patriotism, and the Origins of the French Revolution: The Debate over noblesse commerçante," *The Journal of Modern History*, Vol. 72, No. 2 (June 2000), pp. 339-374; Smith. *Nobility Reimagined: The Patriotic Nation in Eighteenth-Century France*, Ithaca and London: Cornell University Press. 2005; Smith, *The French Nobility in the Eighteenth Century: Reassessments and New Approaches*, University Park, Pa.: Pennsylvania State University Press, 2006.

观念的社会效应。他的分析仅限于文本，基本上是一套文化史的做法，是观念的长时段编年史。

肖夫林（John Shovlin）的研究在一定程度上弥补了这个缺陷。[1]1998年，肖夫林在芝加哥大学历史系拿到了博士学位。他研究的也是贵族，多伊尔主编的《牛津旧制度手册》中"贵族"这一章就是由他撰写的。[2]《美德的政治经济学：奢侈、爱国主义与法国大革命的起源》一书是以他的博士论文为基础修改而成的。在这部材料扎实、观点新颖的研究中，肖夫林追述了贵族传统观念的起源及其在新的环境下的改造。他的研究不同于那些仅仅分析观念的思想史研究，他更关心观念和社会之间的互动。这一点显然受他导师小威廉·休厄尔（William Sewell,. Jr）的影响。在开创性的研究《法国的工作与革命：从旧制度到1848年劳工的语言》一书中，休厄尔已经证明了启蒙运动的新观念是如何从旧制度的旧观念中产生出来的，而在新的社会情境下，又如何与自由、平等、博爱等观念发生交错互动，最后催生了工人的阶级意识。休厄尔将此称为观念的辩证法研究。[3]肖夫林承袭了其导师的方法，从旧制度中挖掘出一套德性与经济学的关系。他认为，至少从路易十五统治中期开始就出现了一种普遍的焦虑，人们担心流行在这个社会上的奢侈腐化的习气在慢慢侵吞着国家的财富，腐蚀着社会的伦

[1]　John Shovlin, "Toward a Reinterpretation of Revolutionary Antinobolism: The Political Economy of Honor in the Old Regime," *The Journal of Modern History*, Vol. 72, No. 1, New Work on the Old Regime and the French Revolution:A Special Issue in Honor of François Furet, (March 2000), pp. 35-66; Shovlin, *The Political Economy of Virtue: Luxury, Patriotism and the Origins of the French Revolution*. Ithaca and London: Cornell University Press, 2006.

[2]　John Shovlin, "Nobility," in William Doyle ed., *Oxford Handbook of the Ancien Régime*, Oxford: Oxford University Press, 2011, pp. 111-126.

[3]　William Sewell., Jr, *Work and Revolution in France: The Language of Labor from the Old Regime to 1848*, Cambridge, New York: Cambridge University Press, 1980. 关于休厄尔，参见本书论文《从脱离到深嵌：威廉·休厄尔的文化概念》。

理基础。在这些人看来，七年战争的惨败便是明证。批判奢侈的政治经济学促成了一种对简朴风尚与美德的崇拜，靠双手劳作的农业和手工业被塑造成一种爱国主义的经济活动。从 18 世纪 70 年代开始，这一"爱国主义"的政治经济学将这一社会问题与贵族的身份角色关联起来，他们认为贵族就是奢侈腐化的典型，有悖于美德和爱国主义。肖夫林指出这种不满主要来自中间精英（the middling elites）：外省那些生活节俭的贵族，佩剑贵族以及那些经营土地的非贵族精英。[①] 他们自觉受到了金钱——社会地位的基础——的威胁，并且对那些从贸易和金融中获利，并获得地位上升的册封贵族充满愤懑。其实，贵族陈情书里表达的那种"近代性"的政治要求在肖夫林看来恰恰表现了贵族内部的分化，在这些中间精英看来，社会变迁带来了不公正的社会流动和权力分配，而以荣誉为基础的平等观念和改革议程乃是一套以爱国主义为根基的民族再生话语。这一观点很接近比恩的看法。所以佩剑贵族可以说原本是绝对主义体制的受惠者，但现在他们也开始对社会不满了，开始要求变革社会。他们的爱国主义既是传统的，同时也是革命性的。

以上的这些研究都关注到了同一个问题，那就是贵族原本是社会的既得利益者，他们为何会对体制有那么大的不满，以至于要革命呢？诺加莱曾经的结论是：因为这些贵族沾染了资产阶级的风气，变得有点像资产阶级了，而离贵族的本分渐远了。而以上的这些研究可以说与诺加莱的看法恰好相反：原因在于这些贵族更想要保存贵族的本分，

---

① Shovlin, *The Political Economy of Virtue*. p. 8. 此外 Shovlin 认为第戎学院将论文奖颁给卢梭的《论科学和艺术》恰恰反映了外省贵族对巴黎文化的敌视（Shovlin, *The Political Economy of Virtue*. pp. 22-26.）。

想要保住他们自身的等级特性。正如维克（Daniel Wick）的研究表示，虽然贵族要求变革，但是他们想要的不是新社会。换言之，他们想要维护自己的既得利益。

　　不过，将革命的动机完全归结于贵族的自私自利，也不太符合事实。这正是维克研究的缺陷所在。1980 年，他提出"宫廷失宠说"，认为 1787 年到 1789 年之间，像拉法耶特这样的上层贵族与宫廷之间的隔阂和矛盾日益恶化，这是他们成为体制不满者的重要原因。[①]1788 年出现的那个神秘"三十人委员会"便是诞生于这样的背景下。[②] 但他的解释并不充分，因为拉法耶特在显贵会议上当着阿图瓦公爵的面所做的那番激昂言辞，奥尔良公爵在 1787 年 11 月 19 日的御前会议上的抗辩，都很难被视为是出于贵族捍卫等级的自私动机。在近期的研究中，布兰宁（Tim Blanning）弥补了维克的不足。他给出了一种文化解释：这些上层贵族之所以要改革，是因为他们不满于国家的衰落和战争的挫败，他们的改革要求背后交织着真正的爱国主义和民族主义。[③] 普赖斯（Munro Price）又把布兰宁的文化解释拉回到了社会层面。[④] 他注意到，"三十人委员会"中佩剑贵族有 23 人，其中有 16 人是名副其实的军人，而后选入三级会议的有 25 人。普赖斯在分析了这些人的回忆录和

---

　　① 　Daniel L. Wick, "The Court Nobility and the French Revolution: The Example of the Society of Thirty," *Eighteenth-Century Studies*, Vol. 13, No. 3 (Spring, 1980), pp. 263-284; Daniel Wick. *A Conspiracy of Well-Intentioned Men: The Society of Thirty and the French Revolution*, New York: Garland, 1987.

　　② 　"三十人委员会"（Société des Trente）是革命前的一个政治俱乐部。这个俱乐部形成于1787年底，实际上就是一些人在高等法院法官迪波尔家聚会而形成的一个非正式的组织。这个俱乐部的人员实际上超过30人，其中有法官、教士、廷臣、银行家、学者、律师、记者等。他们观念很明确，那就是这个国家要重生，就要召开三级会议。

　　③ 　T. C. W. Blanning, *The Culture of Power and the Power of Culture: Old Regime Europe, 1660–1789*, New York: Oxford University Press, 2002.

　　④ 　Munro Price, "The Court Nobility and the Origins of the French Revolution," in Hamish Scott and Prendan Simms eds., *Cultures of Power in Europe during the Long Eighteenth Century*, Cambridge, New York: Cambridge University Press, 2007, pp. 269-288.

通信集后，发现落败的七年战争给这些人留下了不小的阴影。23 名佩剑贵族中至少有 6 人亲赴过北美战场。美国独立战争的胜利对他们来说也有特殊的意义，一洗当年落败于英国的耻辱，而民族主义的情绪变得更为激昂。可是好运不再，不久法国陷入了国内的危机不能自拔，当荷兰为普鲁士所侵入，请求法国援助的时候，布里耶纳担心财政问题的恶化而拒不出兵。受挫的民族自豪感油然而生，尤其是那些曾经在美洲大陆服过役的佩剑贵族更是对这个无能的政府倍感失望。1788 年布列塔尼出现大规模的民众骚乱，特拉西伯爵（Destutt de Tracy）拒绝出兵镇压。对他们来说，改变这个令人不满的社会体制的良机到来了。[①]

从上述的分析可以看到，诺加莱曾经用来证明精英融合论的那些证据现在反而成了凸显贵族内部冲突与分离的明证。一方面，沾染资产阶级"风气"的贵族可能很有限，主要还只是在巴黎活跃的人。诺加莱自己在新近的论著中也承认了这一点，他说："这种融合可能只在社会顶层实现。"[②]1980 年出版的第二版《牛津大革命史》中，多伊尔写道：精英融合论已取得了国际学界的认可。但是，在 1999 年出版的第三版中，这个说法已经看不到了。[③]从另一方面来看，资产阶级价值观念的弥散和传播实际上产生了与诺加莱预期恰恰相反的结果。这些观念被贵族和资产阶级同时使用，这一事实掩盖了 1789 年大革命个体动机的多样性。那些拥抱革命的人无疑都对现状有着不满，但是

---

① E. Kennedy, *A Philosophe in the Age of Revolution: Destutt de Tracy and the Origins of 'Ideology'*, Philadelphia: American Philosophical Society, 1978, p. 15. 另见 S. F. Scott. *The Response of the Royal Army to the French Revolution*, Oxford: Clarendon Press, 1978.

② Chaussinand-Nogaret, *Histoire des élites en France du XVIe au XXe siècle: l'honneur, le mérite, l'argent*, Paris: Tallandier, 1991, p. 241.

③ William Doyle, *Origins of the French Revolution*. Oxford: Oxford University Press, 1980. p. 24.

他们脑海中对未来的规划确是各式各样的，有时候甚至相互冲突。正如布劳法布所说的，贵族们确实关注平等，但是他们对这一理想的表述则代表了他们的社会身份的展望。

除了关注贵族内部的矛盾以外，以上这些研究还注意到了财富与德性之间的冲突，并将这一冲突聚焦于佩剑贵族身上。这个研究取向受到伊什特万·洪特（Istvan Hont）和米切尔·伊格纳季耶夫（Michael Ignatieff）经典研究《财富和德性：苏格兰启蒙运动中政治经济学的形成》的影响。[1]18 世纪的法国，有大量的论著在讨论奢侈、商业、税收、公债、战争、军队、君主制和代议制这些概念，作家们都在讨论财富和德性平衡。永久的和平能否在商业经济驱动下的诸国之间建立呢？战争不断，债台高垒，这样的国家能否持久？人人唯利是图，这是否是不平等的根源？为了弥补赤字和亏空，政府大量发行公债，公众却要为它承担风险，这合理吗？公债会对国家和文明造成何种影响？要理解这些并不困难，因为社会的迅速变化必然会引起人们的不安与焦虑。在新社会真正成为现实之前，谁都没有做好充分的心理准备。实际上，这种心态与上文分析的的那些佩剑贵族的不满有些类似，都说明了面对新生的社会现象，并不是所有人都心向往之。而从另一个方面来看，如果说革命或者某种剧变必然要发生的话，那么，这种变化首先发生在人们的心里。对危机和剧变的担忧与预见先于事件本身发生的现实逻辑。"事件史"的逻辑其实是有问题的。

1967 年，乔治·泰勒（George Taylor）在他的那篇著名的文章《非资本主义财富和法国大革命的起源》中说："革命心态是由危机创造

---

[1]　Istvan Hont and Michael Ignatieff eds., *Wealth and Virtue: The Shaping of Political Economy in The Scottish Enlightenment*, Cambridge: Cambridge University Press, 1986.

出来的。实际上，是在起草陈情书的时候，事件才被迫结晶化，并以逻辑术语表达出来。对于第三等级上层大众来说，1789 年的选举才是他们的政治学校，而不是旧制度下的沙龙和思想社。"① 很明显，泰勒关心的只是实际上发生的危机。但是，这只不过是一种危机。还有另一种危机，一种存在于人们心中的感觉，对未来的担忧与恐惧。这种心态早在革命到来之前的各类政治经济学论著中就被表述得很清晰了。西耶斯、孟德斯鸠、马布里以及杜尔阁等人都有论述。他们都相信经济和社会的迅速发展已经在酝酿着某种巨变。这样来看，泰勒的那句名言——法国大革命基本上是带有社会后果的政治革命，而不是带有政治后果的社会革命——需要重新反思。

2007 年，剑桥学派的迈克尔·索恩舍（Michael Sonenscher）给出了新的解释。在《洪水滔天之前：公债、不平等和法国大革命的思想起源》这部争议颇大的著作中，他说，在 18 世纪人的眼中，法国大革命是一场带有政治后果的社会革命。②18 世纪，法国战事频频，政府连年赤字，不得不发行公债，弥补亏空。在当时人眼里，公债给国家乃至整个文明都带来了莫大的风险。索恩舍所谓的"革命"指的其实是人们对于未来的焦虑和担忧。他认为，包括老米拉波在内的很多人对未来十分悲观。究其缘由有二：一方面是出现了一个由庞大的军队武装起来的"现代"国家，另一方面便是来自债务的巨大的财政压力。军队和债务的双重威胁预示着末日将近：一个庞大的军事专制帝国即

---

① George V. Taylor, "Noncapitalist Wealth and the Origins of the French Revolution," *The American Historical Review*, Vol. 72, No. 2 (Jan., 1967), p. 490.

② Michael Sonenscher, *Before the Deluge: Public Debt, Inequality, and The Intellectual Origins of the French Revolution*, Princeton University Press, 2007, p. 254.

将诞生，足以摧毁从文艺复兴以来建立起来的文明、文化和自由。[①] 哲学家和政治经济学家们在恐怖统治（Terror）降临之前便预见了恐怖，他们用 Révolution 一词来指即将到来的灾难。孟德斯鸠在《论法的精神》中早有对此种恐怖的预言。这种危机观和灾难观影响了关于社会平等和公民权的观念，也影响了那些呼吁代议制政府（representative government）的人，例如西耶斯（Sieyès）和吉尔贝尔（Jacques de Guilbert），他们希望通过代议制政府实现决策合法化，并且消除公债的威胁。从这个角度看来，即使是想象中的社会危机也会带来现实的政治后果。索恩舍将革命前的焦虑与革命的恐怖联系起来，认为恐怖早在巴士底狱攻陷之前就已经存在了。[②] 他的研究思路十分新颖，将社会革命从现实挪到了观念领域。不可否认，过去的经验和历史的教训也是创造革命心态的土壤。

"社会维度解释的来临"（the social explanation is coming）也可以在 2011 年斯坦福大学出版的论文集《从赤字到洪水滔天：法国大革命的诸种起源》中找到。这本论文集是近年来美国的 18 世纪法国研究领域中的领军学者——历史学家和历史社会学家——对起源研究的一个汇总。[③]

这部论文集共收入 7 篇专论：博桑加（Gail Bossenga）的"法国大革命的财政起源"，戈德斯通（Jack A. Goldstone）的"修正大革命的社会起源"，范凯莱（Dale K. Van Kley）的"法国大革命的宗教起源：1569—1791"，凯撒（Thomas E. Kaiser）的"从财政危机到

---

① Michael Sonenscher, *Before the Deluge*, p. 7.
② Michael Sonenscher, *Before the Deluge*, p. 9.
③ Thomas E. Kaiser & Dale K. Van Kley eds., *From Deficit to Deluge: The Origins of the French Revolution*, Stanford: Stanford University Press, 2011.

革命：1787—1789 年宫廷和法国的外交政策"，贝克（Keith Michael
Baker）的"启蒙习语、旧制度话语和革命的即兴创作"，梅里克
（Jeffrey Merrick）的"前革命政治文化中的性别"，波普金（Jeremy D.
Popkin）的"圣多明各，奴隶与法国大革命的起源"，另有凯撒与范
凯莱合写的导论与结语。论文集的核心宗旨如下：法国大革命源于多
重起因的政治化（politicization of multiple origins），而且这些起因互
有影响。如果仅有财政危机，绝对君主制不至于崩溃。正是政府的改革，
开启了迈向革命的大门。而使这一切成为可能的，乃是新的政治环境；
新的政治话语的出现，政治参与的扩大，使国家主权发生了迁移，传
统的合法性形式被宗教争论深深地破坏；君主制与奥地利有着千丝万
缕的联系，这让民众对它更不信任。在论文编者看来，所谓"政治化"
指的是指关于财政问题、地方问题以及其他各类问题的辩论以前所未
有的速度将传统的有效程序转化为激烈争论的对象的过程。[①] "制度环
境"（institutional context）是另一个关键词。杰克－戈德斯通将其整
合进他的新社会解释中。在他有关人口和物价压力的分析中，他指出，
18 世纪其他欧洲国家也承受了类似的压力，但没有导致革命，因为外
因不同。他认为革命的发生与制度有关，因为法国政府本身无力改革
自身的社会结构和金融结构，这使得国家变得十分脆弱，极易受到破
坏，由此便为酝酿一场重大的政治革命创造了条件。[②] 贝克的研究也同
样关注制度环境，不过他更重视意识形态、话语与文化。在他看来，
旧制度的僵局更源于社会、政治与文化等多种因素绞合而成的制度环

[①] Thomas E. Kaiser & Dale K. Van Kley, "Introduction", in *From Deficit to Deluge*, p. 3
[②] Jack Goldstone, "The Social Origins of the French Revolution Revisited", in *From Deficit to Deluge*, p. 70, 103.

境。绝对君主制既不能放弃其在特殊社会中的传统意识形态基础，又越来越依赖新的行政实践。如果不从根本上改变其原则和做法，这一根本矛盾是无法解决的。于是，到了18世纪80年代，因为无法运转，旧制度崩溃了。

对英国史家彼得·坎贝尔而言，"国家失败"（State failure）意味着我们应该重新思考正统的国家观。托克维尔在他的《旧制度与大革命》中可能明确表达了这一观点，罗兰·穆尼埃等历史学家也发展了这一观点。按照这种观点，绝对君主制是一个中央集权的国家，它的兴起及其对传统社会的支配性，被认为导致了省级三级会议的衰落，贵族被排除在权力之外，教区被粉碎了。坎贝尔在一篇文章中指出，如果国家足够强大，权力足够集中，就不应该在战争财政的压力下崩溃，应该可以实行财政改革。[①]20世纪80年代以来，关于法国行政体制的实证研究已经更新了人们对绝对君主制的认识。借用威廉·贝克的说法，绝对主义是社会协作的结果。[②]国家不是凌驾于社会之上的，而是嵌入社会之中的。高等法院制度和庇护网络对于政府管理而言十分关键。宫廷是权力的舞台，更是谈判的空间。党派林立，他们由一些主要的家族控制，而对内阁大臣而言，这些派系又是必不可少的，是他们行使自己权力、落实政令的主要渠道。但这也意味着任何结构性的调整都很难贯彻执行。换句话说，正因为绝对君主制受到了政治团体的制约，

①　Peter Campbell, *Power and Politics in Old Regime France, 1720 – 1745*, London; New York: Routledge, 1996; Campbell, "Absolute Monarchy," in William Doyle ed., *The Handbook of the Ancien Regime*, Oxford: Oxford University Press, 2011, pp. 11-23; Campbell, "Rethinking the Origins of the French Revolution," in Peter McPhee, ed., *A Companion to the French Revolution*, GB: Wiley-Blackwell, 2013, pp. 3-23.

②　William Beik, "The Absolutism of Louis XIV as Social Collaboration", *Past and Present*, No. 188 (Aug. 2005), pp. 195-224. 参见本书论文《从国家中心到社会合作：法国绝对君主制研究路径及其转向》。

而这些政治团体都有自己的既得社会利益，财政问题和体制危机就会演变成一场革命。

结　语

弗雷曾宣称，法国大革命已经结束了。本文综述的研究却表明，革命起源再度成为学界热议的焦点，社会维度又重新成为解释危机的核心角度。现在看来，修正派抛弃社会与经济因素，太过伧俗。根据他们的解释，旧制度的崩溃好像完全与社会经济无关。经典学派的解释确有缺陷。社会经济压力未必构成大革命的直接原因，而且也未必直接作用于人的心态。此外，社会身份很难充分体现人与人之间的期待、观念和思想方面的复杂差异。但是，这不等于据此就可以忽视社会与经济因素。尽管经过文化观念融合后，贵族与有产者可能会有更多的共同点，但是近期研究表明，类似的政治术语完全可能传递了不同的期待。我们不能被表面的相似性迷惑。这说明不同社会群体之间的矛盾或者张力依旧存在，只是其存在方式不像经典学派说得那么简单。社会的融合随时都在发生，这意味着社会身份总在变化，而且人们对社会的态度也随之发生变化。一切都是动态的，而不是静态的。话语固然是人们看待现实的棱镜，但是话语本身不能决定人们怎么看现实，更不能决定他们想从现实中看到什么，因为话语本身没有固定的意义。相反，在不同的社会背景下，它具有不同的意义。社会因素和文化因素并不是相互孤立的，修正主义者已经充分证明，所有的社会活动都有文化层面的意义。而相关研究也证明，所有的知识活动都有赋予它意义的社会层面。[①]

---

① Keith Baker, *Inventing the French Revolution: Essays on French Political Culture in the Eighteenth Century*, Cambridge: Cambridge University Press, 1990, p. 13.

九 从起源争论到历史分析：欧美学界关于
法国大革命恐怖研究述评 ①

　　法国大革命是划分新旧世界的分水岭，是要求以个人自由和政治平等原则为基础的现代社会取代以等级和特权为根基的传统社会。这场社会与政治革命伴随着意识形态的激进化。"恐怖"（the Terror，la Terreur）就是诞生于这场革命的一个重要的政治文化现象。恐怖不仅关系到法国大革命最激进的阶段，而且与革命中发生的所有暴力现象密不可分。恐怖指的主要不是一种心理现象，而是一种统治方式。有别于暴君的独裁统治，大革命的恐怖统治是以主权为名来捍卫民主事业的武器。②

　　在众多至今依旧争执不休的革命议题中，恐怖研究向来都是一个热点问题，甚至可以被视为革命研究整体转向的界标之一。在过去的20年中，欧美学界对该问题的研究出现了明显的变化：从争论恐怖统治的起源转向从历史角度分析恐怖统治的具体实践。这一现象与恐怖研究中意识形态色彩的逐步淡化有关。学者更关注的不是大革命恐怖与现代政治暴力的关系，而是恐怖本身的历史与实践机制。

　　对大革命恐怖统治的反思由来已久，在恐怖统治结束时即已出现。

---

　　① 原文刊于《史学理论研究》2014年第4期。收入时文字略有改动。
　　② Hugh Gough, *The Terror in the French Revolution*, New York: Palgrave Macmillan,1998, p. 2.

始自 1794 年，相关反思一直存在着三种明显有别的立场。恐怖与屠杀必然会引发敌视革命的态度，因此，革命反对者将恐怖与大革命一并予以否定。这一点不难理解。至于革命支持者，则在对待恐怖问题的立场上分化为两个阵营，一部分人认为为了保住革命成果，恐怖统治是一种必要且必需的措施，尽管其后果委实令人难以接受；另一部分人既不肯定恐怖，也不承认恐怖的必要性，但是，他们认为恐怖是可以理解的，有其深层的历史根源。①

第一类论点可以回溯到英国政治家埃德蒙·伯克（Edmund Burke）和法国前耶稣会士巴吕埃尔（Augustin Barruel）。② 他们认为大革命和恐怖皆起源于阴谋。这种观点在 19 世纪后半叶法国史家依波利特·泰纳（Hippolyte Taine）以及天主教信徒奥古斯都·科尚（Augustin Cochin）的研究中得到了进一步阐释。③ 旨在复辟君主制的"法兰西行动"的成员皮埃尔·加克索特（Pierre Gaxotte）应该算是这种观点的最后一位支持者。④ 随着以贝当为首的维希政府的倒台，这种反革命的极右立场失去了吸引力。近期，学界对科尚思想的重新关注也仅仅是一种学术现象。⑤

相比之下，持有第二类观点的人要复杂得多。这派阵营中既有 1815 年波旁王朝复辟后意欲恢复议会君主制的自由派，也有 19 世纪

---

① William Doyle, *The Oxford History of the French Revolution*, Oxford; New York: Oxford University Press, 2002, p. 446.

② Augustin Barruel, *Mémoires pour servir à l'histoire du Jacobinisme*, 4 tomes, Londres: L'Imprimerie Françoise, 1797-1798.

③ Hippolyte Taine, *Les origines de la France contemporaine*, 6 tomes, Paris: Hachette, 1876-1895. Augustin Cochin, *Les sociétés de pensée et la révolution en Bretagne (1788-1789)*, 2 tomes, Paris: H. Champion, 1925.

④ Pierre Gaxotte, *La révolution française*, Paris: Fayard, 1928.

⑤ Augustin Cochin, *Organizing the Revolution: Selections from Augustin Cochin*, translated by Nancy Derr Polin, with a preface by Claude Polin, Rockford, Ill.: Chronicles Press, 2007.

70 年代建立和拥戴第三共和国的民主派和激进派，还有 20 世纪上半叶的社会主义者和马克思主义历史学家。此外，也包括若干不太为人注意的王政派，比如 19 世纪中叶的普瓦松男爵（Siméon Jean Charles Poisson）。[①] 这派观点可以简单地概括为"环境论"，即认为恐怖是应对革命危机——贵族阴谋、战争、反革命——而采取的措施，是一种不得已而为之的做法。此种看法依据了"冲击－回应"的简单逻辑，否定了恐怖产生的必然性，割断了革命和恐怖之间的联系，因此也转移了恐怖的罪责。这派学者认为，需要为恐怖后果承担历史责任的不是革命，而是反革命。

第三类观点可称为"意识形态论"。持有这种看法的史家主要指 20 世纪 70 年代后，企图颠覆大革命经典解释的修正派学者，以弗朗索瓦·孚雷（François Furet）和基思·贝克（Keith Baker）为代表。[②] 与上述极右派一样，意识形态评论者将革命和恐怖捆绑在一起，把恐怖的罪责完全推到革命身上。不同的是，这派人并不彻底否定革命的价值。"意识形态论"是一种观念论，坚持认为革命继承了它所反对的绝对主义王权的某些内在的根本要素。卢梭主义的影响对这一切的发展来说是至关重要的。由此产生的 1789 年意识形态就已经蕴含了恐怖统治的基本逻辑。这是一种宿命论（le fatalisme historique），如果没有环境因素的推动，大革命也会走向恐怖。显然，这样的假设很难落实到经验研究。[③]

[①] Siméon Jean Charles Poisson, *L'armée et la garde nationale (1789-1795)*, 4 tomes, Paris: A. Durand, 1858-1862.

[②] 多伊尔：《法国大革命的起源》，张弛译，上海人民出版社，2009 年，第一部分第二、三章。

[③] Antoine de Baecque, "Appprivoiser une histoire déchaînée: dix ans de travaux historiques sur la Terreur," *Annales. Histoire, Sciences Sociales*, No. 4, Vol. 57 (2002), p. 852.

研究转向

　　20 世纪七八十年代是环境论和意识形态论论战的高峰。这既是一种学术交锋，但根本上受到政治意识形态的影响。[1] 意识形态论者在政治立场上是冷战战士，借由批评环境论，揭露雅各宾派史学如何将历史变成现代神话。这种立场与他们对共产主义信念的幻灭有密切关系。尽管如此，孚雷等人与极右派学者保持着明显的距离。与后者不同，意识形态论者所批评的并不是革命本身的价值，而是践行这些价值的方式。

　　这场论战虽然持续了 20 多年，但在推进对恐怖统治本身的认识方面却乏善可陈。一个值得注意的现象是，尽管这个领域的研究可谓浩如烟海，但迄今为止，在这短短两三年的历史中居然还存在着不少"盲点"。例如，风月法令（la Loi de Ventôse）体现了恐怖统治中社会财产的转移，但是，我们还不清楚这部法令在外省的具体执行情况。[2] 关于恐怖受难者的分析，我们还得依靠 70 多年前的研究。[3] 关于"恐怖者"的出身、职业、身份等问题的研究，似乎只有布林顿（Carne

---

　　① 参见 Hugh Gough, *The Terror in the French Revolution*, pp. 1-10.

　　② 关于这个著名的恐怖法令的研究少得可怜：Albert Mathiez, "Les décrets de ventôse sue le sequester des biens des suspects et leur application," *Annales Historiques de la Révolution Française*, Tome 5 (1928), pp. 193-219. Robert Schnerb, "L'application des Décrets de Ventôse dans le District de Thiers (Département du Puy-de-Dôme)," *Annales Historiques de la Révolution Française*, Tome 6 (1929), pp. 24-33. Robert Schnerb, "Le Club des Jacobins de Thiers et l'application des lois de ventôse," *Annales Historiques de la Révolution Française*, Tome 6 (1929), pp. 287-288. Robert Schnerb, "Les lois de Ventôse et leur application dans le département du Puy-de-Dôme," *Annales Historiques de la Révolution Française*, Tome 11 (1934), pp. 403-434.

　　③ Donald Greer, *The Incidence of the Terror during the French Revolution: A Statistical Interpretation*, Cambridge: Harvard University Press, 1935.

Brinton）的一篇短文。[①]1794 年牧月 22 日之后开始的"大恐怖"（la Grande Terreur）也缺乏研究。关于外省的恐怖的研究大多是平铺直叙的叙述，少有精彩的分析。巴拉尔德（Richard Ballard）新作《看不见的恐怖：外省的大革命》纰漏不少，是一个败笔。[②]此外，甚至连"恐怖"这个核心术语都还没有一个合理的界定。《法国大革命历史辞典》给出的定义是："（恐怖是）雅各宾统治时期，以法律和行政的手段威胁反革命分子的做法。"[③]这个说法就存在不少问题。首先，将恐怖框定在"雅各宾统治时期"（1793—1794 年）是值得商榷的，因为不少恐怖措施的存续时间更长。革命法庭（le tribunal révolutionnaire）初建于 1792 年 8 月 17 日，是时，雅各宾派的统治尚未开始。直到 1795 年 5 月 31 日国民公会才将之废除，而此时，热月政变已过去将近一年。[④]此外，将恐怖统治看成是镇压反革命者的措施，这个说法混淆恐怖统治与"革命政府"（le gouvernement révolutionnaire）两个不同的概念。首先，这两个概念涵盖的时段有所不同，"1795 年宪法"实施之时，革命政府才告终结，而几乎一年前，恐怖统治就已结束。此外，革命政府尽管也是要打击敌人，但是采用的措施并不都能被归入"恐

---

① Crane Brinton, "Les origins sociales des terrorists," *Annales historiques de la Révolution française*, Tome 5, No. 30 (Novembre-Décembre 1928), pp. 522-529.

② Richard Ballard, *The Unseen Terror: The French Revolution in the Provinces*, London: I. B. Tauris, 2010. 见书评 Malcolm Crook, "The Unseen Terror: The French Revolution in the Provinces," *French History*, No. 3, Vol. 24 (2010), pp. 468-469.

③ Claude Mazauric, "Terreur," in *Dictionnaire historique de La Révolution Française*, Paris: PUF, 2006, p. 1026.

④ 关于革命法庭以及革命司法的新近研究参见：Jacqueline Lucienne Lafon, *La Révolution française face au système judiciaire d'Ancien Régime*, préface de François Monnier, Genève: Droz, 2001. Robert Allen, *Les tribunaux criminels sous la révolution et l'empire, 1792-1811*, Rennes: Presses universitaires de Rennes, 2005. Emmanuel Berger, *La justice pénale sous la Révolution: les enjeux d'un modèle judiciaire liberal*, Rennes: Presses universitaires de Rennes, 2008.

怖统治"这个范畴，比如全民皆兵、全面限价等。^①不得不承认，恐怖
研究存在的这些问题与 20 世纪七八十年代的论战有着密切关系。学术
争论一旦掺入了过多意识形态因素，不仅难以得出令人信服的结论，
而且无助于理解历史本身。在陷入与孚雷等人的论辩后，索布尔本人
的学术研究再也没有达到其国家博士论文的高度。马佐利克（Claude
Mazauric）也忙于为革命和恐怖定性。革命史料的整理成果也远不如
勒费弗尔时代。在另一方阵营中，孚雷等人主要是围绕着恐怖说事，
往返于（va-et-vient）1789 和 1989 之间，对革命恐怖历史本身的关注
不足。他主编的《法国大革命批判辞典》就存在不少谬误。

　　近二十年内，革命恐怖研究有了明显转向。对恐怖实践的分析和
对恐怖本身的阐释取代了起源的争论，成为欧美学界关注的焦点。当然，
这并不是说此前没有人分析恐怖措施。科尚就曾对革命政府的法令法
规做过比较系统的整理研究。^②但是，与之前的情况有所不同，近来对
恐怖本身的关注中蕴含着一种自觉的"去意识形态"的目的。正如加
州大学伯克利分校海塞（Carla Hesse）所说，想要终结恐怖研究中的
意识形态之战，就必须认真关注恐怖实践本身，需要转换历史研究议
程（le projet historique），摆脱之前那种以当下问题取代历史议题的做法，
转而关注国家行为的基本程序。^③近期，研究革命恐怖的博士论文体现
了这种去意识形态的研究趋势，大部分学位论文集中在以下几个问题：

---

　　① Biard, Michel, Philippe Bourdin, Silvia Marzagalli, *Révolution, consulat, empire 1789-1815*, Paris:
Belin, 2009, p. 608.

　　② Augustin Cochin & Charles Charpentier eds., *Les actes du gouvernement révolutionnaire (23 août
1793-27 juillet 1794)*, 3 tomes, Paris : A. Picard et fils, 1920-1935.

　　③ Carla Hesse, "La Preuve par la lettre: pratiques juridiques au tribunal révolutionnaire de Paris
(1793-1794)," *Annales: Histoire, Sciences Sociales*, No. 3, Vol. 51 (1996), pp. 629-630.

外省的恐怖统治；[①] 恐怖统治机构；[②] 恐怖统治的非政治问题。[③]

1989 年至今，以革命恐怖为主题的国际学术会议共举办过 3 次。从与会者提交的论文和报告中，我们也能发现恐怖起源问题渐被取代的趋势。

1992 年 12 月 10 日—13 日，斯坦福大学召开了法国大革命恐怖研究学术会议。两年后，论文集出版，即《法国大革命与现代政治文化的创生（四）：恐怖》，贝克担任主编。[④] 在论文集收入的 19 篇专题论文中，只有塔克特（Timothy Tackett）一人的文章是在解释恐怖起源。卢卡斯（Colins Lucas）、福雷斯特（Alan Forrest）、萨瑟兰（Donald Sutherland）等人的研究分析恐怖在地方的运作，德巴克（Antoine de

---

[①] André Christophe, *Le rouge et le noir: La Terreur dans le Finistère (1794)*, maîtrise, ss dir. A. de Mathan, Université de Bretagne Occidentale, 2003. Delin Alexandre, *L'insurrection girondiste du Finistère*, maîtrise, ss dir. A. de Mathan, Université de Bretagne Occidentale, 2003. Julien Boutboul, *Un rouage du gouvernement révolutionnaire: Le Commission des Administrations civiles, Police et Tribunaux (Germinal an II- Brumaire an IV)*, maîtrise, ss dir. Françoise Brunel & J. C. Martin, Université Paris I, 2004. Annette Chapman-Adisho, *Patriotic priests: Constitutional clergy in the Department of the Cote d'Or during* the *French Revolution*, Ph.D., directed by Jordan, David, University of Illinois at Chicago, 2006.

[②] Alain Cohen, *Les Comités des Inspecteurs de la salle de la Convention nationale de 1792 à 1795*, dir. Michel Biard, Université Paris I, 2003. Pierre Nenoît, *Les comités de suverveillance dans les districts du nord de la Meurthe*, maîtrise, ss dir. J.-P. Rothiot, 2004. Julien Boutboul, *Un rouage du gouvernement révolutionnaire : Le Commission des Administrations civiles, Police et Tribunaux (Germinal an II- Brumaire an IV)*, dir. Françoise Brunel, Université Paris I, 2004. Glories Lydie, *Le tribunal criminel du Tarn sous la Révoluton (1792-An VI)*, maîtrise, ss dir. C. Dousset, Université Paris I (Toulouse), 2003.

[③] Crampon Céline, *Subsistance, population et sûreté dans le département de la Somme en l'an II*, maîtrise, ss dir S. Beauvalet, Université de Picardie-Jules-Verne, 2003; Fabre Amandine, *L'assistance publique sous la Révolution dans les limites du district de Saint-Gaudens: 1789-1799*, maîtrise, ss dir. C. Dousset, Université Paris I (Toulouse), 2003; Caroline Elizabeth Weber, *The Limits of "Saying Everything": Terrorist Suppressions and Unspeakable Difference in Rousseau, Sade, Robespierre, Saint-Just, and Desmoulins*, Ph.D., directed by Peter Brooks & Denis Hollier, Yale University, 1998; Valerae Michelle Hurley, *The discourse of vengeance in the French Revolution: A study of rhetoric in the extremist press, 1789-1794*, Ph.D., directed by Thomas Christofferson, Drew University, 2003; Melissa Deininger, *After the Revolution: Terror, Literature, and the nation in modern France*, Ph.D., directed by Giuseppina Mecchia, University of Pittsburgh, 2009。

[④] Keith Michael Baker ed., *The French Revolution and the Creation of Modern Political Culture*, Vol. IV, The Terror, Pergamon, 1994.

Baecque）的身体史研究和德桑（Suzanne Desan）的家庭史论文分别是他们不久之后推出的新作的大纲。[①] 伊尔施（Jean-Pierre Hirsch）与热塞纳（Jean-Pierre Jessenne）的论文重审了恐怖措施对经济和财产的影响。奥祖夫（Mona Ozouf）与巴茨柯（Bronislaw Baczko）依旧延续了他们关于热月党人如何界定恐怖统治的研究。很明显，论文集的主旨是恐怖的实践，而不是起源。

2001 年，在马里兰大学召开的"暴力与法国大革命"会议也体现了类似的趋势。这次大型国际学术会议聚集了萨瑟兰、伏维尔（Michel Vovelle）、塔克特、马丹（Jean-Clément Martin）、葛尼菲（Patrick Gueniffey）、梯利（Charles Tilly）、海塞、布尔丹（Philippe Bourdin）等大批法国大革命研究的名家。会议论文分别以国家、司法、家庭与私法、事件与实践等为切入点，对革命的恐怖与暴力做了多角度的阐释。论文代表了这批学者在此后十年时间中的研究计划。塔克特的文章分析了"瓦伦逃跑与恐怖"，意欲构建事件对政治文化的影响。两年后出版的《国王逃跑》一书对该问题进行了全面剖析。[②] 海塞的发言是关于如何从法律上界定"反革命罪"，这正是近年来她关注的主要问题，即恐怖统治的司法实践。[③] 布朗（Howard Brown）的发言题为"恐怖的回声"（Echoes of the Terror），阐发了恐怖与国家发展的关系，

[①] 此二人的新作如下：Antoine de Baecque, *Le corps de l'histoire: métaphores et politique (1770-1800)*, Paris: Calmann-Lévy, 1993. Suzanne Desan, *The family on trial in revolutionary France*, Berkeley: University of California Press, 2004.

[②] Timothy Tackett, *When the King took flight*, Cambridge, Mass.: Harvard University Press, 2003. 该书于次年被译成法语：*Le Roi s'enfuit: Varennes et l'origine de la Terreur*, traduit de l'américain par Alain Spiess, préface de Michel Vovelle, Paris: La Découverte, 2004.

[③] Carla Hesse, "La preuve par la lettre: pratiques juridiques au tribunal révolutionnaire de Paris (1793-1794)," *Annales: Histoire, Sciences Sociales*, No. 3, Vol. 51 (1996), pp. 629-630. Carla Hesse, "La logique culturelle de la loi révolutionnaire," *Annales. Histoire, Sciences Sociales*, No. 4, Vol. 57 (2002), pp. 915-933.

而这正是他那本颇受好评的新作《终结恐怖：从恐怖到拿破仑时期的暴力、正义与镇压》的主旨内容。[1]

2007 年，法国鲁昂大学举办了大革命恐怖研究的国际学术会议。与上述会议相比，此次会议的主旨更为明确，研究视角相对更为传统。在导论中，比亚尔提出，恐怖统治是革命历史进程中的一个阶段，需要观察分析的是这一阶段内发生的方方面面的事情。[2] 因此，从这部论文集中反映出来的"恐怖统治"是多方面的，既包括政治层面，也包括社会经济制度，还包括军事技术与财政问题。此外，社会福利与性别问题也得到了重视。比亚尔师从伏维尔，现任《法国大革命史年鉴》杂志主编，是当今法国大革命史学左派阵营的领军人物。即便如此，比亚尔也没有为环境论做辩护。所谓"阶段论"实则是一个非常中性的界定，明显带有摆脱意识形态的尝试。

意识形态的淡化

谈到法国恐怖统治的研究，不得不提美国史家塔克特。他早年关心革命宗教问题，尤其是《教士公民组织法》的影响，[3] 从 20 世纪 90 年代中期以后，开始着重研究革命激进。此后十年中，他一直致力于

---

[1]　Howard Brown, *Ending the French Revolution: Violence, Justice and Repression from the Terror to Napoleon*, Charlottesville, Virginia: University of Virginia Press, 2006.

[2]　Michel Biard, "Les politiques de la Terreur (1793–94)," in *Les politiques de la Terreur, 1793-1794*, actes du colloque international de Rouen, 11-13 janvier 2007, sous la direction de Michel Biard, Rennes: Presses Universitaires de Rennes, 2008, p. 12.

[3]　Timothy Tackett, *Priest & parish in eighteenth-century France: a social and political study of the curés in a diocese of Dauphiné, 1750-1791*, Princeton, N.J.: Princeton University Press, 1977; *Religion, revolution, and regional culture in eighteenth-century France: the ecclesiastical oath of 1791*, Princeton, N.J.: Princeton University Press, 1986.

探索恐怖起源。秉持事件史的研究取向，塔克特强调具体历史事件——比如瓦伦事件——对恐怖降临的"催化"作用，坚持认为，革命进程本身创造了恐怖统治。[①] 由此观之，塔克特似乎是环境论的支持者，反对意识形态宿命论。但实际上，他并没有将两者对立起来，而是从一种历史性的和生成性的角度融合上述两类观点。根据意识形态论的解释，恐怖之所以在所难免，是因为革命者大多信奉卢梭主义，而且阴谋论在 1789 年就已经很盛行了。塔克特统计了革命初年的私人书信、议会辩论和出版物，认为在三级会议代表中卢梭的信徒并不多。[②] 此外，他认为，正是革命危机——比如瓦伦事件——导致了阴谋论的盛行。1791 年之后，"阴谋"一词才开始频频出现在议会辩论中。[③] 可见，塔克特并没有否认意识形态论者强调的恐怖"诱因"，只是认为，这些"诱因"必须在外力作用下，才能发挥作用。塔克特表现出一种"调和"的姿态：将环境提供的外力与意识形态论提供的内因结合起来，通过梳理事件和危机——尤其是瓦伦事件，分析恐怖形成过程。

[①]　Timothy Tackett, *Becoming a revolutionary: the deputies of the French National Assembly and the emergence of a revolutionary culture (1789 - 1790)*, Princeton, N.J.: Princeton University Press, 1996; "Conspiracy Obsession in a Time of Revolution: French Elites and the Origins of the Terror 1789–1792," *The American Historical Review*. No. 3, Vol. 105 (2000), pp. 691-713; "Interpreting the Terror," *French Historical Studies*, No. 4, Vol. 24 (2001), pp. 569-578; *When the King took flight*, Cambridge, Mass.: Harvard University Press, 2003（中译本：谭旋：《路易十六出逃记》，赵雯婧译，北京：北京师范大学出版社，2019）; *The First Terrorists: the French Revolution and the Origins of a Political Culture of Violence* (The Miegunyah lecture 18 September 2008), Miegunyah lecture: 2008; *The Coming of the Terror in the French Revolution*, Cambridge, Massachusetts: The Belknap Press of Harvard University Press, 2015.（中译本：谭旋：《暴力与反暴力：法国大革命中的恐怖政治》，黄丹璐译，太原：山西人民出版社，2019年。）

[②]　参见 Tackett, *Becoming a Revolutionary: the deputies of the French National Assembly and the Emergence of a Revolutionary Culture (1789 - 1790)*.

[③]　如见：Tackett, "Conspiracy Obsession in a Time of Revolution: French Elites and the Origins of the Terror 1789–1792".

塔克特的研究尽管存在不少问题，[①] 但是代表了转型后的恐怖研究的基本特点，即从以下两个角度来解释"恐怖的形成和实践"：话语（文化）的意义是如何在事态发展过程中出现转型的？事态又如何从话语（文化）中获得阐释的？这意味着，意识形态色彩逐渐淡化的恐怖研究将从一种交互作用的视角出发，依照历史分析的取向，来揭示观念与事态彼此互融的过程。

博鲁芒（Ladan Boroumand）于 1999 年出版的《原则之战：人权与国民主权张力下的各届革命议会（1789 年 5 月—1794 年 7 月）》和葛尼菲在 2001 年出版的《恐怖的手段：论 1789—1794 年革命的暴力》都体现了类似的倾向。[②] 这两位法国学者借用了德国政治思想家卡尔·施密特（Carl Schmitt）提出的"例外状态"（State Of Exception）概念，认为恐怖统治的特点就是绝对的决断权力取代了正常的法律秩序，"例外状态"早已蕴含在革命初年的政治文化中。因此，严格说来，这两位学者与意识形态论者没有本质区别，一样认为革命政治的激进化和恐怖统治的出现是某种早已存在的观念或是政治文化作用的结果。但不同的是，博鲁芒和葛尼菲认为这种观

①　问题之一是，塔克特过于相信革命者自己说的话，缺乏统一且明确的取舍标准。不少革命回忆录实际上是 19 世纪出版商为了谋利而伪造或篡改过的。如《国王逃跑》一书十分倚重的德孔什所著六卷本的《路易十六，玛丽—安托瓦内特与伊丽莎白夫人：未刊信件与文献》[Félix-Sébastien Feuillet de Conches (ed.), *Louis XVI, Marie-Antoinette, et Madame Elisabeth. Lettres et documents inédits*, 6 tomes, Paris, 1864–1873] 即是一例。参见：William Doyle, "Review," *The Journal of Modern History*, No. 3, Vol. 76 (2004), pp. 695-696. 问题之二是塔克特过于强调事态的作用，而忽视了观念对事件的预设作用。这方面，可参阅索南舍尔的重要论著：Michael Sonenscher, *Before the Deluge: Public Debt, Inequality, and the Intellectual Origins of the French Revolution*, Princeton and Oxford: Princeton University Press, 2007.

②　Ladan Boroumand, *La Guerre des Principes*: *Les assemblées révolutionnaires face aux droits de l'homme et à la souveraineté de la nation mai 1789-juillet 1794*, préface de Mona Ozouf, Paris: Editions de l'Ecole des hautes études en sciences sociales, 1999; Patrice Gueniffey, *La politique de la Terreur: essai sur la violence révolutionnaire, 1789–1794*, Paris: Fayard, 2000.

念一直处于"蛰伏"状态，靠了"外因"才被"激活"。恐怖发生在革命的过程中，而不是 1789 年。这显然接近塔克特的看法。

《原则之战》一书更具思辨色彩。博鲁芒在《人权与公民权宣言》中找到了例外状态的萌芽：权利既然可以被"人为"地赋予，那么也可以被剥夺。每个个体的权利，都有可能为公益，无偿作出让步与牺牲（尤见《人权与公民权宣言》第三条和第四条），以后者为名，个人权利可被无条件地废除。[1] 葛尼菲的研究更具经验性。他将恐怖看成是"一种决断的普遍化以及无所限制的统治（方式）"。[2] 这就是根本有别于正常法秩序的例外状态。历经革命政治的改造，自由从自然权利变成了社会权利，以失去绝对性为代价，换来的是法律对有限自由的保障。体现公意的法律便拥有了限制个人权利的绝对权力。人民的安危和救国的需要必然会居于所有普通法权威之上。[3] 因此，现行的法制便可以随时被悬停。葛尼菲认为，这种观念和实践是绝对主义君主制的遗产，体现了一种类似"战时君王"（Le roi de guerre）的观念。[4]

博鲁芒和葛尼菲都在寻找"恐怖统治之前的恐怖"（the Terror before the Terror），即恐怖统治得以实现的条件。[5] 二人的研究基于以下两个假设：首先在实现之前，恐怖统治的核心要素已经存在；其次，恐怖统治的降临并不构成革命政治的根本转折或是断裂。两位研究者

---

① Boroumand, *La Guerre des Principes*, pp. 263, 275-277, 284-285, 300.

② Gueniffey, *La politique de la Terreur*, p. 32.

③ Gueniffey, *La politique de la Terreur*, pp. 165-166, 168, 169, 186-196.

④ Joël Cornette, *Le roi de guerre: essai sur la souveraineté dans la France du Grand Siècle*, Paris: Payot & Rivages, 2000; Dan Edelstein, "War and Terror: The Law of Nations from Grotius to the French Revolution," *French Historical Studies*, No. 2, Vol. 31 (2008), pp. 229-262.

⑤ Bronislaw Baczko, "The Terror before the Terror? Condition of Possibility, Logic of Realization," in *The French Revolution and the Creation of Modern Political Culture (IV): The Terror*, pp. 19-38.

的区别则表现在，博鲁芒在《人权与公民权宣言》中发现了恐怖统治的实践逻辑，葛尼菲认为恐怖的"决断性"是另一种形式的绝对主义。因此，与意识形态论者一样，他们也强调"革命政治文化的连续性"。但是，由于关注历史发展的具体过程，博鲁芒和葛尼菲并不认为恐怖是革命的宿命。在他们的研究中，我们都能发现一种试图结合政治文化与历史经验的努力。《原则之战》采用的是结合语境的话语分析，材料包括议会辩论和政治请愿文本。《恐怖的手段》则着意分析政治派系与政治斗争。[①]葛尼菲时刻不忘环境和政治事件等外因的影响，将恐怖放入具体的政治环境中加以分析。他关心的是隐藏在政治措辞背后的利害关系。在他看来，恐怖是革命者给自己树立正面形象的政治手段，并非是因为革命形势恶化而被迫做出的抉择。所以，葛尼菲会认为恐怖统治始于 1791 年 4 月 25 日，这一天巴纳夫要求议会制订"法外措施"，打击流亡者。而此时，流亡者实际上还没有对革命构成真正的威胁。[②]从这个角度来看，葛尼菲研究的独创性表现在，十分强调革命者的能动性，他们能主动发起恐怖，积极地影响革命局势。无论是在意识形态论者还是环境论者的研究中，革命者都是消极的，要么上演一部早已按照"卢梭主义"排演好的政治剧目，要么就是完全被动地受制于事态的发展。

　　恐怖统治是例外状态的常规化和普遍化。这意味着在恐怖统治中，宪政秩序可以随时被悬停，任何人都可被置于秩序之外。但是，博鲁芒和葛尼菲并不认为恐怖就是否定了 1789 年的原则。他们认为，恐怖统治实际上创造了新的原则，并能根据这套原则，来决定哪些人无

---

① 笔者将 *La politique de la Terreur* 译成"恐怖的手段"，意在突出这一点。

② Gueniffey, *La politique de la Terreur*, p. 156-160.

法享有人权和公民权。路易十六受审便是一个典型的例子。这不是一般意义上的审判，因为路易十六绝不可能被无罪释放，否则，革命就要承担罪责。圣茹斯特和罗伯斯庇尔的发言已经道明了这一点。路易十六便是个"法外之徒"（hors-de-loi），这是法国革命期间常见的术语。[①] 这类人不属于公民社会，公民社会的一切原则也与他们无关。因此，处死"法外之徒"并不构成对革命原则的背弃。

博鲁芒和葛尼菲的研究在不少地方与意识形态论者保持着微妙的关系。不过，他们更强调局势变迁和政治事件的重要性，似乎并不想要从大革命里挖掘出某种长时段的政治文化模型。从这些方面来看，两位学者又接近环境论者。但是，一个重要问题尚未得到明确的解释：为何 1793 年的革命者会以这样的方式来执行恐怖。换言之，恐怖实践本身所具有的独特性还有待分析。近年来出版的其他研究尝试从两个角度回答该问题，其一是追本溯源，其二是阐释和意义深描。

新方向

2007 年出版的《自然权利的恐怖：共和主义、自然崇拜与法国大革命》代表了第一种研究取向。[②] 该书获得 2009 年奥斯卡·肯舒尔奖（Oscar Kenshur Book Prize）。作者丹·埃德尔斯坦（Dan Edelstein）于 2006 年获美国宾夕法尼亚大学历史学博士学位，现任教于斯坦福大

---

①　关于此点，参见一篇精彩的博士论文：Eric de Mari, *La mise hors de la loi sous la Révolution française (19 Mars 1793-9 Thermidor An 2)*, sous la direction de Bernard Durand, Mémoire ou thèse, Université de Montpellier I, 3 tomes 1991。

②　Dan Edelstein, *The Terror of Natural Right: Republicanism, the Cult of Nature, and the French Revolution*, Chicago: University of Chicago Press, 2009.

学。在《自然权利的恐怖》中，埃德尔斯坦试图证明，在 18 世纪的法国语境下，经过一个多世纪的发展，自然权利理论最终将自然与国家等而视之，自然法超越了实在法（positive law），变成了一种自足的存在。其结果便衍生出恐怖实践的基本逻辑：上断头台的人便是国家的敌人，也是整个公民社会的敌人。通过这个逻辑，埃德尔斯坦不仅说明了死刑在革命初期因违反人道主义而遭废除，而后又逐步恢复的现象，而且也解释了国王受审、1793 年 3 月 19 日颁布的处决一切法外之徒法令、1793 年宪法的悬停、革命政府的成立等一系列事件。他认为，在强大的自然法的推动下，宪政秩序的停止也伴随着寻找黄金时代和渴求美好未来的愿望。[1] 埃德尔斯坦力图通过思想观念的分析，解释革命的各个阶段和各类事件，所以不仅有曲解事实的嫌疑，[2] 而且将革命政府、恐怖统治与战时的临时措施混为一谈。按照他的说法，1793 年以后，法国革命政府的一举一动都带有恐怖性质。

第二类研究取向从人类学中借用阐释和深描的方法，采取主体行动者的视角，从局内人的角度来透析恐怖的特殊性。这与之前的社会史、体制史以及政治史的区别很大。这类研究相对比较丰富。

实际上，从 20 世纪 80 年代开始，类似的研究取向已初现端倪。奥利弗·布朗（Olivier Blanc）从法国国家档案馆标号为"W"的档案盒中选出了 175 封通信，编辑出版《绝笔信：1793—1794 年法国大革命的监狱与囚犯》一书。布朗宣称："要听听这些阶下囚自己说的

---

① 这套逻辑其实也解释了一个有趣的现象，那就是像罗伯斯庇尔这样的人是没有历史发展的阶段论的。尤其是圣茹斯特，他留下的"论共和体制"的手稿中的历史观念是一种由当下和一个完美共和制的两个端点构成的历史。

② 索邦大学教授马丹（Jean-Clément Martin）在书评中已经指出了多处。参见：Jean-Clément Martin, "Dan Edelstein, *The Terror of Natural Right. Republicanism, the Cult of Nature & the French Revolution,*" *Annales historiques de la Révolution française*, Vol. 306 (2010), pp. 259-261.

话。"[①]为该书撰写前言的革命史权威伏维尔认为，对大革命恐怖研究来说，这种做法具有范式转型的意义。2004 年，马伽里·马莱（Magali Mallet）以类似的主题完成了博士学位论文《书信与监禁：共和二年阶下囚的未刊手稿研究》。[②]他不仅尝试再现这些政治犯的主观感受与日常生活，也分析了书信这种方式所承载的文本互动功能。这与本·卡夫卡（Ben Kafka）针对救国委员会的文书档案管理技术所做的分析有异曲同工之处。[③]2008 年，马莱整理出版了 255 封狱犯的通信手稿，并给予注释。这部材料集取名为《我本性善……》。[④]马莱对这些人的爱恨情仇、忏悔与希望作了生动的描述，但是他过于共情，似乎忘记了历史学家应有的身份，不少论断有失公允。[⑤]

再现不等于不带批判地重现。对主体情感的考察既不能简单地等同于描述个体感受，也有别于罗什对梅内特拉（Jacques-Louis Ménétra）和路易·西蒙（Louis Simon）等人内心世界的解读。[⑥]这类研究需要凸显出恐怖统治时期独特的情感氛围，分析"在例外状态开

[①]　Olivier Blanc, *La dernière lettre: prisons et condamnés de la Révolution, 1793-1794*, préface de Michel Vovelle, Paris: R. Laffont, 1984. 英译本：*Last letters: prisons and prisoners of the French Revolution, 1793-1794*, translated by Alan Sheridan, American ed. New York: Farrar, Straus, and Giroux, 1987.

[②]　Magali Mallet, *Epistolarité et incarcération sous la Terreur, d'après les manuscrits des prisonniers de l'an II*, Mémoire ou thèse, 2 tomes, Université d'Orléans (Orléans, Loiret), 2004.

[③]　Ben Kafka, "The Demon of Writing: Paperwork, Public Safety, and the Reign of Terror," *Representations*, No. 1, Vol. 98 (2007), pp. 1-24. 救国委员会的职员拉比西耶尔（Charles-Hippolyte Labussière）曾私下毁掉上千份证据，拯救了很多人的性命。卡夫卡的研究即以这个轶事为出发点，参见：*The Demon of Writing: Powers and Failures of Paperwork*, New York: Zone Books Book, 2012.

[④]　*Ma conscience est pure...: lettres des prisonniers de la terreur*, textes recueillis, présentés et annotés par Magali Mallet, Paris: Champion, 2008.

[⑤]　见比亚尔十分苛刻的评论：Michel Biard, "Ma conscience est pure... Lettres des prisonniers de la Terreur," *Annales historiques de la Révolution française*, No. 356 (2009), pp. 222-224.

[⑥]　Daniel Roche, "La violence vue d'en bas. Réflexions sur les moyens de la politique en période révolutionnaire," *Annales, Économies, Sociétés, Civilisations*, No. 1, Vol. 44 (1989), pp. 47-65.

启后，一种特殊的强烈情感突然降临，并被引入恐怖政治中"的过程。[1]
这正是瓦尼克（Sophie Wahnich）、吉约穆（Jacques Guilhaumou）、
德巴克等人的研究宗旨。他们并不是要从文本、行动和场景中还原出
一个确切的客观真相，而是利用"深描"，重构那个特殊的情感政治
空间，带领我们理解恐怖统治的实践方式。迪皮伊（Roger Dupuy）指出，
"恐怖的深层本质是在具有崇高性的人民政治中，一种既作为防御手段，
又作为惩罚手段的暴力……加诸政治精英头上的一种具有崇高尊严的
全新原则"。[2] 在这个特殊的时期，政治表现为通过各种手段和修辞（美
德、荣耀、友爱、子爱、母爱、节制、热情、哀思、同情、畏惧、复仇），
来编织、疏导、调动和抑制情感，以此来传达政治理念。恐怖统治以
捍卫革命事业和人民主权为名停止了宪政秩序后所产生的"例外状态"，
既要打压共和国的敌人，也是一种脱离自身恐惧、呼唤救赎的方式。[3]
艾尔蒙－贝洛（Rita Hermon-Belot）认为"人民代表制定的法律承担
了传达（traduites）人民情感的作用"。[4] 给恐怖统治冠以人民之名，
故此，情感政治具有与主权一样的至高权威。恐怖实践——法律的制

---

[1] *La république et la terreur*, actes du séminaire organisé par le Collège international de philosophie, novembre 1993-juin 1994, sous la direction de Catherine Kintzler et de Hadi Rizk, Paris: Editions Kimé, 1995.

[2] Roger Dupuy, *La politique du peuple: racines, permanences et ambiguïtés du populisme*, Parsi: Albin Michel, 2002, p. 137.

[3] 这部分内容的分析，本文参阅以下研究: Antoine de Baecques, "Apprivoiser une histoire déchaînée: dix ans de travaux historiques sur la Terreur," *Annales. Histoire, Sciences Sociales*, No. 4, Vol. 57 (2002), pp. 859-863.

[4] 参见: Rita Hermon-Belot, *L'abbé Grégoire, la politique et la vérité*, préface de Mona Ozouf, Paris: Seuil, 2000. 引文转引: Antoine de Baecque, "Apprivoiser une histoire déchaînée: dix ans de travaux historiques sur la Terreur," *Annales. Histoire, Sciences Sociales*, No. 4, Vol. 57 (2002), p. 860.

定、场景的设计、话语的编织、文化符号的组合——便能将历史的悲情、重生的激情和对未来的召唤融合在一起，兼具调动激情和抚慰恐惧的双重功能。这便是圣茹斯特所谓的超越历史议程的自我再现。

法国国家科学研究中心的瓦尼克多年来一直致力于大革命情感政治的研究。[①] 她的新作即以此为主题。[②] 此前的恐怖研究多着重分析革命话语与言辞如何逐步推动革命政治朝着更激进的方向发展。瓦尼克将这类研究称为"叙述的布局"（un économie narrative）。在她看来，这类研究无法回答以下问题：为何革命者要以将恐怖统治提上日程的方式，来克服对敌人和危难的恐惧。[③] 瓦尼克借由对革命情绪的精致分析，提出了"情感的布局"（un économie emotion）一说，认为恐怖统治是一种具有祭奠作用的"政治"机制，同时融合了复仇、恐惧和神圣的多重情感。瓦尼克使用的"政治"概念内涵复杂，指的并不是通常意义上与"社会""经济"并列的那个范畴，而是一种整合社会所不可或缺的基本要素。从这个角度来说，恐怖统治就不再仅仅是一种回应危机的手段，也不是葛尼菲所谓的"政治手段"，而是具有了整合和重塑社会的建构力量。"祖国在危机中""不自由，毋宁死"之类的话语不仅是动员的号令，也代表了人类学家维克多·特纳所谓

---

① Sophine Wahnich, " Déclarer la patrie en danger, de l'émotion souveraine à l'acte de discours Souverain," in *Mélanges Michel Vovelle: sur la Révolution, approches plurielles*, Paris: Société des études robespierristes, 1997. pp. 207-217; "De l'économie émotive de la Terreur," *Annales, histoire sciences sociales*, No. 4, Vol. 57 (2002), pp. 889-913; *La liberté ou la mort: essai sur la terreur et le terrorisme*, Paris: La Fabrique éditions, 2003; *La longue patience du peuple: 1792, naissance de la république*, Paris: Payot, 2008. 2003年的《不自由，毋宁死：论恐怖和恐怖主义》一书的英译本于2012年出版，由齐泽克作序：Sophie Wahnich, *In Defence of the Terror: Liberty Or Death in the French Revolution*, translated by David Fernbach, with a foreword by Slavoj Žižek, London: Verso, 2012.

② Sophie Wahnich, *Les émotions, la Révolution française et le présent: exercices pratiques de conscience historique*, Paris: CNRS, 2009.

③ 在瓦尼克看来，葛尼菲的《恐怖的手腕》就是一种典型的叙述布局的分析方式。

的"阈限"。① 在瓦尼克看来，一再出现的危机言辞就代表了这种临界状态。与此同时，这类言辞及其被调动起来的情感也产生了一种神圣感。祖国是神圣的，人民的权利也是神圣的，而"救国"这样一种使命也让革命者自身具有了神圣性。神圣与危难并存，这同时也是一种并接危机与重生的方式。② 因此，恐怖具有一种"创生的推动力"（la poussée de vie créatrice）。瓦尼克的研究取众家之长，其使用的"政治"概念取自埃文思－普里查（E. E. Evans-Pritchard）的《努尔人》，暴力神圣性的分析深受吉拉尔（René Girard）《暴力与神圣》的启发，恐怖受难者的分析受阿甘本《例外状态》的影响。③

在瓦尼克的分析中，恐怖统治融合了危机感和神圣性。最能体现这个特点的，或许就是马拉之死这一事件。受到身体史研究的启发，马拉的身体与葬礼近期成为革命史研究的热点。④ 吉约穆试图解释马拉之死所产生的恐怖情感、马拉尸体的神圣化、恐怖与复仇赎罪之间的转化等问题。⑤1793 年 8 月 18 日举行的马拉葬礼被看成是一场献祭仪式，是生与死、肉身与不朽的转折点，是一幕具有强大召唤力的神圣

---

① 参见维克托·特纳：《仪式过程：结构与反结构》，黄剑波，柳博赟译，北京：中国人民大学出版社，2006 年版。

② 关于此点，可参见李剑鸣教授对美国革命"危机"想象的分析：《"危机"想象与美国革命的特征》，《中国社会科学》2010 年第 3 期。

③ E. E. Evans-Pritchard, *The Nuer: A Description of the Modes of Livelihood and Political Institutions of a Nilotic People*, Oxford: Clarendon Press, 1940; René Girard, *La violence et le sacré*, Paris: B. Grasset, 1972; Giorgio Agamben, *State of exception*, translated by Kevin Attell. Chicago: University of Chicago Press, 2005.

④ 关于大革命身体史的近期精彩研究参见：S. E Melzer & K. Norberg (eds.), *From the royal to the republican body: incorporating the political in seventeenth and eighteenth-century France*, Berkeley 1998; Richard Wrigley, "The Formation of Currency of a Vestimentary Stereotype: The Sans-Culotte in Revolutionary France," in Wendy Parkins (ed.), *Fashioning the Body Politic: Dress, Gender, Citizenship*, Oxford, 2002, pp. 19-47; Goodman Dena, *Marie-Antoinette: Writings on the Body of a Queen*, New York: Routledge, 2003.

⑤ Jacques Guilhaumou, *La mort de Marat*, Bruxeles: Complexe, 1989.

悲剧："现在，我们所有人都应该行动起来，团结在议会周围，谁也不要离去，革除（destitué）所有的贵族。"（埃贝尔语）① 马拉之死也是德巴克分析的对象。不过，与吉约穆的关注点不同，德巴克聚焦于马拉的身体。② 那具半遮半盖的尸体陈列在科德利埃教堂，身边放着血染的毛巾，头上戴着橡树叶的头冠。腐烂的伤口和马拉那久治不愈的皮肤溃烂毫不遮掩地暴露在人们眼前。受伤的身体就是控诉反革命的罪证。根据德巴克的研究，1792 年 8 月 10 日革命后直到 1794 年的夏天，类似的仪式很多，这是恐怖统治必要的构成要素。③ 伤残的身体既展现了受难者的惨痛，又揭发了敌人的罪行，召唤共和革命者的复仇："每天我们都在见证痛苦……每天我们见到的伤残都展现在我们眼前。"（1793 年 6 月 6 日博蒂耶发言）这些罪证不断"滋养"共和二年的激进政治话语，同时也构成了革命者解读周遭世界的经验"透镜"。恐怖既是一种发号施令的专断政治力量，也是一种不断重塑日常生活经验的情感力量。④

除此之外，剧场与音乐也是这个全面政治化的特殊时期的构成部分，也塑造了受难共和国的形象。因此，声响也是一种动员情感

---

① Guilhaumou, *La mort de Marat*, p. 87.

② Antoine de Baecque, *The Body Politic: Corporeal Metaphor in Revolutionary France: 1770-1800*, translated by Charlotte Mandell, Stanford, Calif.: Stanford University Press, 1997.

③ de Baecque, *The Body Politic*, p. 297.

④ 参见 de Baecque, "Geffroy; or, the Fear of others," in *Glory and Terror: Seven Deaths under the French Revolution*, translated by Charlotte Mandell, New York: Routledge, 2001, pp. 121-142.

的政治手段。[1] 根据已故大革命音乐史家巴特莱特（M. Elizabeth C. Bartlet）的研究，巴黎舞台剧的全面变革始于 1792 年，这正好应和了革命的激进化。1792 年之后出现的戏剧大多是颂扬英雄主义与共和精神的。但与德巴克和吉约穆所分析的身体仪式不同，舞台上的革命英雄是不具名的、没有"面孔"的人。他们被称为"爱国者""人民的代表""勇敢的轻骑兵"。此外，自杀殉国也是常见的主题。剧作家通过一种毫不掩饰的时代错置的方式，将古典和当代拼接在一起。时空错乱反倒是体现了一种超越时空的永恒性。[2] 尽管巴特勒的研究很扎实，但是她基本把音乐当作一个反映政治变动的消极角色。同样的问题也体现在卡斯塔内（Pierre-Albert Castanet）对革命单簧管的研究上。[3] 总体来说，这类研究证据不足，分析薄弱，在方法论上也缺少反思。若要体会当时人们所处的声响世界，那么，不仅要关注更丰富的声响来源，包括钟声、各类议会的喧嚣声、高声唱票的声音，还需充分揭示声响世界在恐怖统治降临后所发生的变化。

---

① 关于法国大革命音乐的研究可以参考：C. Pierre, *Musique exécutée aux fêtes nationales de la Révolution française*, Paris, 1893-4; W. S. Dudley, Jr., *Orchestration in the Musique d'harmonie of the French Revolution*, Ph.D., University of California Berkeley, 1968. M. E. C. Bartler, *Etienne Nicolas Méhul and Opera during the French Revolution, Consulate and Empire*, Ph.D., Chicago University, 1982 B. Schwarz, *French Insturumental Music Between the Revolutions (1789 – 1830)*, New York, 1987; J.-R. Julin & J.-C. Klein (eds.), *Orphée phyrgien: les musiques de la Révolution*, Paris: Editions du May, 1989; R. Mortier & H. Hasquin (eds.), *Fêtes et musciques révolutionnaires: Grétry et Gossec*, Brussels: Université de Bruxelles, 1990. Malcolm Boyd (ed.), *Music and the French Revolution*, New York: Cambridge University Press, 2008. Paul Francis Rice, *British music and the French Revolution*, Newcastle upon Tyne: Cambridge Scholars publishing, 2010. 关于革命时期的戏剧，最近出版的一部工具书十分有用，参见：André Tissier ed., *Les spectacles à Paris pendant la Révolution: répertoire analytique, chronologique et bibliographique*, 2 tomes, Genève: Droz, 1992-2002.

② E M. Elizabeth C. Bartlet, "The New Repertory at the Opéra during the Reign of Terror: Revolutionary Rhetoric and Operatic Consquences," in Boyd (ed.), *Music and the French Revolution*, pp. 107-156.

③ Pierre-Albert Castanet, "La Clarinette, instrument de la Révolution française," in *La Révolution française et les processus de socialisation de l'homme modern*, Colloque international de Rouen (13, 14, 15 octobre 1988), rapports introductifs par Claude Mazauric, Rouen: Université de Rouen, 1989, pp. 617-625.

结　语

孚雷曾宣告：法国大革命结束了。他认为，随着法国共产主义和传统右派的衰落，法国将摆脱革命的遗产。但是，现实的发展并非如其所愿。革命两百周年庆典证明，大革命依旧是一个世界性的课题。东欧剧变引发了学界再度反思，革命是否是一种有效的社会政治变革手段。与此同时，更多学者认识到，尽管不能否认大革命的现实意义，但是如果比附当下，则不仅降低了研究的可信度，而且容易陷入"历史决定论"。[①] 除此之外，"文化转向"后欧美史学界关于主体实践和历史事件的思考，为恐怖研究走出"政治文化"范式提供了启示。修正派的研究是一种文化决定论，历史的发展是文化意义的不断再现。这与新文化史的研究如出一辙。20 世纪 90 年代以后，"超越文化转向"的呼声力图从以下两个方面回应新文化史的不足：从实践中挖掘主体的能动性，从事件中探析文化模型的转型。[②] 不难发现，本章所概述的恐怖研究动态正与整个史学界的探索桴鼓相应；对恐怖经历（experience）的分析取代了对其起源的拷问；主体的视角慢慢凸显，他们的体验和创造性被纳入历史分析的范畴。此外，研究问题的多样化突出了那些"非政治"议题的价值，证明了环境论和意识形态论解释框架的狭隘性。恐怖统治被看作是与具体语境密切相连的历史阶段，

[①]　Gough, *The Terror in the French Revolution*, p. 74.

[②]　Gabrielle M. Spiegel ed., *Practicing history: new directions in historical writing after the linguistic turn*, New York, NY: Routledge, 2005. François Dosse, *Renaissance de l'événement: un défi pour l'historien, entre sphinx et phénix*, Paris: Presses universitaires de France, 2010.

而不是可以抽离出来进行比较研究的政治文化模型。[①] 受到这种历史主义的影响，学界不再纠缠于恐怖统治的性质，也不以"借古喻今"为主要研究旨趣。在这一段被比亚尔称为"集体反思"的时期，[②] 理解恐怖，而不是简单地批评恐怖，是近二十年中恐怖研究的主旨之一。

---

① 这一点最清楚地体现在塔克特对梅耶（Arno Mayer）新作（*The furies: violence and terror in the French and Russian Revolutions*, Princeton, N.J.: Princeton University Press, 2000.）的批评中，见 Tackett, "Interpreting the Terror," *French Historical Studies*, No. 4, Vol. 24 (Fall 2001), pp. 569-578。

② Biard, "La politiques de la Terreur (1793-1794)," p. 11.

第五部分

历史与文化研究

十　从脱离到深嵌：威廉·休厄尔的文化概念 [①]

修正思潮和"社会范畴"的抛物线运动

20 世纪 80 年代修正主义思潮开始涌进社会科学和历史学领域，大张旗鼓地反对先前那种"以社会为中心"的解释取向（society-centered modes of explanation）。[②] 这股批判思潮有各自不同的来源，但是有意思的是，几乎可以说每一思潮都代表了某种"回归"（restoration）：新制度主义（the new institutionalism）的回归、"国家回归"（bring the state back in）、法律的新史学（the new history of law）、话语转向

---

①　本文原刊于《社会理论论丛》，2012 年第 5 辑，文字有所改动。感谢娄舒楠同学校对文字。

②　在社会学领域，20 世纪 70 年代阿尔文·古尔德纳（Alvin W. Gouldner）质疑了将社会范畴作为一种不容置疑的因素整合其他范畴的支配性作用，参见 Alvin Gouldner, *The Coming Crisis of Western Sociology*, London: Heinemann, 1971。历史学中阿尔弗雷德·科班（Alfred Cobban）早在 20 世纪 50 年代末就质疑了以社会阶级范畴为中心解释法国大革命的马克思主义学派的取向，参见 Alfred Cobban, *The Myth of the French Revolution*, London: H.K. Lewis & Co Cobban, 1955。

（the linguistic turn）以及文化转向（the cultural turn）。[①]

从某种意义上来说，修正主义的思潮代表了学术话语的范式转型。文化、国家、语言、性别、政治、权力等诸多要素成为解释的核心范畴。同时，这些要素本身的内涵及其相互关系也发生了变化，最突出的就是政治不再仅指国家的活动或政府的运作，而更多的是与话语及其权

[①] 关于"回归"议程的文献十分丰富，这里仅列举其中比较重要的。关于"新制度主义"回归，参见 Jonathan Zeitlin，"Shop Floor Bargaining and the State: A Contradictory Relationship," in S. Tolliday and J. Zeitlin eds., *Shop Floor Bargaining and the State: Historical and Comparative Perspectives*, Cambridge and New York: Cambridge University Press, pp. 1-45; Charles Sabel and Jonathan Zeitlin, "Historical Alternatives to Mass Production: Politics, Markets and Technology in Nineteenth-Century Industrialization," *Past & Present*, No. 108 (Aug., 1985), pp. 133-176。在"国家回归"的议程中，西达·斯考切波（Theda Skocpol）对自由主义和马克思主义的批判十分有力，她反对将国家看成仅仅是潜在社会经济本质反映的取向，参见 Theda Skocpol, "Political Response to Capitalist Crisis: Neo-Marxist Theories of the State and the Case of the New Deal," *Politics and Society*, Vol. 10, No. 2 (1980), pp. 155-201; Theda Skocpol, "Bringing the State Back in: Strategies of Analysis in the Current Research," in Peter Evans, D. Rueschemeyer and Theda Skocpol. eds., *Bringing the State Back In*, Cambridge and New York: Cambridge University Press, pp. 6-37.（中译参见：彼得·埃文斯、迪特里希·鲁施迈耶、西达·斯考克波：《找回国家》，方力维等译，北京：三联书店，2009年。）历史社会学家迈克尔·曼（Michael Mann）在《社会权力的来源》第一卷中也批评以社会为中心的权力解释（参见迈克尔·曼：《社会权力的来源》，第1卷，刘北成等译，上海，上海人民出版社，2007年）。而英国的佩里·安德森（Perry Anderson）在其《绝对主义国家的系谱》中从国家的角度反思其前由 E. P. 汤普森（E. P. Thompson）等人提出的"自下而上的历史"（history from below）（参见安德森：《绝对主义国家想系谱》，刘北成等译，上海：上海人民出版社，2018年）。更引人瞩目的是，对社会经济解释模式进行批判的同时也伴随着对卡尔·波兰尼（Karl Polanyi）及其大作《大转型：我们时代的经济和政治起源》（中译参见：卡尔·波兰尼：《大转型：我们时代的政治与经济起源》，冯钢、刘阳译，北京当代世界出版社，2020年）的重新关注，参见 Fred Block and Margaret R. Somers, "Beyond the Economistic Fallacy: The Holistic Science of Karl Polanyi," in Theda Skocpol ed., *Visions and Method in Historical Sociology*, Cambridge; New York: Cambridge University Press, 1984, pp. 47-84（中译可参考斯考切波：《历史社会学的视野与方法》，封积文等译，上海：上海人民出版社，2008年）。在这一修正思潮中，查尔斯·梯利（Charles Tilly）从方法论和认识论上分析了"社会"这一范畴物化为社会科学解释基础的过程，参见 Charles Tilly, *Big Structures, Large Processes, and Huge Comparisons*, New York: Russell Sage Foundation, 1984. 乔安娜·因尼斯（Joanna Innes）和约翰·斯塔尔斯（John Styles）在对18世纪英国司法审判的研究中提出了法律的新历史，他们同样不认为法律仅是社会经济的一种"表述"（express），参见 Joanna Innes & John Styles, "The Crime Wave: Recent Writing on Crime and Criminal Justice in Eighteenth Century England," *Journal of British Studies*, Vol. 25, No. 4, Re-Viewing the Eighteenth Century (Oct., 1986), pp. 380-435. 在西方马克思主义内部，至少从20世纪70年代开始，葛兰西（Antonio Gramsci）成为最激烈反对还原主义思潮的来源，恩斯特·拉克劳（Ernesto Laclau）和查特尔·莫菲（Chantal Mouffe）是其中重要的代表，他们合写的《霸权和社会主义策略：迈向一种激进的民主政治》（尹树广等译，哈尔滨：黑龙江人民出版社，2003年）提供了话语取向政治研究的重要著作。

力发生了关联。正如帕尔塔·查特吉（Partha Chatterjee）所说的："政治必然在一个话语意义不甚明确的意识形态领域内运作。"[①] 同样还有"文化"这一概念，这一点将在下文作进一步解释。这一转型在很大程度上危及了"社会范畴"（the social）或"社会"（society）这一物质性因素作为社会科学和历史学解释的优先性地位。[②] "社会范畴的消解"（the dissolution of the social）预示了结构主义和马克思主义解释模式的消退。[③] 法国《年鉴》杂志将此称为"社会科学的整体性危机"。[④]

由此我们可以看到在历史学中"社会范畴"经历了一个类似抛物线的运动，这是因为 20 世纪初"社会"本身就是作为某种"修正思潮"而成为历史解释的核心范畴，反对先前那种过于集中叙述制度和国家精英活动的历史编纂学传统的。这一思潮肇始于 19 世纪后半叶，后为两次世界大战打断，直到 60 年代才得以完成。[⑤] 这一转变的本质乃是从一种易见的大事件的因果性转向一种"深度模式"的理论策略。[⑥] 正如多伊尔所说，也许 20 世纪中期成长起来的大多数历史学家即便不是个马克思主义者，也会认为：任何重大的历史现象必定有它的社会

---

① 查特吉：《民族主义思想与殖民地世界：一种衍生的话语？》，范慕尤等译，南京：译林出版社，2007，第 1 页。

② 乔伊斯：《社会史终结了吗？》，刘华译，童世骏校，李宏图主编《表象的叙述：新社会文化史》，上海：三联书店，2003 年，第 19-50 页。

③ Scott Lash and John Urry, "The Dissolution of the Social?," in Mark Wardell and Stephen Turner eds., *Sociological Theory in Transition*, Boston: Allen & Unwin, 1986, pp. 95-109.

④ Roger Chartier, "Le monde comme représentation," *Annales. Histoire, Sciences Sociales*, Tome 44, No. 6 (Nov. - Dec., 1989), pp. 1505–1520（中译参见本书译文：罗杰·夏蒂埃：《作为表象的世界》）；Gérard Noiriel, *Sur la "crise" de l'histoire*, Paris: Belin, 1996.

⑤ Geoff Eley, "The Generations of Social History," in Peter N. Sterns ed., *Encyclopedia of European Social History: From 1350 to 2000*, New York: Charles Scribner's Sons, 2001, pp. 3-29.

⑥ Jacques Revel, "Introduction," in Jacques Revel & Lynn Hunt eds., *Histories: French Constructions of the Past*, New York: New Press, 1995, pp. 1-63.

起因。①

易见的大事件的因果性从纵向上表现为将历史看成是由一系列关节点构成的，在这些重大关节点上历史进程又往往取决于关键性事件，从横向上表现为这些关节点上的重大事件对其他小事件的支配性。因此大事件和小事件之间构成一种"中心辐射模式"。这种大事因果性不仅是历史目的论思维方式的产物，事实上也具有社会整合的现实效应。马歇尔·萨林斯（Marshall Sahlins）认为在"英雄史"的叙述模式中，国王和战争的故事置于叙事的优先地位，是因为他们的行为被泛化为该社会的形式和命运。②事实上，在诺伯特·埃利亚斯（Norbert Elias）所描述的宫廷社会中它依旧占据了重要的地位。宫廷社会通过仪式、节庆、服饰等等多种显见（visible）的符号强调着中心人物或是核心事件的突出性作用。③

此外，大事件的因果模式以及时间观念有一套话语技术和叙事的模式作为"保障机制"，后者渲染了大事件作用的重要性以及线性时间的现实感。菲利普·卡拉尔（Philippe Carrard）认为实证史家以"严格"的编年顺序安排的叙事实质上是一种"场景叙事"（scenic narrative），叙事的焦点是一系列被认为有着重大意义的时刻。一方面史家在他们的著作中详尽地列举了在这些决定性时刻发生的事件及其相关的人物，从而说明大事件之间的关联，建立了一种客观时间的现

---

① William Doyle, *Origins of the French Revolution*, Oxford; New York: Oxford University Press, 1999, p. 20.

② 萨林斯：《历史之岛》，蓝达居等译，上海：上海人民出版社，2003 年，特别是第 60 页以下对"英雄史"的论述。他认为在谈论某些类型的社会的时候将国王和战争的故事置于叙事的优先地位，乃是因为他们的行为被泛化为该社会的形式和命运。

③ 本段分析参考了李猛：《日常生活中的权力技术：迈向一种关系/事件的社会学分析》，北京大学：社会学系硕士论文，1996 年。

实感；另一方面，又通过将这些大事件的场景叙事与大人物的自传联系起来，以"亲身经验"作为历史叙事的基础，从而建立了一种主观之间的现实感。而关联大事件的锁链则是某种目的论的系统。在此类史学写作中，这一目的论是通过史家的论述（argument）来彰显的，在这样一个场景，叙事史家往往需要通过简要的总结来将一个（意义重大的）时刻与另一时刻联系起来。[1] 事实上，实证史学叙事所产生的现实效果不仅仅取决于按照一种编年顺序来安排事件的文本次序，也不仅仅取决于场景叙事强烈的故事性，使得"编年－场景叙事"发挥效力的基础在于那些看似无关紧要的"简单总结"所建立的一套事件等级制和相应的单一线性时间系列。这套事件等级制和单一线性时间系列为普通人建立事件之间的因果性提供了一个十分简便、显而易见的效果。

由此观之，19 世纪末、20 世纪初社会史的出现与 20 世纪 80 年代的"回归"思潮很相似："社会范畴"（the social）被带入分析的视野，"国家"和"精英"的大事件日渐退场。"社会范畴"的登台首先意味着研究对象改变。单纯的事件不再是史家崇拜的"偶像"，更确切地说，历史学的任务不再是叙述那些根据特定时间为轴心挑选出来的事件。相反，科学的历史学——社会史曾经这样自封——应以问题为导向，研究对象应该是根据问题，从混乱的事实中透析出某种"稳定和明晰的关系"。[2] 关系是潜在的，不是显而易见的，也不会自动浮

---

[1]　Philippe Carrard, *Poetics of the New History: French Historical Discourse from Braudel to Chartier*, Baltimore: Johns Hopkins University Press, 1992, pp. 8-10.

[2]　Lynn Hunt, "French History in the Last Twenty Years: The Rise and Fall of the Annales Paradigm," *Journal of Contemporary History*, Vol. 21, No. 2, Twentieth Anniversary Issue (Apr., 1986), pp. 209-224. Jacques Revel, "Introduction," pp. 1-63.

现，只有通过分析和研究才会得以显现。正如弗朗索瓦·孚雷（François Furet）所说，在对整齐划一的资料的编年进行系统性研究时，事实上史家对其知识领域的一个特殊对象——时间，或者更确切地说史家给予时间的概念和对时间的表现——进行了改造。[①] 这一关系性的建构甚至被认为是理解历史的前提。因此即使是像弗朗索瓦·西米昂（François Simiand）和恩斯特·拉布鲁斯（Ernest Labrousse）那样重视经济史研究的人也不会认为经济力量就是决定性的因素，这是因为他们要研究的不是单纯的经济事实（the economic fact）本身，而是具有社会效应的经济事实。这就是拉布鲁斯所说的："经济拥有其结构性的局势。"也正是在这个意义上，这一代人的著作都会关注危机，因为危机恰反映了社会对经济效应的抵制作用，也凸现了结构决定性的影响力。[②] 于是躲藏在"事实"里面并与"事实"一起被发现的一种传统的历史客观性观念就彻底瓦解了，同时史家也逐渐意识到他自己构建了自己的"事实"，历史研究的客观性不仅取决于他用于分析这些事实的那些研究议程，而且取决于这些议程对其研究中的假设的相关性。

此外，"社会范畴"的置入也改变了历史的认识论，出现了一种

---

① 孚雷：《历史学中的计量》，勒高夫（Jacques Le Goff）等编，《新史学》，姚蒙译，上海：上海人民出版社，1989 年，第 122 页。

② 对西米昂而言经济活动的波动（the fluctuations of the economic activity）乃是由不同性质的长时段的周期和短时期的波动构成的，通过货币这种中介形塑了社会行为。拉布鲁斯试图从西米昂的方法论及其概念框架中推演出"局势"的普遍现象，对拉布鲁斯而言，对局势的社会理解根据行动者的不同地位反映出来，这些地位是根据生产和交换中收入和地位模式来辨识的。关注于社会理解对两人来说越来越重要，以至于皮埃尔·维拉（Pierre Vilar）得以发现了从"局势的经济主义"到"结构的局势主义"的这种转变（a transition from "conjunctural economism" to "structural conjuncturalism"）。相关分析参见：Jacques Revel, "Introduction," pp. 21-23。英国史家屈威廉（George Macaulay Trevelyan）也有同样的观点，参见 Adrian Wilson, "A Critical Portrait of Social History," in Wilson, ed., *Rethinking Social History: English Society 1570–1920 and its Interpretation*, Manchester and New York: Manchester University Press, 1993, pp. 9-58。

可以称为"深度模式"的新理论策略。① 据此，社会史家往往试图挖掘"表面现象"背后的"深层"原因或"深层"力量，从而在诸研究对象之间构筑起一种结构或系统关系。"深层性"在某种意义上等价于科学性和客观性。史家借助因果分析将不同的对象排序为一种等级序列，并确定它们所在的不同"深度"的结构性位置。② 在这一等级排布的过程中，"社会范畴"具备了脱离于政治和文化范畴的独立性，潜入因果关系链的底层，而文化或政治范畴逐渐成了一种被决定的现象。

此外"社会范畴"的置入从根本上改变了历史学"一致性"的信念基础。一个世纪以前，史家认为有可能对全人类的历史做出统一的权威的叙述，这构成了历史一致性信念的基础。当这种期望破灭后，史家转而认为可以根据某种共同的方法再次构建一致性的历史学，这也是年鉴学派第一代人的梦想。而现在，历史一致性的梦想因为社会范畴在解释上的绝对权威性重生了。③

历史学的此种演进在威廉·休厄尔（William H. Sewell, Jr）身上体现得十分明显。④20 世纪 70 年代，他对马赛工人的研究是美国新社会史研究的典型，而 1980 年出版的《法国的工作与革命：从旧制度到 1848 年工人的语言》（*Work and Revolution: The Language of Labor*

---

① 以赛亚·伯林将此种思维模式与"历史必然性"联系起来，认为这是19世纪的新产物（伯林：《历史的不可避免性》，收入柏林《自由四论》，胡传胜译，上海：译林出版社，第104-185页）。巴什拉从另一个角度也探讨了这一问题，参见 Gaston Bachelard, *The New Scientific Spirit*, translated by Arthur Goldhammer. Boston: Beacon Press, 1984, 中译参见加斯东·巴什拉：《科学精神的形成》，钱培鑫译，南京：江苏教育出版社，2006年。

② Gaston Bachelard, *The New Scientific Spirit*, p. 104.

③ 对19世纪以来历史学一致性的精彩分析，参见 Leonard Krieger, *Time's Reasons: Philosophies of History Old and New*, Chicago: The University of Chicago Press 1989.

④ William Sewell Jr., "The Political Unconscious of Social and Cultural History, or, Confessions of a Former Quantitative Historian," in *Logic of History: Social Theory and Social Transformation*, Chicago: University of Chicago Press, pp. 22-80.

from the Old Regime to 1848）则宣告了他对先前那种社会科学方法论的反思和决裂，他批判了那种将阶级和阶级意识看成是既定实体的做法，转而分析了在资本主义的作用下，旧制度传统下的团体文化是如何创造性地变成工人阶级意识的。他对于文化意义和话语实践性挪用的强调，质疑了在政治运动和阶级意识分析中社会物质情境那种不可还原的重要性。社会史将文化现象放入社会性给定的利益环境中分析。与其他修正主义者一样，休厄尔认识到修正主义的议程需要将文化本身从社会经济还原论中拯救出来，使其重获解释力。在他们看来，经济和社会关系不再优先于文化关系，也不再决定文化关系；它们本身就是文化实践和文化生产的场所，后者不能依据文化之外的体验维度来做还原性的解释。①

　　本文将根据文化的不同角色和不同内涵来勾连休厄尔的重要研究。这一做法的目的首先是要弱化 20 世纪 80 年代那些激进修正主义者的批评，后者总是想要凸显自己与社会史之间的差别。但我认为两者之间的本质区别绝不在于行动主体意识和客观情境之间所构筑的因果关联是否被看成是无中介的关联，而在于如何处理主体性和客体规定性之间的偏离。实际上早期社会史对主体行动和客观情景之间关系的复杂性颇有认识。此外修正派一开始就指责社会史无力解决复杂的主体性问题，当他们试图用文化或话语取代社会维度来解释的时候，其批判议程却陷入了同一种还原论的逻辑中：原先那些社会史家将"阶级"或"社会共同体"这些概念作自然化处理的过程现在被用在了"话语"

---

① 正如米歇尔·福柯（Michael Foucault）在其论述话语的著作中所解释的，他并不是对决定话语形式的"潜在的"因素有兴趣，而是对"历史地来看，真理——效应是如何产生于话语之中的，而这些话语本身即非真，亦非假"感兴趣。参见：Mark Poster, "Foucault and History," *Social Research*, Vol. 49, No. 1, Modern Masters (Spring 1982), p. 125.

或"文化"身上。因其解释效力，文化或话语获得了一种现实性的效应。结构主义在"认识论分析"和"本体（实体）论范畴"之间的混淆被毫无反思地带入修正主义。这一点将在下文给出分析。但是与这些人不同，休厄尔在论证文化或话语在解释上的不可或缺的独立性作用时，也提出了对"社会物质基础"本身的不同理解，从而避免了"物质基础"本身的社会性理论划分在研究中变成一种现实区分的做法，这也是本文着重分析的内容。

作为补充性解释维度的文化：新社会史下的劳工研究

社会史早在 19、20 世纪之交就被提了出来，只不过那时更多的是一种口号、一面旗帜。直到第二次世界大战结束以后，社会史才成为一项"国际性议程"（an international project）发展起来。社会史的兴起代表了研究范式的转型，影响深远。它不仅将那些被先前传统史学忽视的下层民众纳入研究议程之内，同时也将研究的横向幅度拓展到政治、军事以外的日常经历。新对象的产生以及新问题的提出事实上也就意味着史料观念的拓展。诸如教区的登记册、税收花名册、人口统计、遗产登记、民歌等材料为史家探究过去社会的结构、体制以及普通人的生活经历提供了重要的信息。这些曾经被费弗尔（Lucien Febvre）称为"不成文的史料"（unwritten evidence）通常是由那些几乎不识字的普通百姓在与政府机关接触时"被迫"留下的一言半语、一个署名，或是一段证词。这类内容单薄的、叙述模式化的史料本质上不同于实证史学赖以构建政治史的官方档案，它们不能像处理政治事件那样进行逐一分析。因而使用这些史料就必然意味着一种全新的文本化（textualization）的方式的出现：量化地处理（drawing on），而不是引用或引证（quoting from）。[1] 因而，通过量化，史家将那些没有机会自述或自撰其生命与思想历程的人的证词"还原"为可资利用的文本。

此外，通过量化得来的数据和图表不仅是一种再现（represent）过去的视觉化的直观模式，[2] 而且也是界定"科学性"的一种认识论标准。大量的数量和图表象征着精确度、可信性和专业化，使得史学文本更具科学性，这就像大量的引用和脚注确保其学术性的效果一样。科学性和专业性战胜了常识，这最终导致了那些理论贫乏、方法单一的传统叙述史学被归入了通俗作品或流行读物的行列。20 世纪六七十年代历史学终于实现了西米昂的预言，即历史学想要成为真正的科学，就必须采纳真正的科学认识论的标准。[3]

同时，这种科学的认识论也创造了历史学的研究对象。20 世纪三四十年代的社会史常常被讥讽为"锅碗瓢盆史"。这一绰号恰恰指出了社会史的根本缺陷：如果仍旧像政治史那样也把既有的对象——比如人们的穿着、日常生活的用具——直接搬来研究的话，那么这种历史学只能是零碎、缺乏系统、理论贫乏的，而且也脱离不了叙述史

---

[1] Philippe Carrard, *Poetics of the New History: French Historical Discourse from Braudel to Chartier*, p. 151.

[2] 这一点在那种描述经济和社会变迁的布罗代尔式历史著作中体现得更明显。描述性的时代更替、重要历史事件带来的波动和变迁感被数据之间的差异和曲线的波动这一更为直观的方式展现出来，对历史进程的分析和描述因而更与研究主体无涉，凸现了客观性。

[3] Jacques Revel, "Introduction," p. 7. 西米昂撰写此文的目的是反驳瑟诺博司，后者在 1901 年出版了专著《应用于社会科学的历史方法》（Ch. Seignobos, *La méthode historique appliquée aux sciences sociales*, Paris: Alcan, 1901）。此后，这场论战在 1904 年召开的现代史学会议上继续发酵，并继续蔓延至 1906–1909 年连续三届法国哲学学会会议，并吸引了涂尔干等一些社会学家的关注。

的局限。的确，二战前的社会史基本上还是依赖于政治史的假设和方法论，并无多少创新。但是与此不同，20世纪60年代的新社会史家不仅从社会科学那里借来了方法，也借来了新的认识论。他们将"社会"视为一种有机和客观的结构，超越于社会成员和历史主体的直觉认知范围，但却是约束他们行动和思想的根本因素。社会结构在那些可以被计量的经济、人口模式、财产关系以及职业分层这些"硬性数据"（hard data）上留下了可直接触及的（palpable）痕迹（traces）。相反，那些作为这一潜在结构的表象（representation）的诸如文化水平、政治态度、读写能力的材料被视为"软性数据"（soft data），被划入文化史或思想史的行列。这本是一种认识论上的差别，却导致了决定性的社会结构和被决定的思想文化范畴在本体论上的不同。下文将进一步分析这种认识论和本体论上的混淆的原因。

　　新社会史的信念和方法论主张影响了休厄尔的早期论著。根据政治运动的社会性维度来重新界定和审视马赛工人阶级在1848年以后激进政治行动的取向展现了这一时期劳工史试图超越仅限于关注制度和工人领袖思想局限性的努力。这其实也说明政治议题从未淡出过社会史的视野，但是，现在的关键问题是如何整合政治叙述和社会叙述，如何从社会的角度出发重新审思政治的变迁。① 支配传统劳工史研究的"资本主义兴起"的模式认为资本主义兴起带来了工厂生产的普遍化，

---

　　① 罗伯特·哈里森（Robert Harrison）认为与传统史学相比，新社会史家虽然对社会动因有着更为丰富的理解和把握，但是他们的研究主题依旧是政治性的。比如像美国革命和内战的起源依旧是社会史的重要议题，参见Robert Harrison: "The 'New Social History' in American," in Peter Lambert and Phillipp Schofield eds., *Making History: An Introduction to the History and Practices of a Discipline*, London and New York: Routledge, 2004, pp. 110-111. 斯特恩（Peter Sterns）在《论社会史》中也曾指出，政治史的议题是不能抛弃的，社会史家应该做的是在对社会的研究中讨论政治，并发现那些影响或形塑政治生活的社会因素［Peter Sterns, "Some Comments on Social History," *Journal of Social History*, Vol. 1, No. 1 (Autumn, 1967), p. 4］。

导致了无产阶级的产生，并最终引发了激进的工人运动。但是当新社会史分析了更丰富的社会维度后，这一理论模式的经验基础受到了挑战，因为一个"工人阶级"的范畴与其说解释了工人运动的主体，不如说掩盖了更复杂的事实。很明显，不同的马赛工人有着截然不同的政治态度。

休厄尔根据拉斐尔·萨缪尔（Raphael Samuel）提出的"不平衡"模式①对连续性进行了切割。他区分了不同层次的历史事实，对隐藏在"资本主义兴起"假设中的均质演进公设——在这一公设看来资本主义发展导致了所有社会因素整齐划一的演进——提出了质疑。这意味着事件不再只具有单一的节奏，不再只是周期性的波动或是神秘性的突发，而是一种可以进行衡量和比较的，并且具有多重差异的演进节奏。休厄尔研究的出发点便是"资本主义兴起"模式未加反思的基本概念：工人阶级。

---

① 休厄尔所使用的"不平衡"概念来自拉斐尔·萨缪尔（Raphael Samuel）。萨缪尔将托洛斯基（Trotsky）本来用于分析欠发达边缘地区的"不平衡和混合发展"（uneven and combined development）这一概念用于发达国家内部。萨缪尔认为不平衡性（unevenness）不仅仅发生在国家间的宏观层面上，而且也会发生在一国内不同经济部门中，甚至也会发生在同一行业的不同发展阶段中［Raphael Samuel, "Workshop of the World: Steam Power and Hand Technology in Mid-Victorian Britain," *History Workshop*, Vol. 3(Spring, 1977), pp. 6-72］。

表 1　马赛地区主要行业的统计与分类①

职业	样本数量	生于马赛的比例	标准差（1）	父亲是同一行业的比例	标准差（2）	农民或熟练工（journaliers）之子的比例	标准差（3）	排外性的符合指标
码头工人	40	90	1.73	73	2.55	2	1.82	6.10
航运业	17	88	1.69	53	1.34	6	1.40	4.43
造船工人	17	82	1.36	41	0.61	6	1.40	3.37
铜匠	26	73	0.95	31	0.00	0	2.00	2.95
制革工人	21	80	1.27	38	0.43	29	-0.64	1.06
包装工人	10	80	1.27	30	-0.06	30	-0.73	0.48
石匠	58	69	0.77	38	0.43	33	-1.00	0.20
排外性技术行业总计	189	79		45		16		
木工（joiner and Cabinet-Makers）	41	39	-0.59	24	-0.44	17	0.45	-0.58
各类建筑工人	20	35	-0.72	25	-0.38	20	0.18	-0.90
鞋匠	64	33	-0.86	42	0.67	30	-0.73	-0.92
各类技木工人	114	46	-0.27	19	-0.73	21	-0.09	-0.91
冶金匠	35	37	-0.68	20	-0.67	23	-0.09	-1.44
面包工人	25	24	-1.27	32	0.06	36	-1.27	-2.48
房屋油漆工	12	33	-0.86	8	-1.40	25	-0.27	-2.53

① 以下各表格数据来自：William Sewell Jr., "The Structure of the Working Class of Marseille in the Middle of the Nineteenth Century," Ph.D. dissertation., Berkeley: University of California, 第6~7章。"The Working Class of Marseille under the Second Republic: Social Structure and Political Behavior," in P. Stearns and D. Walkowitz eds., Workers in the Industrial Revolution, New Brunswick, N.J.: Transaction Books, pp. 88-89.

续表

职业	样本数量	生于马赛的比例	标准差（1）	父亲是同一行业的比例	标准差（2）	农民或熟练工（journaliers）之子的比例	标准差（3）	排外性的符合指标
采石工人	22	50	-0.09	5	-1.58	36	-1.27	-2.94
裁缝	16	6	-2.09	19	-0.73	25	-0.27	-3.09
开放性技术行业总计	354	37		24		24		
技术行业总计	543	52		31		22		
非技术行业								
车夫	10	20	-1.45	50	1.19	40	-1.64	-1.90
各类非技术行业								
制皂匠	20	27	-1.14	27	-0.25	40	-1.64	-3.03
临时工	13	62	0.45	23	-0.50	69	-4.27	-4.32
炼糖工	62	24	-1.27	42	0.69	65	-3.91	-4.49
	17	24	-1.27	0	-1.94	47	-2.45	-5.66
非技术行业总计	122	26		30		57		
其他								
各类服务行业	16	12	-1.82	19	-0.75	25	-0.27	-2.84
侍从与厨师	15	20	-1.45	7	-1.50	40	-1.64	-4.59
船员	30	27	-1.14	40	0.56	17	0.45	0.13
渔夫	13	85	1.50	85	3.47	0	2.00	6.97

休厄尔对婚姻登记和人口财产等新材料进行了统计分析，制定了"排外性"这一"内部标准"，马赛的工人被分成两大类，一类是排外性的技术行业（exclusive skilled trade），另一类是开放性的技术行业（open skilled trade）以及其他非技术行业。马赛地区的外来人口很多，这一标准的区分度因此显得很高。19 世纪前半叶马赛跃居世界第五大港口。经济的繁荣吸引了大量的外来人口，他们大多来自小城镇和偏远地区。1821 年到 1851 年这 30 年间马赛的移民人口为 86545，占人口增加总数的 97％。在 1846 年的一次人口统计中马赛地区有 59％的成年男性和 55％的成年女性是移民人口。[①] 经济的扩张和人口的流动带来了劳动力市场的膨胀和不稳定。但是像航运业这些排外性的技术行业却一直严格地维持着"子承父业"的组织形式，比较成功地抵制外来工人的入侵。在这一类行业中只有 20％左右的工人是来自外地的。而资本家的行业组织却远没有达到这样的组织能力（参见表 2）。这就是马赛劳工世界的特点。

表 2　排外性：资本家、技术工人和非技术工人

行业分类	本地人的比例	父亲是同一行业的比例	农民或熟练工之子的比例
有产者	38	18	17
排外性技术行业	79	45	16
开放性技术行业	37	24	24
非技术行业	26	30	57

对于休厄尔所关注的工人政治性问题而言，区分排外性和开放性的意义更彰显于根据 1848—1851 年间镇压民众起义的官方材料所做出

---

① William Sewell Jr., "The Working Class of Marseille under the Second Republic: Social Structure and Political Behavior," p. 195.

的统计结果当中。（参见表 3）

表 3　激进分子的行业属性（1848—1851）[1]

	排外性的技术行业	开放性的技术行业	非技术行业	服务业	水手与渔民	资本家	其他参加人员
激进人数总人数：1398	105	653	140	143	19	395	43
激进人数的比例	8	47	10	4	1	28	3
人口比例	13	28	17	3	6	30	4
激进人数／人口比例	0.5	1.7	0.6	0.8	0.2	0.9	0.8

表 3 说明在数次激进政治运动中开放性技术行业的参与者是排外性行业的三倍，同时也远远超出其他行业的工人人数。因此开放性技术行业和激进的政治行动之间存在着某种对应关系。

量化的方法将蕴含在新材料中的那些零星琐碎，但却是同质的事实组建成均匀的、可进行比较的单位元素。当这些元素被安排进图表的适当位置时，它们之间的关联——这一关联既可以是因果性的，也可以是某种根据同质性或异质性现象进行区分的分类——就"自然"显现出来了。[2] 通过综合上述图表，不难发现工人行业的开放性与他们的政治激进性之间有着某种关系。这说明量化的方法是再现过去的一种全新文本化模式，由此历史的叙述变成了一种可见性的显现，而不只是文字带来的印象主义。此外，量化方法也是新社会史家得以成功战胜传统史学的重要武器，因为行业开放性和政治激进性之间的关系在传统的"资本主义兴起模式"中是看不到的。新社会史家通过"移植"

①　William Sewell Jr., "The Working Class of Marseille under the Second Republic: Social Structure and Political Behavior," p. 195.

②　孚雷：《历史学中的计量》，第112页。

量化的方法而获得了这种方法论本身所"附带的"科学性，而科学的新社会史反过来印证了传统史学的不科学性。这就是布迪厄所说的"孟德斯鸠效应"（Montesquieu effect）。[1]

"资本主义兴起"模式的主要问题就是把"工人"看成是同质性的群体，而工人的政治意识也被当作资本主义兴起带来的普遍的无产阶级化的结果。通过计量，休厄尔将"工人阶级"和"工人运动"这些总体性概念拆解成多层次、多个次级系统的研究单位。由此便可以对这些素材的内部关联提出看法和假设。因此通过对"工人"这一范畴内在差异以及对1848—1851年间民主社会运动参与者的统计结果进行比较以后，他发现社会经济变迁首先影响了开放行业中的工人，这些最先信奉民主社会主义政治模式的人，也是激进政治运动的主要参与者。[2]

量化的方法论成功地将一个总体性的叙述对象拆解成由多个部分组成的复杂体系，根据现象的各层次或各局部之间的关系——在量化的研究中，这些关系似乎常常能自动地从表格或曲线中浮现出来——我们事实上发现了不同的时间适应模式和不同的历史节奏。这其实就是布罗代尔所说的历史时间的多重节奏。

但是开放技术行业工人为什么更激进呢？休厄尔转而诉诸"文化"这一传统解释维度。十分有意思的是，文化的解释效力也是通过量化来证实的。

---

[1] Philippe Carrard, *Poetics of the New History: French Historical Discourse from Braudel to Chartier*, p. 174.

[2] William Sewell Jr., "The Working Class of Marseille under the Second Republic: Social Structure and Political Behavior," pp. 107-109.

表 4　1848 年 6 月和 1851 年 12 月政治活跃者的职业和出生地 ①

	排外性的技术行业	开放性的技术行业	无产者	其他	总计
出生马赛的工人					
（1）政治活跃者人数	17	54	16	30	117
（2）政治活跃者人数比例	3.2	10.1	3.0	5.6	21.7
（3）占人口比例	10.6	12.0	3.2	13.7	39.5
（4）（2）和（3）之比	0.3	0.8	0.9	0.4	0.6
出生法国其他地方的工人					
（1）政治活跃者人数	18	223	32	91	364
（2）政治活跃者人数比例	3.4	41.8	6.0	17.0	68.2
（3）占人口比例	2.2	17.5	5.4	19.5	44.6
（4）（2）和（3）之比	1.5	2.4	1.1	0.9	1.5
出生国外的工人					
（1）政治活跃者人数	1	26	17	9	53
（2）政治活跃者人数比例	0.2	4.9	3.2	1.7	10.0
（3）占人口比例	0.9	4.7	5.1	5.1	15.8
（4）（2）和（3）之比	0.2	1.0	0.6	0.3	0.6
总计					
（1）政治活跃者人数	36	303	65	130	534
（2）政治活跃者人数比例	6.8	56.8	12.2	24.3	
（3）占人口比例	13.7	34.2	12.7	38.3	
（4）（2）和（3）之比	0.5	1.7	0.9	0.6	0.6

① 数据来源：William Sewell Jr., "Social Change and the Rise of Working-Class Politics in Nineteenth Century Marseille," *Past & Present*, vol. 65 (November, 1974), p. 103.

对 1848 年 6 月和 1851 年 12 月政治运动的参加人数的统计（参见表 4）说明几乎所有行业中那些外来工人都更容易参加政治运动。[①]同时开放行业中的本地人也远比那些排外行业中的本地人更为激进。因此在开放性技术行业中，无论是外来工人还是本地工人都要比其他同类工人更激进。休厄尔据此得出结论：开放性的技术行业并不是一群外来工人和本地工人的混杂，而是一个社会文化单位（social and cultural unit），其文化特性在不同程度上为本地工人和外来工人所共享。[②]

休厄尔认为开放性技术行业的文化实际上是一种共和主义和社会主义政治文化。与资本主义经济的渗透一样，新政治文化的传播也不是一个稳定且线性的过程。在开放性的技术行业中，市场的扩大、人口的流动带来了传统文化模式的消退，这为新政治文化的进入"腾出"了空间。此外，流行于 19 世纪中期的社会主义模式虽然带有革命性，本质上却是一种中世纪乃至近代早期城市技工文化世俗化的再现和延续，都以生产者的合作观念（the idea of producers' co-operative）为基础。因此，相比无产者和非技术行业的工人而言，社会主义的观念模式对技术工人有更大的亲和力。对于排外性行业而言，严格的组织模式保证了他们的优势地位，而经济的扩张和人口的流动促生了不安全感。他们对现行的各种改革观念十分敏感，而且常常持有怀疑态度。在一个变迁的环境下优势地位导致的保守心态变得越发固守。而严格的招工模式使得这一类行业隔绝于外在的社会变迁，对共和主义和社会主

[①]　William Sewell Jr., "The Working Class of Marseille under the Second Republic: Social Structure and Political Behavior," p. 104.

[②]　William Sewell Jr., "Social Change and the Rise of Working-Class Politics in Nineteenth Century Marseille," pp. 102-104.

义的宣传有一定的"免疫力"。^①

这一解释逻辑说明了以下两点：首先，通过量化方法，"价值""观念"和"传统"这些文化维度本质上具有了与物质因素一样的同质性，而文化的解释由此变成一种同质化的假设：社会史的逻辑是同样的社会背景应该表现出类似的政治行为。当这一逻辑受到经验研究挑战时，文化的概念作为补充性的解释维度就产生了。文化史便认为只要共享了同一种文化，纵然社会背景有别，主体还是能表现出同样的政治态度的。^② 因而，文化一开始就没有摆脱社会史的基本假设，本质上是一种"物化"的因素，就像那些社会史家对"阶级"或"社会共同体"所作的自然化和同质化的处理一样。在休厄尔的研究中，当同质性的社会因素不能解决异质性的行为时，文化作为一个补充性的因素被带入进来，因为他发现了这是那群人唯一共享的同质性。"文化"是一个能够提供解释的，而不是有待反思的整合性的因素。即使是在 20 世纪 80 年代的文化转向中，这一假设仍旧存在。

其次，在休厄尔的早期研究中，文化这一范畴的重要性不是在它本身，而是因为它关系到一个重要的社会现象，即"工人阶级的兴起"（the rise of the working class）。休厄尔认为工人阶级的研究者应该是一名"业余的人类学家"（amateur anthropologists），这样才能重构工人阶级的大众文化。文化变迁是系统变迁的一部分，无论它发生在何时何处，都必将会影响到系统的其他部分。^③ 这说明文化的重

① William Sewell Jr., "The Working Class of Marseille under the Second Republic: Social Structure and Political Behavior," pp. 96-98.

② Peter Burke, *What is Cultural History?*. Cambridge, U.K.; Malden, MA: Polity Press, 2004, pp. 25-26.

③ William Sewell Jr., "Social Change and the Rise of Working-Class Politics in Nineteenth Century Marseille," pp.106-107.

要性在于它所产生的"社会效应"。正如钱德拉·玛克赫吉（Chandra Mukerji）和迈克尔·舒德森（Michael Shudson）在评价 20 世纪 60 年代大众文化的研究时所说，这一领域的史家与其说是在寻找一种业已为人遗忘的文化形式——比如嘉年华（the Carnival），还不如说他们更加关心这些文化和态度中所体现出来的"社会"意义，即与"现代化"的关系。[①]

"文化"的抬升：作为一种社会性存在因素的"文化"

休厄尔早年的社会史研究验证了爱德华·卡尔（Edward Carr）的预言："历史学越社会学化，而社会学越历史学化，这将对两者都有益。"[②] 但是，1980 年出版的《法国的工作与革命：从旧制度到 1848 年劳动者的语言》却是他自觉背弃社会科学模式的开始。[③]"社会史家总是采纳社会学流行的假设，认为只要计量就能够产生'坚实的'或是'科学的'知识……实际上社会史家只重视那些能量化分析的社会经历，而忽视了诸如意识、态度、流行的观念或情感这些难以分析描述的经历。劳工史研究中的这种社会学偏见（the sociological prejudice）又因为马克思主义关于物质基础和意识形态的上层建筑的区分而进一步被强化。"[④] 在《法国的工作与革命》一书中，休厄尔试

① Chandra Mukerji, Chandra & Michael Shudson, "Introduction: Rethinking Popular Culture," in Chandra Mukerji & Michael Shudson eds., *Rethinking Popular Culture: Contemporary Perspectives in Cultural Studies*, Berkeley: University of California Press, pp. 1-61.

② Edward Carr, *What is History?* New York: Vintage Books,1965, p. 84.

③ 该书获得了 1981 年美国历史协会颁发的亨利·亚当斯奖（the Herbert Baxter Adams Prize）。1983 年出版了法译本 *Gens de métier et Révolution. Le langage du trabvail de l'Ancien Régime à 1848*。

④ William Sewell Jr., *Work and Revolution in France: The Language of Labor from the Old Regime to 1848*, Cambridge and New York: Cambridge University Press, 1980, p. 8.

图颠覆社会史的这种偏见。他将矛头对准了劳工史长期以来坚守的分析体系。他要寻找"那些被编码成（encoded into）社会和政治秩序的文化概念（cultural concepts）"[1]。

在提交给 1977 年 4 月法国历史研究会在加州大学伯克利分校召开的年会的一篇文章中，休厄尔写道："大多数劳工史家的理解框架使得他们忽视了旧制度团体体系（corporate system）与 19 世纪工人运动之间的联系性。根据这一主流框架的理解，这种团体制度（the corporate regime）在 1789 年时开始衰落，最终为法国大革命摧毁，而 19 世纪的劳工组织则是产生于新的工业经济压力下。"[2] 因此他的论述涵盖了从旧制度到 1848 年的整个变迁，想要跨越"革命的断裂"，这样一来就凸显了文化传统的继承性。

休厄尔认为 19 世纪的工人运动和社会主义并非直接（unmediated）诞生于新生资本主义体系的剥削动力（the explorative dynamics）之下。相反，那些代表法国早期社会主义思想的工人实际上从旧制度那里继承了一套丰富的团体文化遗产，这正是他们回应资本主义剥削的基础。因此，工人运动及其社会主义的观点是以劳动者和民主体制的立场反对资本主义，但是其自身又深深地扎根在团体主义的文化中。简而言之，在旧制度的团体体系和 1848 年的社会主义之间明显存在着连续性。[3]

这一连续性表现在话语的继承上。直到 1848 年，诸如 corporation,

---

[1]　William Sewell Jr., "Property, Labor, and the Emergence of Socialism in France, 1789-1848," in John M. Merriman, ed., *Consciousness and Class Experience in Nineteenth-Century Europe*, New York: Holmes & Meier Publishers, 1979, p. 60.

[2]　William Sewell Jr., "*Corporations Républicaines*: The Revolutionary Idiom of Parisian Workers in 1848," *Comparative Studies in Society and History Vol. 21, No. 2 (Apr., 1979)*, pp. 195-196.

[3]　William Sewell Jr., "*Corporations Républicaines*: The Revolutionary Idiom of Parisian Workers in 1848," p. 202.

corps d'état，corps de métier 这些词语还在广泛使用，经常出现在演讲词、请愿书和公会宣言中。休厄尔将 19 世纪工人阶级中这套传统团体价值和实践的维存归因于经济部门中手工业生产重要性的持续上。19 世纪中叶之前，法国人口的增长和城市化进程都比较缓慢。这极大地限制了对大规模生产的需求，工厂的发展和扩张十分有限。此外，在早期工业发展中，工厂生产实际上与手工业的生产相互依存。 因为工厂生产要么只局限在那些技术要求不高的行业（unskilled labor），比如重金属冶炼、食品加工行业等，要么是在全新领域中发展，比如重化学、蒸汽机制造业等。因此工厂的到来只是增加了无技术或半技术工人，但是并没有取代手工艺人。工厂的发展反而带来了对手工产品（artisan-produced goods）需求的扩大。直到 19 世纪中叶，在手工行业中受雇的工人都要远远多于工厂工人的人数。[①] 因而大革命面对的是一群没有从旧制度心态及组织机制中脱离出来的工人群体。缓慢的城市化和工业扩张只是适度地改造了传统的手工行会世界。

因此，冲击团体制度的主要因素不是社会经济的发展，而是从萌发于启蒙时代、历经大革命后而获得合法性的个人主义的意识形态。[②] 这种个人主义的意识形态认为公民是平等的个体，需要顺从于一部共同的法律。旧制度下师傅的权威，以及他对生产、贸易，甚至是学徒

① William Sewell Jr., *Work and Revolution in France: The Language of Labor from the Old Regime to 1848*, pp. 154-161; "Artisans, Factory Workers, and the Formation of the French Working Class, 1789-1848," in Ira Katznelson and Aristide Zolberg eds., *Working Class Formation: Nineteenth Century Patterns in Western Europe and the United State*, Princeton, N.J.: Princeton University Press, 1986, pp. 45-50. 但是工匠和工厂系统的共存并不意味着手工业本身没有经受什么改变。事实上工人数量的增多本身就是张力的一种来源。一个行业中熟练工人的数量的剧增使得工人很难再控制劳动市场（比如工资问题、劳动状况等）。所以工人数量的剧增导致了雇主与工人之间关系的变化。同时，某些技术也发生了变化。当然更为重要的变化发生在生产和销售的组织上。

② William Sewell Jr., *Work and Revolution in France: The Language of Labor from the Old Regime to 1848*, pp. 63, 114-143.

的控制都来自团体所赋予的身份特权。但是在革命之后，作为特权体制构成之一的团体制度被取消了，"身份资本"就失去了法律效力。一个由个体构成的自由和竞争的市场建立起来。国民议会关于自由的基本原则，以及公意与国家之间的宪政关系取消了所有的团体和行会组织。[①]受到启蒙运动的影响，大革命的财产观念来源于自然法的理论，认为财产乃是个体通过劳动作用于自然的结果，因此严格说来这是个体性的衍生。这一关于财产和劳动的观念乃是新社会的结构基础。[②]根据《列沙白里哀法》（Loi Le Chapelier）的规定，雇佣关系的基础是个体和个体之间的自由协商。这样一来雇主和雇工之间的"身份差别"就不再是法律地位上的不平等，而是由广义上的个人才能（faculty）来决定的。财产本是旧制度下一个附属特质，[③]但是启蒙者将财产看成是人对自然的劳作结果，其本质乃是人的自然禀赋的衍生。由此他们将一种以自然权利为基础的所有权观念融入了劳动财产观念中，财产成了平等革命的主要武器。团体体制成了被质疑的对象。[④]大革命和《人权及公民权宣言》标志着财产最终变成了一种个人通过劳动获得，并与其自身关联的具体有形的所有物（physically palpable possessions），

---

① 1791年宪法第三编第一条说"主权是统一的、不可分割的、不可剥夺的和不可转移的。主权属于国民、任何一部分人民或任何个体皆不得擅自行使之……废除贵族、爵位、世袭荣衔、封建制度"，禁止行会管事、职业行业、技术行会和手艺行会在法国的存在。参见《法国1791年宪法》（姜士林等主编：《世界宪法全书》，青岛：青岛出版社，1997年，第895-896页）。

② William Sewell Jr., *Work and Revolution in France: The Language of Labor from the Old Regime to 1848*, pp. 120-133.

③ 休厄尔认为旧制度下的财产概念至少包含了四种含义：绝对私有的，并可以任意处置的东西；基于公利目的下的所有权，比如生产性的土地，这样的财产会由于某共同体处以公共利益而加以规治；从公共权威中衍生出来的，比如官职；最后是一种"准"财产，例如各种特权、赦免权。参见 William Sewell Jr., *Work and Revolution in France: The Language of Labor from the Old Regime to 1848*, pp. 115-120.

④ William Sewell Jr., *Work and Revolution in France: The Language of Labor from the Old Regime to 1848*, p. 114.

而任何自由支配使用财产的形式都不会侵犯到其他公民的自由。^①

在新的社会秩序下，财产更是界定个体社会位置的尺度，因为这是拥有公民权的必要条件。有产者和无产者之间的区分远比旧制度时更为重要。这一点在手工行业体现得十分明显：先前的共同体被划分成了有产者和无产者。在成功地对抗了旧制度的特权体制之后，以自然法为基础的财产观念成了新社会政治体制的构成部分。唯到此时，人们才注意到启蒙直至大革命的财产观念所带来的不平等的实践效果（the practical effects）。这也就意味着当革命以法律特权武装起有产者的时候，也同时促动了那些无产工人进而寻求一种批判新特权的方式。^②

旧制度的团体观念并没有消退，因为在工人看来，这正是对抗竞争性的个人主义的武器。而且正是由于他们本身都是从团体制度走出来的，所以对这种个人主义更加反感。19世纪早期的工人团体是在法律边缘地带建立起来的，他们碰到的问题是面对当下社会强大的个人主义趋势，如何来维持一种团结而有序的生产与贸易的共同体。于是，工人创造性地援用（creatively adopt）旧制度时期的团体话语，并将这些话语改造成为一套对抗国家和社会之支配性的占有性个人主义习语（the dominant possessive individualist idiom）。这一援用过程的核心是"结

---

①　一般说来左派和右派的学者基本都认为大革命和《人权及公民权宣言》为现代资产阶级的财产关系奠定了基础。但是休厄尔认为与其说是大革命解放了资产阶级的财产观念，不如说是创造了这一观念（William Sewell Jr., *Work and Revolution in France: The Language of Labor from the Old Regime to 1848*, p. 114）。关于人权宣言和现代财产观念的研究，参见 Thomas Kaiser, "Property, Sovereignty, and the Declaration of the Rights of Man, and the Tradition of French Jurisprudence," in Dale Van Kley. ed., *The French Idea of Freedom: The Old Regime and the Declaration of Rights of 1789*. Stanford, California: Stanford University Press, 1994, pp. 300-339。

②　William Sewell Jr., *Work and Revolution in France: The Language of Labor from the Old Regime to 1848*, p. 142.

社的话语"（the idiom of association）。通过这套话语，工人将他们的团体看成一种体现劳动价值——唯有劳动者的这一身份标志才能赋予他们公共角色的合法性——和博爱精神的合理的自由体制。19 世纪 30 年代，类似于"裁缝工人慈善组织"（Philanthropic Society of Tailor Workers）一类的组织在巴黎以及各外省流行起来。这类慈善组织的一个重要特点就是继续使用像"博爱""弟兄"这样的词语，从而巧妙地将革命和传统的团体结合了起来。通过博爱这个结合点，传统团体观念中的道德团结（moral solidarity）才被带入工人结社的话语中。更重要的是，结社变成了一种自由意志的表述，而不再构成对个体自由的压制。①

因此，从这一角度来说，工人与传统话语之间的亲缘性有点悖谬。他们是在与新制度进行了不愉快的遭遇后才被迫发出这种独特的声音的。他们最终创造出了一种由生产性劳动公民构成的自由结社（free associations of productive laboring citizens），而旧制度下团体体制的排他性则被清除出去了。②

休厄尔认为旧制度与 19 世纪团体之间的连续性是复杂的。③旧制度团体传统的遗存绝不意味着工人的思想是怀旧的，也并不意味着工人想要回到那种等级制度中。相反，这一传统在与启蒙和革命所形成的新的财产和劳动观念的碰撞和冲突中被决定性地改变了，劳动乃是一切价值的根本来源，而财产被看成是公民身份的界定标准。因此，

---

① William Sewell Jr., *Work and Revolution in France: The Language of Labor from the Old Regime to 1848*, pp. 201-202.

② William Sewell Jr., *Work and Revolution in France: The Language of Labor from the Old Regime to 1848*, pp. 211-218.

③ William Sewell Jr., "*Corporations Républicaines*: The Revolutionary Idiom of Parisian Workers in 1848," p. 203.

形成于 19 世纪 30 年代的这种重新被改造了的结社观念剥离了原有的等级意识形态，从而将集体性的行业管理（collective trade regulation）看成是自由的合理践行。当结社的权利和被重新评价的"劳动"观念一起被看成是所有价值的来源时，1848 年的工人阶级就可以宣扬他们在国家中理应占有一席之地。换言之，1848 年法国的工人形成了一种独特的阶级意识，这一阶级意识既是团体主义的，同时又是革命性的；既是传统的，又是革命的。

休厄尔成功地将工人阶级的话语带入历史学家的研究议程中。团体观念的延续使他特别关注文化和意识形态因素的独立性。休厄尔认为意识形态既不能被视为物质性阶级关系的简单表述，也不能被看成仅仅是一种观念论或者主体性的遗物，而应该被看成是一种社会性的存在因素。在对斯考切波的《国家和社会革命：对法国、俄国和中国的比较分析》的批评中他更充分地阐述了这种思想。

斯考切波的《国家和社会革命》立足于托克维尔式的结构解释立场，强烈拒斥意识形态的分析。在她看来，革命者不自觉地跌入了绝对权力的梦幻，既然革命者所向往的并不是革命实际所产生的东西，那么革命者的意向也就无关紧要了。[①] 因此，在斯考切波的分析中对因果性的关注使革命经验本身变成了无关紧要的枝节问题。在她看来，历史上没有一场成功的社会革命是以大众动员和公开的革命运动的方式"制造"出来的。集体行动的参与者是在错综复杂地展开的多元冲突中被卷入革命的。冲突展开的逻辑并不依循任何单个阶级或集团的目的。而革命冲突的结构总是既不能被充分意识到的，又不是卷入其

① 斯考切波：《国家与社会革命：对法国、俄国和中国的比较分析》，何俊志、王学东译，上海：上海人民出版社，2007年，第208-213页。

中的任何一个个体所能期望的。所以斯考切波认为任何对革命的有效解释都必将需要"超越"参与者的观点，而以革命者的主体目的或主观规划作为分析的切入点是她所希望取代的诸革命理论的共有特点。[①]那么她自己提出的这种替代性的革命理论就必定是一种非意识论的结构因果视角。

意识形态虽然与个体的意图与规划有关，但是在休厄尔看来，这不能等同于个体意志论。[②]意识形态事实上也是一种结构性的社会因素。这并不是否认意识形态与个体意志之间的关联，而是说意识形态的行动必将受到既存的其他意识形态的形塑。因此，在这个意义上，意识形态本身有独立于个体意图的层面。意识形态的结构本身会持续地再生产或者出现转型，其根源是有认知能力的行动者（knowledgeable actors）有目的、有意图的行动汇聚。而行动者本身又是处于既存的意识形态所提供的行动的可能性和限制性之中。意识形态并不是斯考切波所说的行动蓝图，而常常是大量行动彼此冲突对峙的结果。因此必须在其他社会性因素的互动中去探究意识形态的形成机制，同时意识形态又体现了社会运作与冲突的机制和信息资源。

因而意识形态结合了有目的的个体行动与某种既存的限制和结构，所以它承担了持续性再生产和转型的任务。从这一方面来说，意识形态与其他的社会存在并无差别，它既构成了行动的条件，同时又是行动的结果。[③]因此意识形态必须被理解为社会秩序的构成部分。社会意志促成了社会存在。相反，意识形态形塑了体制性的结构、社会

① 斯考切波：《国家与社会革命：对法国、俄国和中国的比较分析》，第3-19页。
② William Sewell Jr., "Ideologies and Social Revolutions: Reflections on the French Case," *The Journal of Modern History*, Vol. 57, No. 1 (Mar., 1985), p. 60.
③ Anthony Giddens, *New Rules of Sociological Method*, London: Hutchinson, 1976, p. 161.

合作和冲突的本质、民众的态度和偏见。所有的社会关系同时也是意识形态的某种关系，而所有明确的意识形态的话语也是一种社会行动。

这意味着某种不同的研究对象。因为既然社会本身就是由意识形态构成的，那么加入意识形态这一因素就意味着重新思考国家、阶级和国际关系及其他结构的本质、关系和效果。因此，社会意识形态的秩序（social-ideological order）之间的转变成了社会变迁的一个关键维度。[①]

实践中的转型：文化的言辞差异结构及其不稳定性

历史是按照事物的既定意义图式并以文化方式被安排的。实践的情境是通过传统的"智慧"，通过业已给定的行动者、事物及其关系的范畴被再度占有的。所以，从事实践首先意味着用既存的可资利用的文化符号来达成某一目的。用萨林斯的话说就是：即兴的创作必然依赖于意义的公认可能性，因为若非如此它们就变得难以理解了。[②] 因此在新社会中，工人将体制的矛盾重新放回到大革命前个体与团体的这一对立框架中理解。这无疑是文化范畴的再生产（reproduction）。但是另一方面，实践环境的特殊性、人与环境的关系都会在旧范畴的再生产中积淀下新的功能性价值。新的情境并不必然与以前的文化范畴所赋予的意义相吻合，因而通常的情况是，人们会创造性地挪用那些被再生产的文化图式。实践的情景绝不会原模原样地再现文化范畴。

---

① William Sewell Jr., "Ideologies and Social Revolutions: Reflections on the French Case," pp. 57-62.

② 萨林斯：《历史之岛》，第7页。

实际上，实践有自己的动力学——一种"并接结构"（structure of the conjuncture）——它能创造性地界定作为其组成部分的人与物。而这些场域性价值，假如它们与文化预设的界定迥然不同的话，就具有反馈作用于传统价值的能力。[①] 通过与客体的交互作用或相互链接，实践所承载的功能，不仅包含塑造行动主体之间新的关系，同时也促成了文化范畴全新的客体化。在这种意义上，文化图式通过对实践过程的重新估价，就被以一种历史的方式进行了安排。在实践的过程中，当象征性的文化符号变成一种实用性的文化符号的时候，再生产和变迁就成了同一个过程。[②]

休厄尔认为文化意义是一种矛盾性的构型。但是他所说的矛盾性并不是指思想本身的矛盾，而是指通过人的理解以及社会政治实践所展现出来的矛盾，是一种社会与政治相互作用的实践性效果。他称之为"一种实践效果的辩证法"（a dialectic of practical consequences）。这一点十分清楚地体现在"财产"这一观念上。在启蒙运动中，财产被看成是个人劳动所得的成果，与平等、自由和权利这些概念构筑成反对专制和特权的语义场。但是当这一观点成为法律和政治权利的基本构成之后，重要的问题就产生了。这些问题的形成不仅仅是思想内在理论的发展，更重要的是与社会和政治过程的碰撞。如果劳动是所有财富的根源，那么为什么会有人劳作一生而仍家徒四壁，为什么又有人能够不劳而获、坐享其成呢？又为何公民的所有权利要被限制在这样一种人的范畴之中，即拥有财产而不是参与劳动？

---

① 萨林斯：《历史之岛》，第 325 页。
② 萨林斯：《历史之岛》，第 325-326 页。William Sewell Jr., *Work and Revolution in France: The Language of Labor from the Old Regime to 1848*, pp. 277-284.

这些问题不是从思想观念本身推演出来的，而是人们接受了这些观念，并按照实际所需对它们做出解释的结果，这也是休厄尔反复强调的实践效果。当社会按照大革命设定的财产和劳动原则被建立起来的时候，这两个概念之间的关系也开始成为人们反思的对象，被不断地追问。反思和追问都没有脱离启蒙和大革命的政治文化传统，劳动与财产之间的神圣关联并没有被打断，但却挑战了新社会秩序。

这一效果在城市手工艺行业中体现得最明显。在新体制下，劳工者和雇主本质上是一种自由平等个体之间的关系。按照这一逻辑，工人和雇主以自由平等的个体身份在市场上遭遇，他们之间的行为以自愿契约为基础。但事实上生产资料的所有者在市场上显然更具优势，而且法律又禁止工人结社，雇主却能随意调配自己的资源。此外，随着 19 世纪上半叶经济的迅速扩张，生产的标准化以及劳动分工的强化，工人组织的发展更加步履维艰，它承受着财产的绝对权力以及自由主义两重强大压力。在工人眼里，自由同时也意味着他可以随意地、无节制地追逐个人利益的最大化，其结果是自私自利和社会的无序。新体制实践性的结果反而同时促生了组织化的抵抗实践以及一种反对无限制的个体财产权利，支持平等和博爱的观点。

因而，在休厄尔看来，意识形态的内在关系的再生产过程意味着：作为一种矛盾的型构，意识形态的实践效果化过程同时促生了一种有意识的社会行动来抵制和挑战现有的"布局"。旧制度下团体的文化不仅是工人日常生活中十分熟悉的一个构成部分，是他们经历的一部分，而且依旧是个体主义的习语（individualist idioms）的对立面。因此工人重新拿起团体的话语来对抗新制度原子化的倾向。但是与 19 世纪早期业已开始流行的社会主义和共产主义思想不同，工人的团体意识本质上是一种实用性的挪用（pragmatic appropriation）。他们的努力来自现实生活的经历。从思想和意识形态上来说，工人将他们的团体性主张界定为一种合法主张的"话语资源"也是来自现有意的识形态内部。首先，工人重新强调人民与劳动者之间的关联，挪用了启蒙和大革命关于贵族、特权、奴性以及解放的话语。资产阶级被看成是新的贵族，因为他们利用自己的财产所有权使工人成为"工业奴隶"。这使得以财产为基础的资产阶级的宪政政府（constitutional government）变成了一种压制性的专制体制。①

但是在强调文化的实践性层面或是展演性层面，从而将文化看成行为的工具库以及不言而喻的实用效应的同时，休厄尔并没有抛弃文化的结构性。这使他有别于大多文化史家。休厄尔认为文化意义的产生必然是构成意义体系的符号在其体系网络中与其他符号构成对立关系的结果。也就是说，在文化系统中符号所具有的概念价值是通过根据与其他符号的差异关系而被固定下来的，如"蓝色"这个词语的意义是由与之并存于语言中的诸如"绿色"等其他词语所限定的；假如像在许多比较原始的语言中那样没有"绿色"一词，词语"绿色"（blue 或 grue）就会有更大的概念化和关联性的外延。②

因此，文化符号的含义是由其在整个符号体系中的不同位置决定的。另一方面，文化符号的客体也是依据主体在他们生活中的不同位置而代表着不同的主体性的利益的。比如 5 法郎的实践价值是某种特

---

① William Sewell Jr., "Artisans, Factory Workers, and the Formation of the French Working Class, 1789–1848," pp. 53-70.
② 萨林斯：《历史之岛》，第192-193页。

定的利益或是工具性价值，不管是用来买牛奶或买面包，还是将它送人，或是存银行，都取决于行动者的特定境况与目的。由于符号是在实践中被利用的，其概念价值就获得了一种意向性的价值。[①] 符号的概念价值在实践中因而获得了一种意向性的价值。这意味着在行动中文化符号对主体而言所具有的"工具性"或"实践性"价值是一种"利益"（interest）。萨林斯认为"利益"这个词是从一个意为"有区别"的拉丁语非人称结构派生出来的，意思是"具有重要性"（it makes a difference）。在任何情景中，或是相关行动群体的认同及其主张中，事态（matters）都处于一种被不断再界定（redefined）的过程。基思·贝克更将政治看成是相互竞争的话语场域。话语的表述（representation）和竞争是一种权力和合法性的竞争，因为其目的就是在确立何种差异原则将成为主要的区分标准。[②] 因此存在与实践之间的互换性本身依赖于意义的共有性（communities of meaning），因而任何单方向的决定都是以结构的方式被激发的。存在与实践有着相同的终极意义，所以采取某类既定的行为可以意味着一个既定的社会地位。

---

① William Sewell Jr., "Toward a Post-Materialist Rhetoric for Labor History," in Lenard B. Berlanstein ed., *Rethinking Labor History*, Urbana: University of Illinois Press, 1993, pp. 19-23.

② Keith Baker, *Inventing the French Revolution: Essays on French Political Culture in the Eighteenth Century*. Cambridge (England): Cambridge University Press, 1990, pp. 5-6. 特别参见导论，第一、三、八、十章。贝克和汤普森一样，认为"所有的社会活动都是有思想维度的，思想赋予行动以意义"（Keith Baker, *Inventing the French Revolution*, p. 13）。由此他将思想史重新界定为意义的历史。这样一来，思想史本身就获得了新的属性。思想史不再是历史学的一个部类，不再与经济史、社会史并驾齐驱；相反，思想史成了所有历史的一个向度，因为所有的一切，包括政治事件、经济决策都是一种意向性的行为。总体来说，贝克所提出的政治文化史的研究属于上文所说的实践的文化史取向，因为他与那种将文化结构或是话语结构看成是前实践（pre-practical）性的存在的观点有明显的区分。贝克所强调的作为话语竞争的政治思想史将话语及其挪用看成是一种即兴的、有限的、偶变的且异质性的过程（Keith Baker, *Inventing the French Revolution*, pp. 15-16）。

文化的实践性转型：符号与言词结构的不稳定性

特定的文化图式为身处其中的人建构了一种全局性的可资参照的可能性。用萨林斯的话说就是文化乃是以一种过去为依据的对现时状况的组构，因此不能存在没有任何上层建筑的社会基础，因为"归根到底"，那些用以界定客观性的范畴本身就是宇宙观式的——就像对夏威夷人来说，英国人的到来是一个宇宙世界中的事件，其主导性的表达是"马那""阿图瓦"（atua，即神性）等概念，以及关于"卡希基"（精神之源）的神界地理学。[①] 正如上所说，文化图式是建构在符号之间的原则性差异之上的，但是这些符号在与客观对象相联系时从来都不是唯一可能的区分。迈克尔·布雷尔（Michael Bréal）认为："毫无疑问，语言是以不完整的、不确定的方式来指称事物的……名词是附着于事物的符号：它仅仅包含了一个名词所能包含的部分'真实'，对象越具有真实性，部分就必然越是被细化……我们的语言在词语与事物之间注定要永恒地缺乏对称关系，词语的表达有时过于宽泛，有时又过于偏狭。"[②] 因此，所谓文化符号参照的对象总是比用来解释它们的那些词语和符号本身更特殊，而且也更一般。与那些被有选择地抽取出来，并被任意符号进行评价相比，经验中的事物总能呈现出更多、更复杂的特性。这样一来，符号作为对象形成过程中的媒介就具有了双重任意性：它同时既是相对地部分切割，又是选择性地表达。正是由于这种任意性，文化实际上成了历史的对象，拥有了时间性。正是由于这种任意性，以差异性作为构成原则的文化本身是历史性的；因为

① 萨林斯：《历史之岛》，第 198 页。
② 萨林斯：《历史之岛》，第 189-190 页。

它并不是简单地反映存在的经验世界，相反却是以先在的概念去编排处理存在的事物——当革命后的法国工人用团体的观念对抗现实世界的个体化时，他们仅仅是不自觉地重新拾起了团体与个体对抗的这一逻辑——现实世界的完整性和特殊性都会被语言所忽视。同时文化系统之所以是任意性的，是因为它本身就是历史的：它将现在当作过去来认识。"过去"是唯一真实性的本体。而现实却是零碎的、难以单独把握的。

　　文化图式在表意经验世界过程中的任意性意味着文化概念——词语——与经验世界的不对称性。索绪尔以来的结构语言学颠覆了那种可以被称为意义的指称理论（the reference theory of meanings），即语言即是命名，因为它与所指涉的对象一一对应。结构语言学指出，只有在诸如"母亲""儿子"等词所过程的"语义场"（semantic field）中，"父亲"这个词才意指着其应有之意。这也就是上文所说的概念的总体性是一个差异系统，其中各构成成分的"身份"或"认同"（identity）是彼此关联的。因此，意义的每一单个行为都将涉及语言的总体性。用德里达的话说就是：某物总是在呈现其他之物不在场的踪迹。换言之，一个词语的含义本身是多样的，或者说是含混不清的，只有在某一语义场中才会凸现出某一含义，而不是别的其他意思。这样一来，意义图式的差异关系并非是封闭的，在实践的过程中将会遭经验世界的"重新估价"，于是某种不同的关联性也就被制造出来。结果就是，一些与前实践情境中不同的意涵就会浮现出来。拉克劳将此称为"漂浮的能指"（floating signifiers），他和墨菲据此认为"新"社会主义的主体乃是一种主体性的构成。① 在拉克劳看来，像"民主"这样的话语，因其广泛的政治关联，其本质上是模糊的，是弥散的。在当这一话语和"反法西斯主义"链接时，它获得了一个可能的意义；当与"反共产主义"链接时，意义则完全不同。因此"领导权"（hegemony）②的具体含义是由这些节点（nodal point）来确定的。社会领域因而可以被视为一个进行军事战斗的战场，其中不同的政治规划（projects）都力图在其周围链接（articulate）起更多的能指。社会的开放性特质源于维持总体稳定的不可能性。③

因此，实践的行为即是特定的文化范畴在"新的"经验世界中的一次冒险。行为在把"先验的"概念对应于外在对象的时候，将会意味着一些不能被忽略不计的、无法预料的效应。这不仅仅是因为上文所讲的实践的过程乃是多元文化表象的竞争过程，同时也是因为词与物之间的不对称性。在特定的时空脉络中，文化符号或概念将被固定在某些出于主体的实际目的而被选择出来的意义上。因而在行动中，在符号作为利益的能力中，符号通过一种参照的过程而被置于与对象的全新关系中，并且与其他符号也形成了全新的关系。在实践中，原先具有多重意义的、其本质十分模糊的文化符号获得了明确的表述方式，这等于是对概念性的意义做了某种选择或是变形（inflection）。因此文化图式在实践中被重新估价了。④

---

① 拉克劳、莫菲：《霸权和社会主义策略：迈向一种激进的民主政治》，尹树广等译，哈尔滨：黑龙江人民出版社，2003 年。

② hegemony 实为"霸权"概念。

③ 关于"民主"这一话语的不稳定的能指及其所导致的对抗性后果的分析参见拉克劳、莫菲，《霸权和社会主义策略：迈向一种激进的民主政治》，第 169-192 页。

④ 萨林斯：《历史之岛》，第 329-331 页。

文化结构的转型：攻占巴士底狱是如何变成一场"革命"的？

休厄尔分析了 1789 年 7 月 4 日巴黎民众攻占巴士底狱所带来的政治文化转型。这一被他称为"文化创造"（cultural invention）的行为发生在这样一个背景中：旧事物在新事物中的撞击、对过去的仇恨与对未来的急不可待、源源而来的事件与把这些事件控制在进程中的困难、传统的沉重与创造新世界的犹豫。

从军事意义上来说，攻占巴士底狱并没有发生在同一天的进攻荣军院来得突出。[①] 此外，从一般意义的民众运动或是集体暴力行动的角度来说，攻占巴士底狱也构不成梯利所说的 18 世纪城市居民抗争行动的转向，类似的行动在旧制度的法国并非是前所未见的。[②] 但是此后不久，攻占巴士底狱这一事件（event）从旧制度的众多集体暴力行动中凸现出来，并被理解为创生了现代意义上的革命：这一行为被看成是人民主权的意志（the people's sovereign will）的展现，是一种支配着国家民运的合法性的起义行为（uprising）。

休厄尔认为，解释攻占巴士底狱首先就要从根本上将这次"集体行动"区别于一般意义上的民众暴乱或是叛乱。[③] 这就是一个区分和产生差异的过程。但是差异的产生并不是源自民众自觉地持有主权意志而进行的自觉努力，而是来自这一事件带来的持续性的效果。而效果

---

① Jacques Godechot, *The Taking of the Bastille: July 14, 1789*, transited by Jean Stewart, preface by Charles Tilly, London: Faber, 1970, p. 217.

② 梯利：《法国人民：四个世纪、五个地区的历史》，汪珍珠译，北京：北京大学出版社，2019 年。

③ 在日常的用语中，一次集体行动可以被下列不同的"词语"描述：revolt（叛乱）、riot（暴乱）、mutiny（反叛、叛变）、insurrection（起义、暴动）、sedition（骚乱、骚动）等。关于此点，参见梯利在《法国人民：四个世纪、五个地区的历史》各章中的使用。这一点也说明了上文所指出的词与物之间的不对称性。

又是在与其他事件的碰撞中浮现的。但是这一事件本身并不构成话语意识的反思性前提。正如马克斯·韦伯所说的，事件并非自在发生，它们具有某种意义并因这一意义而发生。[①] 这也就是说：事件本身是一种意义的存在，是一种被解释的发生（happening）和存在，而且解释必然是多种多样的。而一开始的解释或许是不自觉的，也可能是习惯性的。就像革命后重新挪用了团体与个体对立"公式"的工人一样，未必能照管到现实世界的特殊性。

7 月 14 日当晚，当身处凡尔赛的国民议会的成员获知巴黎民众这一举动时，他们并不因为民众给予国王的势力以致命的打击而感到高兴。攻占巴士底狱被看成是一个"灾难性的新闻"（a disastrous news）。到了 15 日上午，他们依旧对未来事态十分悲观。西耶里侯爵（the marquis de Sillery）说：昨日攻占巴士底狱的那场屠杀（massacres）以及血腥的场面（the bloody executions）必将使得民众过分狂热，难以收场。西耶里和其他议会成员似乎隐约怀疑 14 日的行动很可能是由某些用心险恶的廷臣唆使煽动起来的，目的是要让路易十六动用强硬的手段，所以攻占巴士底狱的后果很可能会危害到国民议会的地位。[②]

7 月 15 日路易十六亲临议会，并下令撤回了保卫巴黎的军队。16 日他重新召回了内克。坐镇凡尔赛的国民议会派出了一名代表穆尼埃（Mounier）前往巴黎探听事态的真相。回到凡尔赛后穆尼埃在报告中依旧将 7 月 14 日的行为看成是一个"骇人的时刻"（terrible moments），是一个无法无天的行为（the law has lost its empire），但

---

① 萨林斯：《历史之岛》，第196页。

② William Sewell Jr., "Historical Events as Transformations of Structures: Inventing Revolution at the Bastille," *Theory and Society*, Vol. 25, No. 6 (Dec., 1996), p. 854.

是他说"巴黎人通过其自身勇敢和胆量赢得了自由，永不再受命专制的奴役"。①

但是直到 7 月 20 日，国民议会才对攻占巴士底狱的行为做出明确而公开的重新评价。议会做出这样的决定与其说是对巴黎人民"勇敢行为"的"感激和嘉奖"，还不如说是出于实际需要。14 日攻占巴士底狱的行动给国民议会带来了意想不到的积极后果，但是 17 日前后发生在布瓦斯（Possiy）和圣日耳曼安雷（Saint-Germain-en-Laye）的一连串的暴动让议会代表又陷入了惊恐和紧张之中。

该如何使广大群众介入政治？但同时又应如何限制他们可能的放纵带来的威胁？这两个问题在革命尚未开始就已经以并列的方式凸现出来。关于合法性的讨论以及事件的推动力实际上就是围绕着这一主题相互交叉的。在 7 月 20 日的讨论中，议会成员拉利－托伦达尔（Lally-Tolendal）提出一定要严惩这种无视法律和秩序的政治暴力（political violence）行为。但是拉利－托伦达尔的提议遭到了另一些议员的反对。来自布列塔尼的代表布勒索（De Blesau）认为不能将民众暴乱（popular riot）和那些合法的和必需的革命（legitimate and necessary revolutions）混同起来。罗伯斯庇尔认为拉利－托伦达尔的保守建议实际上是在打击自由捍卫者，他说："有比站起来反抗那些维护国家的阴谋更为合法的行为吗？"② 后来成为吉伦特派的议员蒲佐（Buzot）说道："如果按照拉利－托伦达尔提议，我们必定会不加区分地将所有武装起来的民众（armed men）都宣判为坏公民

---

①　William Sewell Jr., "Historical Events as Transformations of Structures: Inventing Revolution at the Bastille," p. 855.

②　William Sewell Jr., "Historical Events as Transformations of Structures: Inventing Revolution at the Bastille," p. 857.

（bad citizens）和叛乱者。我们可不能忘记正是那些战斗中的巴黎的民众，用他们的勇气给我们带来了自由，赶走了廷臣，平息了阴谋叛变（intrigue）……但还没有结束；有谁能告诉我们专制主义永不会死灰复燃？又有谁能担保专制主义已经被彻底击溃了？如果有一天它卷土重来，将我们打败，到那时又会有哪些公民会及时武装起来，保卫我们的祖国（fatherland）呢？"①

显然，对蒲佐而言，攻占巴士底狱不仅意味着一种能带来积极后果的合法性行动，而且更重要的是，它代表了一种合法性范畴的典型例证。攻占巴士底狱被看成是反抗专制主义、建立并维护自由的爱国主义行动的示例。它是一个典范，一把标尺。在蒲佐看来，没有人能够保证专制主义不会重生，因此，同样的行动也是必需的。这是作为主权主体的人民的合法反抗行为，是要改变国家的政治体制。但是从某种意义上来说，这些言辞所指涉的与其说是一次具体的行动本身，不如说是在指从这次行动中所展现的勇气和胆量。它们是抽象的，并不关涉攻占巴士底狱这一事件中的具体细节。14 日那天民众屠杀了已放下武器投降的卫队长德洛内（de Launay）以及巴黎商会会长弗莱塞尔（Flesselles），但是国民议会策略性地回避了这一血腥事端。实际上有些议员指责了这种暴力行动，他们认为这事实上与那些盲目、无理性的抢粮的暴力行为没有什么两样。7 月 22 日前任巴黎督办官贝蒂埃·德·苏维尼（Bertier de Sauvigny）同他的侄子富隆·德·杜埃（Foulon de Doué）一起被捕，在押解前往市政厅的途中，被民众截获。次日二人在格雷夫广场被处以绞刑。民众将二人的头颅和心脏悬于高竿之上

---

① William Sewell Jr., "Historical Events as Transformations of Structures: Inventing Revolution at the Bastille," p. 857.

游街示威。这无疑是在模仿 14 日的行为。[①]

　　这两次事件给国民议会带来了严峻的挑战，因为既然 14 日攻占巴士底狱的行为已经被神圣化为一种必不可少的合法的革命行为，那些现在就该将这两次表面上看起来差不多的事件做出根本的区分。甚至是那些强烈谴责屠杀贝蒂埃和富隆的议员也开始不自觉地捍卫起某种民众行动。议员古依·达尔西侯爵（Gouy d'Arcy）认为在摧毁专制主义、建立自由的努力中所产生了集体欢腾（effervescence）的现象是必然的，被专制主义压制了这么久的一个民族（a people）必然会狂怒不已；此外，这样的现象也是必要的，因为这也是专制的统治者落入自由卫士的手中后应得的结局。[②] 后来成为王政派代表的马鲁埃（Malouet）也盛赞了 14 日的暴力行为："反抗压迫是合法的，也是民族的光荣……民族反对专制的起义有一种超越于法律的性质，并无损于法律的尊严。"[③] 相反，23 日的行为则被古依·达尔西侯爵指责为需要遏制的（must be ceased）针对个人的血腥的造反行径（blood and revolting scenes），不然"暴行将可能会成为一种习惯"。[④]

　　用萨林斯的话来说，经验的世界有自己的存在理由（raison d'être），国民议会面对经验的压力，必须要界定出什么是合法的政治行为。当它这么做的时候，实际上也就阐发了革命这一新观念，并将其与 7 月

---

　　① 在 1789 年 7 月 14 日在攻下巴士底狱以后，人们将德洛内带到市政厅门口处死。不久弗莱塞尔也遭受了同样的命运。人们割下了他们的头颅，刺于矛尖之上，在市内游街示众（勒费弗尔：《法国革命史》，顾良译，北京：商务印书馆，1989 年，第 109 页）。

　　② William Sewell Jr., "Historical Events as Transformations of Structures: Inventing Revolution at the Bastille," p. 858.

　　③ William Sewell Jr., "Historical Events as Transformations of Structures: Inventing Revolution at the Bastille," p. 859.

　　④ William Sewell Jr., "Historical Events as Transformations of Structures: Inventing Revolution at the Bastille," p. 858.

14 日这个例证联系起来。这不是理论上的阐述，而是一种实践性的挪用。7 月 14 日当晚国民议会即是通过过去既存的文化范畴来接纳并理解攻占巴士底狱这一事件的。在 18 世纪的传统用法中，"革命"更强调的是消极含义。1704 年出版的《特雷乌法拉辞典》（*Dictionnaire de Trévoux*）将"革命"定义为"人世间发生的各种离奇的变化：灾祸、不幸、没落等"，同时给出了一系列同义的拉丁词语，如 calamitas（灾难）、infortuniom（不幸）、imperioccasus（政权的没落）等，并给出了这样一个例句："在一场如此重大的、正在酝酿着的革命的前夜，人人都显得惊恐不安。"此种界定在该辞典的 1721、1732 和 1752 年的各个版本中基本不变。[①] 在这一语意场中，民众的集体行为也被视为缺乏理性的、盲目的、煽动性的，是一股难以控制的破坏力量。

无疑，攻占巴士底狱起初就是旧制度下既存的文化范畴中的一个事例，作为一个预想类型的世俗象征展现在 1789 年 7 月 14 日的政治文化中，它并没有获得多少积极的意义。但是任何人事先都没有想到，攻打巴士底狱竟在冲突中起了关键的作用。同样，任何人最初也未曾想到，巴士底狱的陷落竟决定了冲突性的结局。国王路易十六决定让步。15 日他亲临制宪议会，宣布撤走包围巴黎的军队。16 日他召回内克，17 日他来到巴黎，仪式般地接受了三色徽饰。

对国民议会来说，这一系列奇迹般的胜利正是攻占巴士底狱这一事件的价值所在，因而需要给出新的解释。可见，解释是意向性的（intentional）行为，它本身受到主体目的的导引。当主体凝视这些符号的时候，事实上也就意味着符号被引入与他们行动之目的的索引性

---

① 高毅：《法兰西风格：大革命的政治文化》，杭州：浙江人民出版社，1991 年，第 138 页。

关系中了。于是文化符号就处于一场不断被再界定的流程中。对意义的反思都依赖于行动者将文化符号视为一种利益的经验，而利益本身又取决于这一文化符号在一个手段与目的构成的特定系统中的位置。但是位置时而稳固，时而漂移。这一重估的过程在 16 日以后的数天内都是犹豫的和试探性的，在 20 日以后变得更为坚定，也更为明确。当某种政治暴力行为——所谓的革命——被看成是政治合法性基础的时候，那么就有必要将此类行为与其他暴力行动区分开来，因为这种合法性也是国民议会自身所赖以存在的基础。所以 16 日以后的重新阐释不仅仅是针对攻占巴士底狱这一对象的，同时也是自我身份的界定。这就好比革命者将其自身界定为"革命者"的同时也创造了"旧制度"（Ancien Régime）这一对象一样。[1]

重新界定是必需的，因为这是出于迫切的实践需要。若非如此，国家及其所依赖的合法性将不断遭受那些声称自己是代表人民行动的暴力的威胁了。可以说从革命一开始，终结革命的话语和革命必要性的话语之间的斗争就已经展开了。而在这一现代性的政治话语领域中，合法与非法的群众暴力行动之间的界限，革命与叛乱之间的界限一直游移不定。7 月 20 日以后，若要再去批判 14 日的攻占行为就有点不切实际了，国民议会迫切需要将这一次暴力行为纳入自身的合法性基础。正是通过这一过程，近代的革命观念才最终得以进入法国的政治文化，在人民暴力与人民主权观念之间创生了关联。[2]

---

[1]　孚雷认为"旧制度"（Ancien Régime）一词在 1789 年春天还没有出现。参见 François Furet, "The French Revolution or Pure Democracy," in Colin Lucas ed., *Rewriting the French Revolution*, Oxford: Clarendon Press, 1991, p. 33-45.

[2]　William Sewell Jr., "Historical Events as Transformations of Structures: Inventing Revolution at the Bastille," p. 859.

在实践行动中所产生的关系，尽管是由行动者的传统概念所激发的，但是实际上完全可能对这些概念进行功能性的重新估价。用休厄尔的话说这是一种辩证发展的过程。实践的过程拥有一套自身的动力学，一种被萨林斯称为"并接结构"的作用机制。[①] 它会富有意义地重新界定作为其组成部分的人和物。这些实践场域性的价值，假如它们与文化所预设的界定迥然不同的话，就会产生反馈于传统价值的效力。这构成了文化范式转型的前提条件：文化的符号在实践的参照过程中被置于与对象的全新的关系中，同时文化符号在主体意向性地使用中被置于与其他符号的全新关系中。这种关系的可更改性源自上文业已分析的文化符号的任意性，即符号的概念性本身是具有多重含义的。但是某种意向性的符号找到了明确的表述方式，这等于是对概念性的意义做出了选择或是变形（inflection）。这就意味着实践过程所导致的参照关系的更改事实上就是本身多义的概念与特定场域的索引之间的辩证过程。

在对法国工人阶级的研究中休厄尔业已注意到了这种事件的推进力、新旧观念的力量及其彼此之间错综复杂的相互影响。而在对攻占巴士底狱所构成的政治文化转型的"微观分析"中，他将政治文化上的转型的可能性原因归结于语义条件。[②] 休厄尔认为暴力行为主体的民众与作为主权主体的民众这两层含义被等同起来，首先是因为 *le peuple* 本身就具在两重含义——一种客观的政治含义（人民——国民、全

---

① 萨林斯：《历史之岛》，第324页。

② William Sewell Jr., "Historical Events as Transformations of Structures: Inventing Revolution at the Bastille," p. 859; "The Concept(s) of Culture," in Victoria E. Bonnell & Lynn Hunt eds., *Beyond the Cultural Turn: New Directions in the Study of Society and Culture*, Berkeley: University of California Press, 1999, pp. 51-52.

体社会成员）和一种贬义的社会学含义（人民——群氓、愚昧和盲目的民众）之间游移不定。[①]科瓦耶修道院院长（Abbé Coyer）、梅里埃（Jean Meslier）和卢梭因为把人民设想为全体人口而在当时相对孤立。18世纪大部分哲学家具有的研究方法，更多的是人类学或文化的，而不是政治的或社会的，这也就是说，"人民"在当时的政治文化中更多的是一个人类学上的范畴，还不具备社会政治意涵。即便这些哲学家有时考虑到了未来改变面貌的可能性，但他们几乎都把当时的人民与令人害怕的贱民或被最直接的激情所驱使的愚民等同起来。[②]"人民"几乎更多地与自然范畴而不是社会范畴联系在一起，最终体现为社会的一种本身的相异性。

　　休厄尔认为在攻占巴士底狱这一剧场中，使得暴动的民众与作为主权主体的民众被等价起来是受到另外两个条件的刺激：巴士底狱的象征意义，以及这一"剧场"因为流血而成为一个自由献祭的舞台。流血和献祭塑造的符号为新的权威关系——代表革命精神的民众——

---

　　① William Sewell Jr., "Historical Events as Transformations of Structures: Inventing Revolution at the Bastille," pp. 862-863. 罗桑瓦龙：《公民的加冕礼：法国普选史》，吕一民译，上海：上海人民出版社，2005年，第38-49页。休厄尔此文的研究并不旨在谈论法国18—19世纪政治文化的发展，而是关注于事件对于文化结构的作用。所以他没太多涉及政治思想史的变化。而就这一变化的更为宽广的政治思想史分析参见 William Sewell Jr., *A Rhetoric of Bourgeois Revolution: The Abbé Sieyès and "What Is the Third Estate?"* Durham: Duke University Press，1990。在此书中休厄尔十分精彩地阐述了现代公民身份的出现，以及在人民这一概念相应地从人类学的范畴脱离出来的过程中西耶斯（Emmanuel-Joseph Sieyès）所发挥的革命性作用，另见 William Sewell Jr., "Le Citoyen, La Citoyenne: Activity, Passivity and the French Revolutionary Concept of Citizenship," in Colin Lucas, ed., *The French Revolution and the Creation of Modern Political Culture*, Vol. 2, *Political Culture of the French Revolution*, Oxford: Pergamon Press, pp. 105-125。

　　② 如狄德罗在《百科全书》的"民众"条目中写道："你们要当心民众在推理与哲学方面的判断，民众的声音在此时是恶意的、愚蠢、无情、不理智和偏见的声音……民众是愚昧与迟钝的。"雷蒂夫·德·布雷多纳将民众描绘为"一种丧失了眼睛、耳朵、鉴赏力和情感的巨大动物，它只能通过触觉来生存，而人们只能通过这种第五感来引导它：这是人们可随心所欲地加以说服的一大批个人；后者只具有别人的意愿；他们只按照别人要其想的那样去想，并不管这样想对自己有利还是不利。"（罗桑瓦龙：《公民的加冕礼：法国普选史》，第42页。）

提供了一个可见的场所。进攻荣军院，以及其他的无数的民众暴力都未能被神话为大革命的开端，而攻占巴士底狱，虽然并不具备军事及其他层面上的重要性，却导致了重要的政治文化后果。事实上，当时巴士底狱中只关押了 7 名罪犯，他们不是疯子就是真正的无恶不作的暴徒。[①] 但是，在 17 日《巴黎革命》（Les Révolutions de Paris）的报道中这一"故事"被如此叙述出来："密室被打开了，无辜的人重获了自由。那些德高望众的老人们终于重见了久违的阳光。……自由、尊严和神圣之光最终还是照亮了这片令人生畏的地方。这里本是专制主义令人恐惧的暴力之所，是豢养怪兽和滋生罪恶的地方。"[②] 这无疑是巴士底狱本身的符号象征所带来的效果。从这个意义上来说，巴士底狱本身就构成了强大的资源集中的体制节点（powerful institutional nodes），而创造性的文化实践也必然会围绕着这一结点展开。[③]

这说明，文化意义被重新界定的过程，以及所导致的政治文化的转型，事实上仍然是在它们的文化范畴的逻辑中被触发的。创新的价值仍然是符号之间的某种被理解的或是被赋予的意义关系［即专制（巴士底狱）——自由与主权（民众和反抗）］，而不是那符号本身的"客

---

① 鲁德：《法国大革命中的群众》，何新译，北京：商务印书馆，1963 年，第 58-59 页。

② William Sewell Jr., "Historical Events as Transformations of Structures: Inventing Revolution at the Bastille," pp. 864-865.

③ William Sewell Jr., "The Concept(s) of Culture," pp. 55-56. 在休厄尔看来，大量的文化事件事实上都集中并围绕在这些强大的体制节点周围。这些体制结点也是资源和权力的集中点，高度集中化，因而构成了文化的动因（cultural actors）。休厄尔给出这一论证的目的是 20 世纪 80 年代以来关于抵抗的文化研究的不足，即过于关注那种散播在日常生活中的去中心化的抵抗行为（resistance of a decentered sort），而忽视了那些集中化的文化实践行动，参加 "Sherry Ortner, 'Resistance and the Problem of Ethnographic Refusal,' *Comparative Studies in Society and History, Comparative Studies in Society and History*, Vol. 37, No. 1 (Jan., 1995), pp. 173-193"。

观"特质所能加以确定的。[①] 这一点类似于萨林斯对夏威夷历史分析所展现的。当水手们坚持与妇女们一同进餐的时候，夏威夷人才开始认为英国人不是神灵。这在萨林斯看来不能单纯视为共餐风俗的经验事实的后果。相反，它依据的是一种有关男人和女人的意义的一个精致的禁忌逻辑和宇宙观的规定。在与某人共同进餐的行为中，任何东西都无法证明你实际上不是神。因此当欧洲官员和水手与夏威夷男子一同进餐时他们的地位并没有受到威胁——夏威夷的男子总是在神面前吃饭。[②] 同样，只有对抗巴士底狱，而不是对抗荣军院，才有可能会成为革命的起点。而事件未曾预期的效果促成了政治文化的转型。[③]

结论　对修正主义的批判性反思：从汤普森谈起

在 20 世纪 60 年代的学术背景下，汤普森的批判矛头不仅指向了以阿尔都塞为代表的结构主义的马克思主义者，他事实上也批评了当时刚刚兴起的新社会史。当新社会史在分析中逐渐容纳更多元的材料，并且研究又开始迈向区域化的时候，主体的实践行为和文化表述与他

---

① 休厄尔在对吉登斯的结构二元理论做批判性阐述的时候同样指出，吉登斯所谓的构成行动中介并使例行化的日常互动得以可能的资源实质上是图式作用的效果。例如工厂不仅仅是一堆物质，它本身就包含了（incorporate），或是现实化了（actualize）某种意义图式。这样一方面意味着工厂的大门、装配流水线的设计等等这些物质使得资本主义的契约得以灌输进每一个当局者，同时也使得其获得现实性的效果。换言之，打破工厂在某种意义上就代表着对抗资本主义本身。但是更重要的是资源本身也是多义的（polysemy），也就是说，当工厂作为一种资本主义财产关系的观念例示（instantiation）的时候，同样也如卡尔·马克思所指出的那样，工厂的形式也必然灌输了一种生产的社会的和集体特性，从而破坏了资本主义财产私有的观念，参见 William Sewell Jr., "A Theory of Structure: Duality, Agency, and Transformation," *American Journal of Sociology*, Vol. 98, No. 1 (Jul., 1992), pp. 1-29.

② 萨林斯：《历史之岛》，第329-330页。

③ 当然休厄尔在此关注的只是事件对（文化）结构的作用以及更为宽泛意义上的事件的理论（the theory of event），所以他并没有就此认为文化转型开始于或完成于1789年7月14日。

们的客观社会身份和利益之间的差距便凸现出来。而文化、习俗或话语开始成为一种"修正性"因素来调节主体意识与其客观社会状况之间的辩证关系①。在汤普森看来，依赖于此种假设的劳工史研究的主要问题在于并没有严肃地将这些文化、传统或话语的习俗看成是社会关系的"血肉"本身。相反，这些对象往往被人为地移置进某种上层建筑的领域，也同时被降格为主体倾向性（subjective bias）的因素。因而，新社会史虽然批评了旧式那种机械的基础与上层建筑研究模式，却在无形中保留了后者的本质隐喻，即物质基础与上层建筑依旧被看成是处于自我封闭的、抽象空间上分离的和非连续性的状态。

在《英国工人阶级的形成》的序言中，汤普森认为这种观点事实上将文化本身看成了一种"滞后和扭曲"（lags and distortions），妨碍了主体对客观状况或阶级利益的有效辨识。② 这表现为在经验研究中，阶级行动的缺失或是失败被看成是文化与政治这些上层建筑带来的偶然性结果；而在叙事中，社会关系与文化之间的辩证互动被展现得好像是一种事件的真实序列，即汤普森所说的社会经济先行，而政治文化往往拖拉在后面。③

从这一点来说，新社会史实质上所做到的远不如他们自己所预设的那样激进，这在劳工史的研究中体现得更为明显。在强调多因论、批判单因决定论的时候，新社会史依旧保留了这一观点，即那种由社会地位或阶级身份所决定的，或是投射出来的主体意识和政治行为从

---

① Gabrielle Spiegel ed., *Practicing History: New Directions in Historical Writing after the Linguistic Turn*, p. 6. Victoria Bonnell & Lynn Hunt eds., *Beyond the Cultural Turn: New Directions in the Study of Society and Culture*, pp. 6-8, 10-11.

② 汤普森：《英国工人阶级的形成》，钱乘旦等译，南京：译林出版社，2001年，第2页。

③ E. P. Thompson, "The Peculiarities of the English," in *The Poverty of Theory and Other Essays*. London: Merlin Press, 1978, p. 294.

理论上说是一种应然的主体意识,这才是历史发展的预设目标(pre-inscribed goal)。所以文化、习俗或语言的调节作用本质上意味着某种必然会被克服的或被超越的"障碍"(burden)。在休厄尔研究中,对19世纪早期法国马赛那些被他称之为"排外性行业"的工人而言,正是组织上的严密性维护了他们在文化上的自觉和自足,而这一点使他们在工人运动普遍迈向激进的过程中表现出了政治上的保守性。[①] 但是工人的无产阶级化和激进化似乎是一个不可阻挡的过程,"摧毁"这种保守性仅仅是个时间问题。19世纪上半叶资本主义发展的不均衡性强化了马赛码头工人的严密组织,从而保证了他们的优势地位。但是在休厄尔看来这种组织形式本质上是一种"遗存的"旧制度时期的行会组织。而当资本主义充分发展起来的时候,它必将被粉碎。[②] 从这一点来看,宽泛意义上的文化以及其他相关因素或许能对应有的阶级意识产生这样或那样的影响,但是历史的进程必将"扫除"文化因素带来的影响,或者更准确说是落后或走形。[③] 用汤普森的话来说,这种经济的决定论始终是存在的,不仅存在于最后时刻,不仅被延迟到一个最终具有因果关系的领域,而且始终如此。[④]

因而,对于物质基础与上层建筑这一对社会史基本的隐喻而言,

---

① William Sewell Jr., "The Working Class of Marseille under the Second Republic: Social Structure and Political Behavior," pp. 94-98; "Social Change and the Rise of Working-Class Politics in Nineteenth Century Marseille," pp. 102-109.

② 汤普森:《英国工人阶级的形成》,第2页。休厄尔在分析1860年左右资本主义的发展如何影响马赛的码头工人时,就使用了"摧毁""粉碎"这些隐喻性的词语。另见 Tony Judt, "A Clown in Regal Purple: Social History and the Historians," *Historical Workshop Journal*, Vol. 7, No, 1 (March 1979), pp. 66-94.

③ 事实上一开始汤普森就批评这种用文化或是所谓的传统来调整物质基础和上层建筑之间的不平衡。参见伍德:《民主反对资本主义:重建历史唯物主义》,吕薇洲等译,重庆:重庆出版社,2007年,第48-75页。

④ E. P. Thompson, "The Peculiarities of the English," pp. 81-82.

只要这两个范畴仍旧被看成是分享了两种不同本体论存在范畴的话，那么其结果必然难以逃脱这一模式的困境：要么将经济或物质的决定作用推至一种历史必然性的后果上，以避开"粗略的经济主义"，这一努力正是笼罩于现代性阴影之下的新社会史的尝试，从这一层意义上来说，对于 20 世纪 50 年代以后史学演进而言，新社会史更具过渡意义；要么就像那些后马克思主义者一样"彻底"抛弃这种隐喻。在这些后马克思主义者看来，关于经济与政治之间的"非相关性"的主张及其对阶级政治的放弃，意味着他们不仅抛弃了物质基础与上层建筑的隐喻，而且也意味着他们或许根本不相信阶级政治、阶级冲突在历史中的中心地位或工人阶级在争取社会主义斗争中的首要地位。[①] 就此而言，修正主义与其所批判的对象之间的差别并不像从表面上看起来的那么明晰。

在 19 世纪英国宪章运动的研究中，琼斯（Gareth Stedman Jones）"激进地"抛弃了物质条件与政治的关联。[②] 在他看来，宪章运动的意识形态与产生于完全不同的社会条件下的早期激进传统——这一传统甚至可以回溯到 17 世纪——之间有着基本的连续性。换句话说，琼斯认为宪章主义的表述相对于其社会意义和阶级状况所呈现出的偏离仅仅是一种表面现象，是一种错误的幻象（illusory），因为这来源于将

---

① 关于这一方面的概述性评议参见 Ellen Wood, *The Retreat from Class: A New "True" Socialism*, London: Verso Wood, 1986。

② 持有同样假设的另一为修正主义的代表是帕特里克·乔伊斯（Patrick Joyce）。在对英国北部工业地区的研究中，他也将社会关系或物质状况与政治意识之间的那种假定存在的关联作为检验阶级这一维度重要性的试验地。在英国，对此种社会学或马克思主义阐释框架的抛弃似乎不是一个个别现象，这与撒切尔主义和工党的失败有关系。参见 Patrick Joyce, *Visions of People: Industrial England and the Question of Class, 1848-1914*, Cambridge and New York: Cambridge University Press, 1991, pp. 1-27; Robert Gray, "Review: The Deconstructing of the English Working ClassRobert Gray," *Social History*, Vol. 11, No. 3 (Oct., 1986), pp. 363-373. 江政宽：《英国史家盖瑞斯·史泰德曼·琼斯史学思想之研究》，博士论文，台湾成功大学，2008 年。

一种错误的马克思主义或社会学概念应用于历史的结果：在后者看来，首先是物质基础构建了宪章运动。所以他将这一模式倒了过来，从逻辑上和因果关联上将语言，而不是那种错误理论模式所预设的把物质条件放在形塑政治认同的首要地位上。琼斯认为，是话语预构（prefigure）并创造（create）了主体的需求和需要。①

　　同样是在一种大众文化传统的连续性中，休厄尔对法国工人阶级的研究凸现了在这一连续性中的变化，资本主义生产关系的逻辑在"上层建筑"领域中发挥的作用；而琼斯仍倾向于将历史看成不连续的"板块"。他在这里除了看到与经济不对称的一个意识形态"层面"，一块从另一种生长方式中残留下来的碎片以及结构上不同的两个层面的并存以外，可能什么也看不到。② 也就是说，在类似的情况下，琼斯与休厄尔的解读恰好相反：前者领会到了意识形态独立于阶级而存在，这不符合他曾经预期的"每一个新的基础至少在原则上都必须有一个哪怕是初始性的新上层建筑"的想法，所以他将这一模式"激进地"做了倒置；但是后者则在一个大众文化的连续性变化中看到了某种不断作用着的力量。休厄尔的创见正是在于他看到了在与1789年革命中所形成的新的财产观念和劳动观念的碰撞与冲击中，旧制度下的团体传统——这也就是彼得·伯克所说的那种所有人都参与的"大众文

---

①　Gareth Stedman Jones, *Language of Class: Studies in English Working-Class History: 1832-1982*, Cambridge and New York: Cambridge University Press, 1983, pp. 21, 22, 24, 105.

②　对因资本主义关系的作用而导致的这种激进传统所经历的变化，琼斯似乎并没有给予什么重视，或者说纵然有变化，但是在他看来，对政治话语的自主性这一观点或者说对政治与阶级的不相关性这一判断都不能构成挑战。参见 Ellen Wood, *The Retreat from Class: A New "True" Socialism*, pp. 102-115。

化"①——是如何被决定性地重新塑造的，而此后在 19 世纪 30 年代发展起来的重整了的结社观念（the refurbished idiom of association）将集体贸易的管理（collective trade regulation）看成一种合法地实践新获得（newfound）的自由的手段。当结社的权力和对劳动的重估——将劳动看成是所有价值的来源——结合在一起的时候，1848 年的工人阶级就能够宣称自己在国家中所占有的重要地位了。因此在休厄尔的论述中，法国工人的阶级意识是一种混杂物，既保留了传统的团体主义，又融合了革命性的因素。②而对这些新环境的认知和对新压迫的体察本身就是新、旧辩证且交互渗透变化的过程。18 世纪是一个十分特殊的时期，此时习惯行为和礼俗获得了一种新的意义，这是因为资本主义的逻辑对民众的习俗频繁地发起了攻击。关于这一点，在汤普森的许多著作中都有生动的描述。③因此在反对资本主义的累积的过程中，民众就经常采取"保护民俗"的形式，这就是汤普森所谓的"反叛性的传统文化"。阶级冲突因而往往采取这样一种形式，即"创新的市场经济与平民的习俗道德经济之间的对峙"。④

因而，简单地在物质条件与意识形态之间置入一个话语的或是文

---

① 伯克：《欧洲近代早期的大众文化》，杨豫等译，上海：上海人民出版社，2005 年。在反对"精英文化"和"大众文化"二元对立的观念时，伯克创见性地提出了在近代早期大众文化是所有人都共同参与的文化，而精英文化是少数人的文化。因此在伯克看来，1800 年前后欧洲出现一个教士、贵族和资产阶级从大众文化中"退出"的过程，相伴随的另一个过程是"人民"的发现。

② 同样是马克思主义学派的劳工史研究，但是休厄尔和琼斯有本质上的不同，这一点部分受益于林·亨特（Lynn Hunt）为《新文化史》（*The New Cultural History*）撰写的导论，参见 Lynn Hunt, "Introduction: History, Culture, and Text," in *The New Cultural History*, Berkeley: University of California Press 1989, pp. 3-6. 但是亨特并没有对此详述。事实上，我们可以说被她包容进这份导言的诸位"文化史家"之间，无论是研究取向，还是理论立场，都有着很大的差别。

③ 汤普森：《共有的习惯》，沈汉等译，上海：上海人民出版社，2020 年；E. P. Thompson, "The Peculiarities of the English," in *The Poverty of Theory and Other Essays*, London: Merlin Press, 1978, pp. 133-165.

④ E. P. Thompson, "The Peculiarities of the English," pp. 154-155.

化的楔子，这并没有回应马克思自己提出的挑战，即当我们认识到生产方式内在逻辑的时候，该如何将历史特殊性和人的作用包容进来。[①]从某种意义上来说，休厄尔准确地将人的作用——无论是他早期对工人行动意义的关注，还是后来在批评萨林斯时提出的多重主体性概念——放在了"利益与信念""社会存在与社会意识""流行的社会关系以及我们对这些关系的创造性理解"之间的空档（gap）中。如果忽视了这一点，那么也就会将语言或是别的什么解释维度从不平等的权力和权威的社会关系的深嵌状态中生硬地拉出来，从而构筑起来一种新的认识论和本体论之间的混淆。

佩里·安德森（Perry Anderson）曾极具洞察力地指出反对物质基础与上层建筑这一对隐喻或类似的隐喻的主要原因是，在理论分析上对社会的不同"层面"或"场合"之间的划分可能会助长人们这样来看世界，即认为这些不同领域是"实质上存在着的互相独立的实体，在现实世界中它们也能像实体那样彼此分离"。[②]无论是20世纪60年代的阿尔都塞主义，以及80年代出现的以琼斯为代表的修正派都没能走出这一困境。社会的不同"层面"或"场合"都持续不断地滑入了"本体论的范畴"，成为现实世界中彼此分离的实体，更糟糕的是，这些不同"层面"或"场合"之间的关系却留在了"纯理论"的领域中，成了与"本体论的范畴"没有什么关系的"知识对象"。[③]

① David Mayfield & Susan Thorne, "Social History and Its Discontents: Gareth Stedman Jones and the Politics of Language," *Social History*, Vol. 17, No. 2 (May, 1992), pp. 186-187.
② Perry Anderson, *Arguments within English Marxism*, London: NLB, 1980, p. 72.
③ 琼斯无奈地承认了20世纪80年代激进的修正主义无形中分享了他们所反对的70年代结构主义的诸多假设。参见Gareth Stedman Jones, "The Determinist Fix: Some Obstacles to the Further Development of the Linguistic Approach to History in the 1990s," *History Workshop Journal*, No. 42 (Autumn, 1996), pp. 19-35.

休厄尔一开始就对这种混淆认识论和本体论的做法有着明锐的警觉。在他对斯考切波的《国家与社会革命》一书的评论中，休厄尔说道："意识形态必须被理解为社会秩序的构成部分，它也促生了社会的存在本身。意识形态不能被看成是物质性阶级关系的表述，也不能被看成仅仅是某种观念或意志。相反意识形态形塑了体制性的结构、社会合作和冲突的本质，也形塑了民众的态度和偏见。所有的社会关系同时也是意识形态的某种关系，而所有明确的意识形态的话语也是一种社会行动。"① 因而，在休厄尔看来，意识形态能在社会的各个"层面"都"同时"找到自己的表现形式，或者说是作用机制。这一论述表明从社会存在到上层建筑并不是依据某种上升秩序，相反，此二者同时是社会关系的不同方面。正如汤普森在评论克里斯托夫·考德威尔（Christopher Caudwell）时所说的："（意识形态）有它自己的逻辑，部分的是由自我决定的逻辑，因为既定的范畴倾向于以连续性的方式再生产自身，但我们不能用意识形态的逻辑取代真实的历史——资本主义的演进不是某个资产阶级基本思想的产物——然而意识形态这一逻辑却是那个历史的一个真实的组成部分。独立于'意识'的某个历史是无法想象的，是不可描述的。"②

因此，在休厄尔看来，意识形态正如生产方式和物质基础那样也是"真实的"，并且在任何时间和任何范畴中都会"起作用"。在后期的研究中，他继续使用"文化"来指称这一维度。他认为构成文化的符号能在特定体制领域的不同场合表现出来，同时也能在不同的体

---

① William Sewell Jr., "Ideologies and Social Revolutions: Reflections on the French Case," p. 62.

② E. P. Thompson, "Christopher Caudwell," in Ralph Miliband & John Saville eds., *The Socialist Register*, London: Merlin Press, 1977. pp. 265-266.

制领域中展现。比如"父亲"这一符号能同时体现在国与家这两重领域中。① 专制政治的意识形态明显地连接了君王政府与父权家庭，而法国大革命期间所提倡的"手足情谊"则打破了先前的模式。在政治意义上家庭模式的转变和国家模式的转变就是绑结在同一符号下的结构转型。②

休厄尔关于文化意义在构成社会关系所形成的这种"瓦状重叠"的见解，根本上不同于物质基础需要上层建筑，或是上层建筑能脱离物质基础的观点。在他看来，社会应重新被理解为多种相互交织和联系的文化结构的运作与实践区域。这些文化符号具有相对的自主性（autonomy），因为它能不同程度地跨越体制和地理范围，能够渗透到那些被认为是构成基础的生产关系的内部，而不受制于物质因素的制约。在 20 世纪中叶，"红色"具有特定的而且是压倒性的政治意涵，这使得美国辛辛那提红色棒球队（the Cincinnati Reds baseball）不得不两度改名为"红腿"（Red Legs）。

可以说，在修正主义的潮流中，这是一种对文化的与众不同的见解，因为文化根本上是在实际的社会实践和实际的社会体制关系中的例示（instantiation）。与琼斯以及乔伊斯等人不同，他的构思首先反对了任何萎缩了"文化"本身的社会性的理论划分，因为在休厄尔看来，文化在不同程度上能渗入其他的体制领域。这事实上意味着一种新的社会图景的浮现：为文化意义、权力关系与稀缺性同时形塑的社会关系和行动，而这三重维度也彼此互相形塑。③ 因此，休厄尔所提供的理

---

① 　William Sewell Jr., "The Concept(s) of Culture," pp. 48-49.

② 　亨特：《法国大革命时期的家庭罗曼史》，郑明萱、陈瑛译，北京：商务印书馆，2008 年。

③ 　William Sewell Jr., "Toward a Post-Materialist Rhetoric for Labor History," pp. 33-38.

解绝不意味着要在理论上将文化从它不可避免地体现于现实世界的社会形式中区分出来，而是在一种深嵌关系上的抽象的做法。

十一　年鉴学派的一种形象：一个"圈外人" 提供的视角 ①

　　彼得·伯克是著名的文化史家，现任剑桥大学文化史荣休教授，1978 年凭《欧洲近代早期的大众文化》一书树立了在国际史学界的地位。《欧洲近代早期的大众文化》也成为文化史研究的经典之作。除此之外，伯克也是英国学界中少数关注史学理论以及史学动态的学者。这本《法国史学革命：年鉴学派，1929—1989》（下简称《史学革命》）正是他三十年来关注年鉴学派的结晶之作。

　　伯克自称属于那些长期以来关注年鉴学派发展的"圈外人"。在 1999 年的一次采访中，他说："我对年鉴派史学的发现——那是 1960 年前后，我还是牛津的一个学生——像是受到神启一样。"②20 世纪 70 年代，他向英国学界引介年鉴学派，主编过一本费弗尔的文集《一种新史学：吕西安·费弗尔文集》。③《史学革命》是伯克为庆贺《年鉴》杂志创刊 60 周年推出的一部概要性著作。他一方面按照时间线索，以正统的"三代论"陈述了年鉴的演进历程，从布洛赫和费弗尔的初

　　① 本文评彼得·伯克《法国史学革命：年鉴学派，1929—1989》（刘永华译，北京：北京大学出版社，2006 年）。原刊于《中国图书评论》2006 年第 12 期。文字和注释有调整，并修正了注释与翻译上的错误。

　　② 玛丽亚·露西娅·帕垃蕾丝－伯克编：《新史学：自白与对话》，彭刚译，北京：北京大学出版社，2006 年，第 187 页。

　　③ Lucien Febvre, *A New Kind of History: from the Writings of Febvre*, edited by Peter Burke, translated by K. Folca, London: Routledge and Kegan Paul, 1973.

创，历经布罗代尔的时代，到"多中心"或是"没有中心"的第三代人，同时也论及像罗杰·夏蒂埃（Roger Chartier）和雅克·雷维尔（Jacques Revel）这批第四代史家。另一方面，他围绕年鉴学派的代表著作，分析每一代的特点，并评估它们在历史编纂史上的重要性，因为在他看来，"正是这么一组专著，从长远来看（对专业人士及普通大众）产生了最强有力的影响"。[①] 在本书的最后，伯克简单地描绘了年鉴对其他国家和其他学科所产生的影响，并对其得失作了简单的评价。

此书内容丰富，条理清晰，也充分体现了伯克长于叙述的风格，评价公允，传达了对年鉴学派自创立以来得失功过的同情的理解。凯斯·托马斯（Keith Thomas）曾这样评价伯克的文风："清晰流畅，又有塔西托似的简洁明快。关于主题的一切都被讲到了，却难得花几分钟的时间。"[②] 这个评价用于此书再恰当不过了。书后附有近四百种年鉴学派的著作，便于读者进一步深入研读。伯克特别注意到年鉴学派影响对法国汉学的影响，像早年布洛赫同事葛兰言也深受涂尔干创办的杂志《社会学年鉴》的影响，后期谢和耐的研究也恰和年鉴本身的"从酒窖上升到阁楼"转向契合。这在其他相关有关年鉴学派的史学史论著中，不太多见。

年鉴学派的发展可看成是 20 世纪西方史学演进的一个缩影。处理这样一个对象，疏漏在所难免。比如伯克似乎低估了年鉴学派对美国史学的影响。而这种影响，对 20 世纪中叶成长起来的美国史家而言，不容小觑。大约在 60 年代以后，年鉴学派的影响开始传到美国。这其

---

① 彼得·伯克著：《法国史学革命学派，1929—1989》，刘永华译，北京：北京大学出版社 2006 年，导论，第 4 页。

② 玛丽亚·露西娅·帕垃蕾丝－伯克编：《新史学：自白与对话》，第 157 页。

中有几个原因，一方面是年鉴学派在战后受洛克菲勒基金的资助，与美国学界本就往来密切，其次 1968 年普林斯顿大学历史系启动学者交流计划后，跨洋交流变得更频繁。后来的一些文化史大家，比如娜塔莉·泽蒙·戴维斯、罗伯特·达恩顿，或多或少得益于这样的环境。不过，某些偶然性的接触发生得更早。威廉·麦克尼尔在《神话般的历史》回忆道，早在 1939 年，他已经接触到布洛赫的研究，并为其折服。①

从《史学革命》出版以来，已经过去了十多年了，在这段时间大量的年鉴学派的著作在大陆都有了汉译本。其中包括费弗尔的《莱茵河》（许明龙译，辽宁教育出版社 2003 年）；布洛赫的一系列作品如《历史学家的技艺》（张和声、程郁译，上海社会科学出版社 1992 年）、《法国农村史》（余中先等译，商务印书馆 1990 年）、《封建社会》（张绪山等译，商务印书馆 2004 年）；布罗代尔的《15 至 18 世纪的物质文明、经济和资本主义》（顾良，施康强译，北京三联书店 1993 年）、《资本主义的动力》（杨起译，香港牛津大学出版社 1993 年。北京三联书店 1997 年）、《菲利浦二世时代的地中海和地中海世界》（唐家龙等译，商务印书馆 1996 年）、《法兰西的特性》（顾良，张泽乾译，商务印书馆，1994—1997）、《资本主义论丛》（顾良、张慧君译，中央编译出版社 1997 年）、《文明史纲》（肖昶等译，广西师范大学 2003 年）及其与拉布鲁斯·欧内斯特主编的《法国的经济与社会史：50 年代至今》（谢荣康等译，复旦大学出版社 1990 年），勒华拉杜里的《蒙塔尤》（许明龙、马胜利译，商务印书馆 1997 年）和《历史学家的思想和方法》（杨豫译，上海人民出版社 2002 年）；勒高夫的《新史学》（姚蒙编译，

---

① William H. McNeill, *Mythistory and Other Essays*, Chicago: University of Chicago Press, 1986.

上海译文出版社 1989 年）、《中世纪的知识分子》（张弘译，商务印书馆 1996 年）和《圣路易》（许明龙译，商务印书馆 2002 年）以及米歇尔·伏维尔的《死亡文化史》（高凌瀚等译，中国人民大学 2004 年）；等等。除此之外，关于年鉴最新进展的专论文章也出现在各种刊物上。可以肯定，经过这十多年的努力，我们对这一学派的了解加深了不少。所以今天似乎没有必要从内容上对伯克的这本小册子逐一加以点评。相反，如果能结合 20 世纪 70 年代末以来对年鉴史学的反思及批判这一学术背景，那么在阅读伯克的书时，会有更多发现。而译者在该书的译序中对几个文本的分析或许也是立足于同样的出发点。

一般来说，70 年代"新史学"展开了对年鉴史学的反思和批判，以弗雷的《超越年鉴学派》和斯通的《叙述的回归：一种新的老史学的复兴》为代表。总体来说，这两篇文章的风格平实，相比弗雷来说斯通似乎更为乐观，在他看来，虽然"（我们）无法宣布分析、结构及量化历史的死讯"，[1]但是，这种为社会科学话语所压抑的"叙述"的方式总有胜利的希望。

到了 80 年代，虽然以"叙述"为风格的各类史著不断涌现，但是令人奇怪的是，新史家的批判也不断继续。他们的批判集中在文化史和心态史的两种写作方式上，即"叙述的"和"社会科学化的"。虽然其出发点与斯通的文章很接近，但是立场更为激进，力度更为猛烈。其中，达恩顿和夏蒂埃很有代表性。尽管此二人关于如何研究文化史，如何与人类学对话，笔战不休，但有一个共同的立场，都认为年鉴学

---

[1] Lawrence Stone, "The Revival of Narrative: Reflections on a new old history," *Past and Present*, No. 85 (Nov., 1979), pp. 3-24. 中文由古伟瀛翻译，刊登在《新史学》，第 4 辑（新文化史），郑州：大象出版社，2005 年，第 8-28 页。

派对文化和心态的处理，与早年社会经济史学没有本质区别，都有一种还原论或化约论的倾向。以夏蒂埃为例，在《思想史还是社会文化史？法国的轨迹》（1982 年版）一文中，他反思了从布洛赫和费弗尔以降年鉴学派文化史的写作，认为他们的写作中隐藏着一种个体"宿命论"，而随着年鉴学派的发展，这一"宿命论"后来又为社会科学的诸种假设和方法所强化，比如合作化的研究以及序列史学的创设。所以，在他看来，20 世纪五六十年代的社会科学不仅提供了史学研究的方法和视角，而且也提供了一种整体的意识形态。①

不过，夏蒂埃的批评还仅限于学理上，与另两本论著相比，要温和许多。埃韦尔·库尔托－贝加里和弗朗索瓦·多斯对年鉴学派的攻击可谓毫不留情。②库尔托－贝加里是一位政治右派，他对年鉴学派的不满有政治原因，他认为年鉴学派始终没有历史批判意识，因为他们自身奉行一套信仰体系，而主导这套信仰体系的是那些只允许有"崇拜"和"胜利主义"的官僚式的赞助人。他认为，年鉴学派的胜利最重要的原因并不是学术上的，而是政治上的，因为他们把持了学术权力，并和媒体结成了"邪恶的同盟"。这也正是多斯研究的问题，他的博士论文就是分析 1968 年以来年鉴学派和媒体的关系。在《破碎的历史》中，多斯从一种激进左派的立场，批判年鉴学派，着力最多的是年鉴学派的"政治性缺失"。长期以来，学界认为年鉴学派很少关注历史

① Roger Chartier, "Intellectual History or Sociocultural History? The French Trajectories," In *Modern European Intellectual History: Reappraisals and New Perspectives*, D. LaCapra and S. Kaplan eds., Ithaca and London: Cornell University Press, 1982, pp. 13-46. 中译参见多米尼克·拉卡普拉等，《现代欧洲思想史：新评价与新视角》，王加丰等译，北京：人民出版社，2014。

② Hervé Coutau-Bégarie, *Le Phénomène 'nouvelle histoire'*, Paris: Economica, 1989; François Doss, *L'histoire en miettes: Des "Annales" à la "nouvelle histoire"*, Paris: La Découverte, 1987. 中译本参见弗朗索瓦·多斯：《碎片化的历史学：从〈年鉴〉到"新史学"》，马胜利译，北京：北京大学出版社，2008年。

上的权力问题和统治问题。多斯认为这与年鉴学派的政治立场有关，他们不关心政治，最终也没能形成一种解释变迁的历史理论，仅仅是被一种对前现代的怀旧情绪推动着。在多斯看来，年鉴学派最终也没能实现整体史的宏愿，历史变成了碎化的历史。

批判浪潮愈演愈烈，到 20 世纪 80 年代末达到了顶峰。1988 年，第 43 期《经济、社会与文明年鉴》杂志发表了一篇题为《史学与社会科学：一个关键的转折点》的编辑部文章，说道："今天我们似乎生活在一个不确定的时代"，先前一切主流的范式，从结构主义到马克思主义都已衰落，因此"我们"需要寻求新的方法，寻找新的同盟。1989 年，第 44 期《经济、社会与文明年鉴》发表了专刊，组织了 9 篇理论文章，其中包括夏蒂埃的《作为表象的世界》、罗伯特·博瓦耶对《经济和历史：迈向新的结盟？》、帕特里克·弗里德森的《组织：一个新对象》等重量级学者的文章，此刊以《让我们继续探索》这篇编辑部文章作为总结。1994 年《年鉴》杂志编辑部重组，杂志更名为《历史与社会科学年鉴》。[1]

总体来说，20 世纪 80 年代以后，西方学界对"年鉴范式"展开了全方位的反思与重估。这一反思的趋势，同时也伴随着对历史学科中盛行了半个多世界的社会科学范式的全面回顾。这是《史学革命》问世的背景。但事实上，我们很难在此书中找到与之相关的痕迹。尽管伯克也略提及了某些批评，但是他总体上展现的是一副整合的而不是破碎的，是统一在同一旗帜下而非硝烟四起的年鉴学派的形象。我

---

[1] 这些文章的英译均可参见 Jacques Revel & Lynn Hunt, eds., *Histories: French Constructions of the Past*, translated by Arthur Goldhammer and others, New York: New Press, 1995.

们更体会不到所谓"年鉴学派范式式微"的危机感。[1] 作为"30年来一直追随其（年鉴学派）发展的同路人"，伯克不可能不清楚这些批评。事实上，在其他著作中，他对某些批评已做了回应。比如有学者指出，布洛赫在第二次世界大战前夕，对年鉴范式，尤其是对结构化视角和整体史已有反思，并与费弗尔产生了分歧。[2] 伯克在马克·布洛赫的名著《历史学家的技艺》英译本前言中做了回应，他认为不存在所谓布洛赫晚年背离年鉴学派的情况。[3] 另一方面，要说伯克忽视学术中的权力斗争——而这常常是那些后现代主义者批判的出发点——也是不合情的，因为在本书导言中他说得很清楚："尽管费弗尔和布罗代尔两人都是令人生畏的学术政客，但是，接下来的部分基本上不会谈到运动的这一侧面……我也多少带着遗憾，抵制了撰写布勒瓦·拉斯派尔街54号……的民族志研究的诱惑。"[4] 所以，很有可能伯克有意远离了这些批评，他既不谈社会科学范式的变化，也不讨论布罗代尔去世后年鉴学派是否失去了认同，更不讨论年鉴学派的政治立场，他仅仅是要"向英语世界解释法国的东西，给后辈解释20世纪20年代，给社会学家、人类学家、地理学家等解释历史学家的实践"，他的"叙述本身使用历史的方式来组织，并试图结合编年的体例与主题的体例"。他自己谦虚地说："剑桥和巴黎的距离，还是远到了足以（由我来）撰写一本评价年鉴派成就的书。"[5]

---

[1] Lynn Hunt, "French History in the Last Twenty Years: The Rise and Fall of the Annales Paradigm," *Journal of Contemporary History*, Vol. 21, No. 2, Twentieth Anniversary Issue (Apr., 1986), pp. 209-224.

[2] 如Bryce Lyon, "Marc Bloch: Did He Repudiate Annales History?," *Journal of Medieval History*, Vol. 11 (1985), pp. 181-191.

[3] Marc Bloch, *The Historian's Craft*, Manchester: Machester University Press, 1992. 中译本参见马克·布洛赫，《历史学家的技艺》，黄艳红译，北京：中国人民大学出版社，2011年。

[4] 彼得·伯克：《法国史学革命学派，1929—1989》，第4页。

[5] 彼得·伯克：《法国史学革命学派，1929—1989》，第3-4页。

不过，事后来看，伯克的选择自有其合理性。20 世纪 80 年代以后，文化史取代了社会史，试图确立一种脱离社会而自足的文化研究范式。1989 年，亨特在《新文化史》中举起了"新文化史"的大旗，她呼吁："以文化模式来作研究的历史学家，不应该由于理论的多样性而感到沮丧，因为我们正进入一个全新的时代，在这个时代中，其他的人文科学（尤其包括文学研究，亦包括人类学和社会学）会重新发现我们。……不久会有一天，另一位卡尔将宣称，历史研究越倾向于文化，文化研究越历史化，对两者越有利。"① 看来，以一种人类学式的文化史——解读"文本"、探询行动背后的意义——将会取代主唱社会化约论的马克思主义和年鉴史学而成为主流的。一时间，"……的文化"成为最流行的标题，而林林总总的文化史成为坊间热销的史学读物。但是，新文化史又走了多远呢？先前"碎化的"弊病没有根治，而"文化的转向"是否彻底扭转了"化约论"的解释呢？

1995 年，史学界出现了对"文化转向"的反思。贝尔纳·勒佩蒂主编的《经验的多种形式：另一种社会史》② 可视为历经文化冲击后社会史再生的标志。勒佩蒂提出了一种新的社会史取向，这一取向拒绝了任何外在因素的决定性作用，重新关注主体的实践和选择、个体的自由与能动性。在这样一种主体视角下，社会被视为由规则和惯习构成，而这种规则和惯习是以暂时性的共识为基础，并处在不断协商之中的。这种社会史有以下两个特征：首先，强调内生性因素的作用，社会史所分析的范畴、认同和意义内在于自发的社会能动者的行为之

---

① Lynn Hunt, "Introduction," in Lynn Hunt ed., The New Cultural History, Berkeley, Los Angeles, London: University of California Press, 1989, p. 22

② Bernard Lepetit ed., *Les Formes de l'expérience: Une autre histoire sociale*, Paris: Albin Michel, 1995.

中；其次，以某种形式的实用主义或实践理性为基础，行动者的"理性"被视为此时刻的理性，勒佩蒂称之为"符合当前情境的充分性"（une adéquation à la situation present）。通过恢复实践理性，这种"新社会史"的目的在于将人的主体性从文化的桎梏中解脱出来。

就连新文化史的旗手亨特也很快改变了对文化史的态度。《超越文化转向：社会和文化研究的新方向》成为又一次"超越"。① 文集的第一部分是方法论和理论反思。威廉·休厄尔的文章批评了"文化"概念的模糊性。理查德·比尔基纳在《新文化史转向后的方法和隐喻》中反思了新文化史方法论的困境。他指出，新文化史家"循着社会史家的脚步建立了解释，这些解释又都建立在一种'真实'并无法化约的历史根基之上，尽管这个立足点现在是文化的和语言学的，而非（或者说也没有什么两样）社会的和经济的"。② 这一点极富洞见，新文化史以"文化的"取代了"社会的"（或"经济的"），而操作着同样一种化约论的解释，但是所发现的只是一种与实际相去甚远而无法回归的"社会"。比尔基纳认为我们现在面临着另一次的文化转向，现今的史学研究不应只分析实践的表象（representation），而应将焦点更直接地集中在实际的运用上。这恰回应了夏蒂埃在《作为表象的世界》中提出的主张，而与勒佩蒂的立场也十分接近。

可见，文化转向试图超越社会与经济的决定论，但是矫枉过正，最终还是陷入了还原论。文化因素取代了社会和经济原因，成为无所不包的"根本原因"。其实，在《新文化史》出版后不久，亨特的立

---

① Victoria E. Bonnell & Lynn Hunt eds., *Beyond the Cultural Turn: New Directions in the Study of Society and Culture*, Berkeley: University of California Press, 1999.

② Richard Biernacki, "Method and Metaphor after the New Cultural History," in *Beyond the Cultural Turn: New Directions in the Study of Society and Culture*, p. 62.

场就发生了改变。1994 年，她在和乔伊斯·阿普尔比、玛格利特·雅各布合著的《历史的真相》一书中，反思了文化史的碎化、无所不包的诸多弊病。三位作者认为从"解释"到"深描"，文化史本应挑战唯物主义化约论，结果却变成了挑战因果性的解释方式了。文化史的研究与相对论、怀疑论交织在了一起。[1]

可见，20 世纪 90 年代以来的史学演变并没有实现亨特在《新文化史》导言中的主张。文化史非但没有取代社会史，反而与社会史融合，形成了一种夏蒂埃所说的"文化取向的社会史"。学者更关注的不是文化意义，不是符号图式，而是人在具体社会历史情境下的实践。再者，社会理论也没有被打入冷宫。相反，历史学与社会科学的关系变得更复杂，史家不是简单地从社会科学的"工具库"中寻找合适的工具，而是通过他们自己的经验研究从理论上反思社会科学的概念与假设，重新阐述社会的构成与实践的性质。此外，90 年代以后的史家也不像先前那么热衷于将语言、行动视为有待阐释的文本，而是重新关注主体性，关注人的行动，尤其是关注底层的社会史。

这些变化，不禁让人想起伯克在《法国史学革命》一书的前言中所说的"周期过程"，即"今日的造反者转向为明日的当权派，并转而成为造反的对象"。[2]当然，很多变化不是当事人所能预见的。但是，过于激进地抛弃"昨日之我"，过于彻底地超越既定范式，往往并不合适。事实证明，伯克在陈述年鉴学派发展历程中所采取的温和立场，反而显得更加明智。

---

① 林·亨特、乔伊斯·阿普尔比、玛格利特·雅各布：《历史的真相》，刘北成等译，北京：中央编译出版社，1999 年。

② 彼得·伯克：《法国史学革命学派，1929—1989》，第 3 页。

　　刘永华的译本，距原书出版，已有十余年。而年鉴学派一直是西方历史编纂学研究的重要议题。所以，或有必要简要介绍一下这些年出版的几本有代表性的著作。①

　　在该书导言中，伯克谦虚地说道："本书只能勉强算是思想史的研究。它并不奢望成为研究年鉴运动的权威的学术论著，……（因为）这样一种研究必须挖掘我没能看到的材料（像是马克·布洛赫的手稿，或是费弗尔与布罗代尔的未刊信件）。"这正是该书的缺陷。而意大利学者朱丽亚娜·格梅丽的新作《费迪南德·布罗代尔》弥补了这个不足。此书出版于1990年，1995年被译成法语，以纪念布罗代尔去世十周年。②此书的特色在于德梅丽使用了两套重要档案。其一是布罗代尔的个人档案，包括他未曾发表的手稿、主要著作的修订稿、往来书信等。其二是美国洛克菲勒基金会和福特基金会于第二次世界大战之后协助法国人文社会学界重建发展的相关材料。③根据这些材料，格梅丽不仅重建了法国历史学与社会科学在战后的发展历程，而且详细回顾了布罗代尔于狱中撰写《地中海》的经过，她认为布罗代尔著名

　　① 在本书评发表后（2006），西方学界有关年鉴学派研究的代表研究可参考：André Burguière, *The Annales school: an Intellectual History*, translated from the French by Jane Marie Todd ; foreword by Timothy Tackett, Ithaca: Cornell University Press, 2009; Joseph Tendler, *Opponents of the Annales School*, NY: Palgrave Macmillan, 2013. Peter Schöttler, *Die "Annales"-Historiker und die deutsche Geschichtswissenschaft*, Tübingen: Mohr Siebeck, 2015. 布洛赫与费弗尔的通信集也值得关注：*Marc Bloch, Lucien Febvre et les Annales d'histoire économique et sociale: correspondence*, édition établie, présentée et annotée par Bertrand Müller, 3 tomes, Paris: Fayard, 1994-2003.

　　② Giuliana Demelli, *Fernand Braudel e l'Europa universale*, prefazione di Maurice Aymard, Venezia: Marsilio, 1990; Giuliana Demelli, *Fernand Braudel*, translated form Italian to French by Brigitte Pasquett & Béatriz Propetto Marzi, Paris: Odile Jacob, 1995.

　　③ 关于这个主题，朱丽亚娜·格梅丽另有专著，参见 Giuliana Gemelli, *From Imitation to Competitive-Cooperation: Ford Foundation and Management Education in Western Europe (1950s-1970s)*, 2 vols, Florence: European University Institute, 1997; Giuliana Gemelli ed., *The Ford Foundation and Europe, 1950's-1970's: Cross-Fertilization of Learning in Social Science and Management*, Brussels: European Interuniversity Press, 1998. 朱丽亚娜·格梅丽："美国金辉和布罗代尔研究机构的构建，"钱金飞译，《新史学》，第2辑（布罗代尔的遗产），郑州：大象出版社，2004年，第120—143页。

的三段论的时间观深受自德国地理学的影响。①

1991 年，布赖斯·莱昂和玛丽·莱昂编辑出版了《年鉴史学的诞生：吕西安·费弗尔和马克·布洛赫与亨利·皮耶尔的通信（1921—1935）。②布赖斯·莱昂是中世纪经济和法律史的专家，也曾是布洛赫《法国农业史》1966 年英译本前言的作者。这本书信集收集了信件共 85 封，其中费弗尔与皮耶尔的通信有 51 封，布洛赫与皮耶尔的通信有 34 封。不过，令人遗憾的是，编者没有收入皮耶尔的回信。这些信件展现了年鉴学派早期艰难的创业史以及费弗尔对德国的仇恨心理。这在很大程度上证明了，正是通过皮耶尔，德国的历史主义的思想才得以影响年鉴学派。这也正是莱昂一直以来的观点。这些通信还透露了一个重要信息：费弗尔早在 1924 年到 1927 年间，就已开始构思关于拉伯雷的研究了。

另一部值得关注的研究是菲利普·卡拉尔的《新史学的诗学：从布罗代尔到夏蒂埃的法国诗学的话语》。③这部史学史的写法与众不同。卡拉尔从叙述理论、阐述理论以及修辞学和文体风格的文学批评视角入手分析了年鉴新史学的历史编纂学特征，包括叙述人称、书名风格、引文等诸多方面的变化，饶有趣味地展现了新史学文学理论上的"新颖"之处。此外，卡拉尔更多地关注以夏蒂埃为首的年鉴第三代人，这方面可以弥补伯克一书的不足之处。

---

① 此书的书评可见赖建诚："评 Giuliana Demelli, Fernand Braudel Pierre Daix, Braudel"，《新史学》（台湾）第 9 卷第 1 期。

② *The Birth of Annales History: The Letters of Lucien Febvre and Marc Bloch to Henri Pirenne, 1921-1935*, edited by Bryce and Mary Lyon, Brussels: Commission Royale d'Hisotire, 1991.

③ Philippe Carrard, *Poetics of the New History: French Historical Discourse from Braudel to Chartier*, Baltimore: The Johns Hopkins University of Press, 1992.

十二　文化与实践[①]

　　近年来，西方史学界提出了"实践史学"这一新概念，希望借此修正新文化史在研究方法和理论视野方面所存在的诸多不足。[②]所谓实践史学，就是着眼于分析人的行动本身。行动的内涵很宽泛，既可以指日常生活中的行动，也可以指革命这样的集体行动。众所周知，新文化史强调文化的建构意义，认为行动既需要合法性，又需要有认同和凝聚力，而正是文化提供了这些资源。所以新文化史往往是通过行动和历史事件去分析文化。而实践史学考察的则是人们在行动中如何利用文化，而文化又如何在一次又一次的"实践"中变化。因此，实践史学的视角和切入点与新文化史很不一样。

　　不过，历史学的研究，往往是谈论方法容易，真正推进经验研究难。林·亨特倡议"超越文化转向"已逾十年，但是真正在方法论上有突破的新研究还不是很多。正是在这个意义上，汤晓燕所著《革命与霓裳：大革命时代法国女性服饰中的文化与政治》（浙江大学出版社，2016年，下称《革命与霓裳》）颇有可取之处。

　　该书基本以时间为线索，分为三个部分，以18世纪启蒙运动为开

---

①　评汤晓燕《革命与霓裳：大革命时代法国女性服饰中的文化与政治》（杭州：浙江大学出版社，2016年）。原刊于《史学理论研究》，2016年第3期，文字有所调整。

②　*Practicing History: New Directions in Historical Writing after the Linguistic Turn*, Gabrielle M. Spiegel ed., New York, NY: Routledge, 2005; Nancy Partner and Sarah Foot eds., *The Sage Handbook of Historical Theory*; Calif.; London: Sage, 2013.

端，以 19 世纪新审美趣味的确立为结束，每章以专题形式展开，结合政治背景，剖析各阶段最具代表性的历史事件与最富争议的观念议题，通过服饰的演变以及与服饰相关的论战与冲突，透析大革命前后性别与政治之间微妙复杂的关系。

第一部分由启蒙时代的奢侈论战入手，从当时的出版物中梳理出与女性，特别是贵族女性身份相关的问题，揭示出奢侈话语与贵族服饰的时代意义。作者认为，这种时代意义集中体现为对摇摇欲坠的社会等级与混乱的性别政治秩序的焦虑，新的女性德性便由此而生。这种转变在旧制度末期的服饰中有清晰的体现。因此，该书一开篇即将服饰界定为一个政治议题，而女性性别的定位始终是一个与政治交织而不可分的问题。

第二部分着眼大革命，集中分析"亚马逊女战士""三色徽之争"和"白衣少女"。这三类服饰现象很有代表性，与政治关系密切，也是时人热议的焦点问题，形象地表现了性别与政治交错互动的特殊方式。这种颇具时代特色的服饰文化既是女性试图"名正言顺地"登上一个曾经向她们关闭的政治舞台的手段，同时也是女性权利"痉挛性"发展的体现。

第三部分分析革命后性别秩序的重新定位及其在服饰文化上的反映。当革命的激进政治褪去后，"绝美女人"及其代表服饰的出现恰是这个狂欢放纵时代的最好体现，是精神与身体解放的途径。传统社会政治秩序的消失与新秩序的确立，以及消费社会和工业的发展，使性别秩序脱离了革命的狂热，其重新定位表现出男性与女性服饰的区隔的变化，前者趋于沉稳庄重，后者则通过瞬息万变的装饰诠释着时

尚的随心所欲以及日益浓厚的女人味。

在结语中，作者立场鲜明地阐释了自己的观点："服饰不仅是一种自我的表达，更是社会规约的体现，在它背后，是整个社会的道德伦理价值和权力结构的安排。新的审美趣味昭示着与之前不同的价值取向。与服饰的整体变化相同，新的社会价值取向并不是一场革命所能创立的，它的萌芽要追溯到更早些时候的社会政治经济体系的缓慢变化、启蒙思想的传播，而它的确立和巩固更需要漫长的时间。大革命在这一进程中起到了推波助澜的作用，因为它用革命特有的狂风暴雨似的方式摧毁了原已摇摇欲坠的陈旧的价值体系，从而迎来新的社会政治秩序及相应的伦理道德。"（《革命与霓裳》第212页）

无论是选题选材，还是分析叙述，《革命与霓裳》一书都带有新文化史的特点。作者力图从服饰的角度出发，以小见大，分析服饰文化所凝聚的浓厚的时代意涵。此外，运用图像无疑是本书最显著的特色。在这方面，作者下了很大功夫，不仅从法国黎塞留馆、服饰博物馆搜集了大量的图片材料，也充分利用了已整理出版的图像集，比如法国史家伏维尔主编的五卷本《法国大革命：图像与写本，1789—1799》。作者不是用图像来印证已有的观点，而是以图证史、图文互证，既能从图像的整体布局去把握时代的特点，又能着眼图像的细节（如《革命与霓裳》第189页），见微知著，折射文化的总体转型。除此之外，作者十分重视时尚杂志（总计20余种）和回忆录（小册子与回忆录共计130余种）。在分析中，对细节的捕捉与处理充分展现了研究者的敏锐，比如引勒布菡夫人改装由杜白丽夫人赠送的绣花裙的例子，证明了督政府时期的长裙与旧制度晚期的白色长裙有相似之处（《革命与霓裳》第 169 页）。

大革命服饰一度是新文化史家热衷的研究题目。比如亨特在《法国大革命的政治、文化与阶级》中做过分析。不足在于，这类研究大多没有引入性别这个分析维度，只是把服饰看成是革命政治文化的体现。《革命与霓裳》能以女性服饰为聚焦点，有弥补缺憾之功。更重要的是，本书在一定程度上修正了新文化史研究方法论上的缺陷。一般而言，新文化史偏爱于采取较为简单的编年史的叙述逻辑。比较有代表性的如里贝罗的《法国大革命的时尚》。[1] 这样的研究方式只能反映服饰文化的演变，而无法展现人及其实践的作用。《革命与霓裳》突破了这种历时性的叙述视角，重视女性如何利用服饰文化，实现她们的目的。可以说，实践是该书的关键切入点。

比如在分析亚马孙女战士时，作者不仅梳理了不同时代赋予这一女性服饰的不同内涵，还进一步揭示了文化表象内在的张力，以及由此张力引起的冲突。实际上，这就是人们如何出于自己的目的，利用文化符号。比如启蒙时代人们一方面出于对他者文化的迷恋，而十分热衷于类似"女儿国"或"亚马孙女战士"一类的议题，但另一方面主流思想界因担心"男扮女装"所引起的"性别混乱"、女性干政和秩序混乱，因此对这一议题又心存戒备。革命中，文化的实践者是革命女性，因此与此关联的议题也变成了共和国女性的政治身份与认同。在这些激进的革命女性看来，只要与男性身着类似的服装，一样能为共和国效力，那么她们就理所当然地成为共和国的一员。也是在这个意义上，《杜歇老妈报》的编辑宣称，无论在自然禀赋还是自身素养上，

---

[1]　Aileen Ribeiro, *Fashion in the French Revolution*, London: Holmes and Meier, 1988.

女性都丝毫不逊色于男性；女性完全有理由与男性享有一样的政治身份（《革命与霓裳》第 99—102 页）。

可见，同一服饰表象在不同的实践中，折射出了完全不同的效果。而在这一过程中，服饰这个文化符号本身没有发生根本的变化，变化的是文化得以实践的背景以及实践主体的主观意图。也就是说，文化在实践过程中不断得到了重新界定。这一点，恰如人类学家萨林斯所言，文化总是在人的有目的的行为中出现，并不断加以应用。而这种不断积累性的、集聚性的效应，总会为文化的重新塑造创造条件。可以说，这在一定程度上避免了新文化史的"唯文化论"的弊端。[①]

或许也是因为关注到了不同群体对同一文化象征的利用，所以在文化的断裂与继承这一问题上，《革命与霓裳》一书有其独到之处。

新文化史家一般强调文化的断裂性，认为革命的政治文化是建立在新旧社会截然对立这一假设之上。他们认为，革命政治对抽象个人权利的极端推崇，为的是颠覆旧制度特权与团体主义，革命在制度改造上对纯粹理性标准的依循，为的是一举清除先前林林总总的地方特权与差异，建立大一统的国家。革命和旧制度是截然两分的。这种观点的出现也与现代学科分类有关，因为旧制度属于近代早期史，而大革命属于现代史。这种两分的观点早已遭到了不少批评。比如劳工史家休厄尔就试图从旧制度的团体主义中挖掘 19 世纪工人阶级的阶级意识起源，而鲁特（Hilton Root）也在勃艮第村镇议会中发现了革命时期盛行的卢梭主义的话语。[②] 同样，《革命与霓裳》一书也在服饰文化

[①]　萨林斯：《历史之岛》，蓝达居译，上海：上海人民出版社，2003 年。

[②]　W. H. Sewell, Jr., *Work and Revolution in France: the Language of Labor from the Old Regime to 1848*, Cambridge; New York: Cambridge University Press, 1980; Hilton Root, *Peasants and king in Burgundy: Agrarian Foundations of French Absolutism*, Berkeley: University of California Press, 1987.

的继承与发展方面，找到了旧制度与大革命之间微妙的关系。作者发现，革命时期的庆典与节庆有其具体的历史渊源，绝不是凭空产生的。白衣少女以及督政府时期的白色长裙就是两个最典型的例子。

身着白色长袍，头戴玫瑰花环，手提花篮，吟唱赞歌的少女出现在革命时期各类节庆仪式上（《革命与霓裳》第 127—129 页）。这一形象自然表达了革命对自然理性与纯洁的女性德性的颂扬（《革命与霓裳》第 135—137 页）。但作者发现，白衣少女这个形象与起源于15 世纪的"玫瑰节"有关。这原本是在撒朗西山村延续了百余年，且不为外人所知的传统节日。但经启蒙文人的渲染方才成为各地仿效的对象。实际上，若不是这样的仪式已经为各地所崇尚，很难相信革命时期类似的现象会传播如此之快，如此之广。

不过，作者并没有因为强调文化的延续性，而否认其创造性与断裂。以督政府时期"绝美女人"偏好的白色长裙为例，作者认为其原型就是革命前已十分流行的"王后衬裙"（《革命与霓裳》第 168 页），但后者体现的是对自然美的崇尚，而督政府时期的长裙则表达了因摆脱政治束缚而呼唤身体解放的冲动。所以，同一服饰在不同的背景下有完全不同的意义。断裂与延续就是一种辩证关系。标新立异的绝美女人与金色青年，其实都是不自觉地利用已有的文化符号来表达新的身份与价值认同。断裂以延续为前提，而延续中则处处彰显了新意。这正如英国史家汤普森在评价约克郡温和改革派克里斯托弗·威维尔的发言时所说：这就是过去那场辩论的继续，人们表现出同样的抱负、同样的恐惧和同样的紧张冲突……但现在它是在新的背景中，使用新的语言和新的论点，力量平衡也发生了变化。我们应设法理解双方——

既理解持续的传统，也理解变化的情境。[①]

另外，作者在分析文化的具体实践中，不仅关注具有不同社会利益与政治诉求的人对同一文化符号的争夺，而且更有意思的是，她也注意到了这种争夺的结果很可能产生超出主体预期的效果，也就是会产生"意外"。"意外"的意义在于会对原先的文化产生冲击。该书所分析的三色徽之争就是一个很好的例子。

这其实也是个"老问题"。社会史家分析过，新文化史家也分析过（学术史参见《革命与霓裳》第111页）。《革命与霓裳》的路径不同，是从卷入冲突的市场妇女与革命女性切入。作者认为，这两类女性的生活环境不同，对政治和革命的理解也不同，市场妇女关心面包价格，革命女性关心政治权利问题，前者对政治的理解是传统的，后者则习得了许多新名词。双方对三色徽的不同态度就与她们的自身的利益差别有关。国民公会的法令损害了市场妇女的利益，而她们认为现今令人不满的政治局势实际上是"女性干政"的结果，因此对那些激进妇女大打出手，撤下后者的徽章，实际上就是表明女性就不应该过问政治。

在这一层分析中，作者既强调了文化符号的意义，也引入了社会与政治的维度，并较为深入地揭示了文化与社会政治之间的辩证关系。社会行动需要借助文化符号，因为后者能提供前者所需要的意义，若缺少了意义，不仅集体行动是不可能的，而且就连行动本身也失去了价值。这是三色徽何以会成为冲突核心的原因。这个徽章是革命政治文化的凝聚，对激进女性而言，佩戴徽章是表明革命态度与立场的方式，而对市场妇女而言，这是令她们不满的过激政治的象征物。此外，

---

① E. P. 汤普森：《英国工人阶级的形成》，钱乘旦等译，南京：译林出版社，2005年，第11页。

文化符号的使用又有社会政治维度，因为使用文化的行动者总处在具体的政治社会关系中，对文化符号有她们自己的理解，她们的行动也总贯穿着自己的意图。所以，可以说，正是这种社会政治维度框定了文化符号得以被实践的方式。而这些方式必然是不同的。这也就是三色徽之争会在不同女性间引起争斗的原因所在。

但事情并未因这些冲突而告终。相反，三色徽之争继续发酵，成为国民公会代表热议的话题，因为这些男性代表对涉足政坛的女性也心存畏惧，担心若不对此事表态，女人会接着要求公民权、投票权，甚至与男人分享行政职位（《革命与霓裳》第 122 页）。因此，三色徽之争既强化了男性固有的观念，也成为政治权力最终强行规范性别角色的机会，女性政治俱乐部最终被取缔。

我们知道，新文化史家拙于处理文化转型问题。达恩顿的《屠猫记》就很典型，文化既是静止的，同时也是稳定的。不仅如此，从认识论上来说，文化是根本性的，因为它决定并塑造了人的行动与历史事件。简单地说，文化是剧本，行动者就是演员，演员无法改变剧本，而剧本就在一次次的"搬演"中重复上演。《革命与霓裳》则表明，任何一次具体实践都有可能使文化经受考验，原因在于，实践凝聚了不同的期待与社会利益，因此也包容了很可能超越文化本身的政治与权力的纠纷。

该书验证了微观史学的洞见，展现了如何在一个具体而微的个案中，厘清各种利益关系，结合事件的各个层面，充分考量各种关系的互动。事实上，在这样的个案分析中，一旦能立体地把整个局势细致地展现出来，那么文化与政治社会的关系就说清楚了。可以说，《革命与霓裳》在这一方面颇有可圈可点之处。

不过，该书也有几点不足。尽管个案分析和综合论述都很出彩，但是作者似乎并无意要凸显其方法论上的创新，而仅仅满足于对事实本身的叙述与分析。实际上，本书的导论就存在这个缺陷。作者所综述的研究，仅涉及服饰史、表象史和性别研究，而丝毫不谈史学史与史学方法论的相关研究。笔者认为，作者若能将经验研究与20世纪80年代以来西方史学史的新进展有机结合，本书或许会更出彩。实际上，也正是存在这个遗憾，笔者才决意从方法论上评论此书。

另外，根据该书的剪裁与内容布局，作者认为法国女性权利的发展不是线性的，而是断裂的、波折性的。这与不同时代背景下女性通过各种不同方式诉求自身权利的努力有关。因此，本书整体上也体现出这种片断式的特点。因此，作者若能在每部分前后加上评述性的分析，以凸显前后时代之间的继承与断裂的关系，或许可能会便于读者领会时代与时代之间的关联性。

第三，某些部分还有待深入的分析。比如有关白衣少女与玫瑰节的一节，读后有种让人意犹未尽的感觉。笔者揣测，可能是因为对该议题牵涉的层层关系未能梳理透彻；另外，如果材料允许，玫瑰少女与白衣少女之间的关联性似乎应有进一步的强化。再如"时尚王后"一章对1775年前后玛丽·安托瓦内特形象的转变的原因似乎未作任何交代（《革命与霓裳》第62—63页）。

该书在叙述上似乎颇受法国史学风气的熏染，较为随意，某些部分的前后逻辑关系不够紧密，比如第64页上，作者问道："对王后的批评是否仅仅是针对玛丽·安托瓦内特一人的呢？"但下文并未直接回答这一问题，而是援引雷韦尔的研究简述诽谤文学的发展。

另外，本书的某些表述不太规范，史实陈述不够严谨。比如作者分析三色徽之争时候说道："《最高限价令》等法令对她们（指市场妇女——笔者注）的生活产生了巨大的影响。"（《革命与霓裳》第 119 页）《最高限价令》不是一个规范的术语，根据本段背景，这份法令应当是国民公会在 5 月 4 日颁布的《供给法》（或称《第一次最高限价令》）。[①]

瑕不掩瑜，《革命与霓裳》一书无论在其选材与解读上，还是在方法论上，都有其独到的价值。更何况，在法国革命这样一个学术研究与著述已浩如烟海的领域，作者能在一些具体研究领域做出推进与突破，这本身就是一件值得称道的事。

---

① 《第一次最高限价令》参见 J.-B. Duvergier ed., *Collection complète des lois*, Tome 5, Paris: A. Guyot et Scribe, 1834, pp. 266-268.

附录

帕森斯与哈佛大学"社会关系"系

缘 起

哈佛大学社会学系的历史要从经济学、神学院以及社会伦理学系开始讲起。

从历史上来看，经济学系首先开设了与社会学相关的课程，并设立了社会学的教职。1893 年，爱德华·卡明斯（Edward Cummings）被任命为社会学副教授，并开设了一门关于社会问题的课。1900 年，托马斯·卡弗（Thomas N. Carver）来到哈佛经济学系，他是一位坚定的社会达尔文主义者，支持经济学，否认社会学的独立性。从 1901 年到 1930 年，卡弗开始系统地讲授理论社会学。1902 年，威廉·里普利（William Z. Ripley）担任政治经济学教授，开设了一门关于劳动问题的课。但是，这些课程和别的学科，如心理学、人类学或伦理学之间并无合作，教授们并不认为这些系科之间的交流会有助于理解他们所关注的问题。[①]

哈佛大学神学院基督教伦理学教授弗朗西斯·皮博迪（Francis Peabody）也同样关注社会伦理和社会问题。1883 年，他开始讲授伦

---

① Samuel Eliot Morison eds., *The Development of Harvard University: Since the inauguration of President Eliot 1869 - 1929,* Cambridge, Massachusetts: Harvard University Press, 1930, pp. 191-193.

理学的理论和道德改良（moral reform），这两门课的内容涵盖了劳工和离婚等社会问题。皮博迪有位志同道合的朋友阿尔弗雷德·怀特（Alfred Treadway White）。怀特将毕生的精力和财富都贡献于社会福利。1903 年，他向皮博迪请教，如何保证那些现在还只是身处校园的青年学子毕业后能够服务社会和大众。皮博迪回答说，他有志于系统地开设关于社会伦理的课程，以纠正经济学、政治学、教育学和社会学对社会哲学的问题不够重视的缺陷。不久，校长艾略特（Charles William Eliot）就收到来自怀特的三笔捐助，总计约 25 万美元。在当时这个捐助的额度远非其他任何院系所能想象。这批资金为一个新系的诞生，提供了充实的经济保障。威廉·詹姆士（William James）为这个新生儿取了名字："社会伦理系"（Department of Social Ethics）。[1]

　　社会伦理系的规模不断扩大，1906 年搬入了埃默森大楼（Emerson Hall）。社会伦理系秉持着社会福音运动（the social gospel movement）的精神，课程包括社会问题、犯罪学、刑法学、移民以及农村社会发展等，同时也训练社会工作者。[2]皮博迪的课成功地唤醒了青年学子的社会责任感。不久，杰弗利·布拉凯特（Jeffrey R. Brackeet）从约翰斯·霍普金斯大学来到哈佛，建立起一个专门培养职业社会工作者的学院，即社会工人学院（School of Social Workers）。社会伦理系就是社会学系的前身，但是其宗教和伦理哲学的取向难以

---

[1]　Samuel Eliot Morison eds., *The Development of Harvard University: Since the inauguration of President Eliot 1869 – 1929*, pp. 223-225.

[2]　Edward Shils *The Calling of Sociology and Other Essays on the Pursuit of Learning*, Chicago: The University of Chicago Press, 1980, p. 221.

和一所世俗性的大学相容。[①] 校董会也并不总是会赞成社会工人学院，后来他们决定要建一个新的社会学系。[②]

1930 年，应校长艾米·洛威尔（Amy Lowell）的邀请，皮季里姆·索罗金（Pitirim Sorokin）来到了哈佛担任社会学教授。索罗金出身苏联，1923 年移民到美国，在明尼苏达大学任教，6 年中，出版了 5 部著作。[③] 索罗金的教授编制一开始属于经济学系。1930 年—1931 学年的第一学期末，学校的行政部门批准建立一个独立的社会学系。1931 年 2 月 10 日，社会学系成立，索罗金任系主任，兼并了原来的社会伦理系。这位在 1919—1920 年间创办彼得格勒大学第一个社会学系的人，在 12 年后又成为哈佛大学社会学系的奠基人。

社会学系一开始规模很小，但是发展很快。这与索罗金的努力分不开。他活动力很强，朋友也很多。在他的劝说下，很快，明尼苏达大学卡尔·齐默尔曼（Carl Zimmerman）、威斯康星大学的 W. I. 托马斯和霍华德·贝克尔、科隆大学的利奥波德·冯·维泽，以及约翰·肯尼斯·加尔布雷斯（John Kenneth Galbraith）纷纷加盟。[④] 此外，哈佛大学也允许本校其他院系的教师担任社会学系的专业教师，比如 A. D. 诺克讲授宗教社会学、迪安·罗斯科·庞德讲授法律社会学、谢尔

① 关于社会伦理系的课程及其伦理哲学取向，参见 L. L. Bernard & Bernard, *Origins of American Sociology: The Social Science Movement in the United States*, New York: Thomas Y. Crowell Company, 1943, pp. 614-615.

② Samuel Eliot Morison, *Three Centuries of Harvard, 1636-1936* (The Belknap Press of Harvard University Press, 13ed, 2001), pp. 376-377.

③ Pitirim Sorokin, *Sociology of Revolution*, Philadelphia: Lippinolott, 1925. *Social Mobility*, New York: Harper & Brother, 1927. *Contemporary Sociological Theories*, New York: Harper & Brother, 1928. *Principles of Rural-Urban Sociology*, with Carle C, Zimmerman, New York: Helt, 1929. *A Systematic Source Book in Rural Sociology.*, Minneapolis: University of Minnesota Press, 1930-1932.

④ 刘易斯·科瑟：《社会学思想名家：历史背景和社会背景下的思想》，石人译，中国社会科学出版社，1990 年，第 541-544 页。罗伯特·默顿等，《美国社会学传统》，陈耀祖译，高雄：巨流图书公司，1987 年，第 127-128 页。

登·格吕克讲犯罪学、戈登·奥尔波特（Gordon Allport）讲授社会心理学。1931 年，帕森斯从经济学系转到社会学系，担任讲师。所以，到 20 世纪 30 年，社会学系不仅"名师云集"，而且还有一批十分有活力的年轻学者：乔治·霍曼斯（George Caspar Homans）、罗伯特·K.默顿（Robert K. Merton）、罗根·威尔逊（Logan Wilson）和罗宾·威廉斯（Robin M. Williams）等。这些人日后都是美国社会科学界的顶梁柱。

　　帕森斯虽然只是讲师，但在系里已经很有号召力，这让索罗金很不快。他们两人都是那种强势的人，所以很难相处。帕森斯对索罗金的管理方式不太满意，而后者则"以势压人"。据默顿回忆，帕森斯当了 9 年讲师，最后依靠汉德森等系外人员的强力支持才得以升为副教授，这与索罗金不无关系。[1] 帕森斯对索罗金的不满事出有因。索罗金尽管招揽了大量得力助手，但是不善管理，所以整个系并没有摆脱之前松松垮垮、缺乏组织、缺乏协调的状况。人员管理方面的问题很多。讲授社会理论的是经济学系的卡福（Carver）教授，而社会学系的教员，像心理学家奥尔波特和亨德逊（L. J. Henderson）、政治学家艾略特（W. Y. Eliot）、经济学家盖伊（E. F. Gay）、哲学家佩里（P. B. Perry）、历史学家施勒辛格（A. M. Schlesinger）、人类学家阿尔弗德·托泽（A. M. Tozzer）都是兼职聘任的（joint appointments）。开课的情况更糟糕。除了亨德逊外，其他外聘任教授实际上几乎很少上课。学生经常旷课，比如亨德逊开了两门课，"Sociology 23"的签到数几乎是零，"帕累托的讨论班"也经常只有两三个人来上课。系里的行政事务缺乏妥善管理。索罗金和齐默尔曼是主要负责人，但索罗金和其他大部分教授

---

① Robert Merton, "Remembering the Young Talcott Parsons," *The American Sociologist*, Vol. 15, No. 2 (May, 1980), p. 69.

一样，对行政事务毫无兴趣，结果 1930 年社会学系刚建立时候，有 29 名学生，5 年后也只增加到 81 名。[1]

在帕森斯看来，大量兼职聘任教员的存在、考试制度的松散、课程安排的不合理以及生源的不足，必将严重阻碍社会学系的发展，索罗金的领导无方是主要原因。[2] 他认为，要将社会学系建成一个成熟而且专业的院系，改革课程设置是十分重要的。由于当时经济学系也在给大一的学生上社会学导论课，所以帕森斯认为社会学系应该给大二的学生开设导论课，以突出社会学的研究是专门的研究，而不是业余的兴趣。[3] 可见，帕森斯从一开始，就对社会学之独立性和专业化有着既明确，又坚定的态度。

索罗金曾多次申请辞去社会学系主任一职，1942 年终于得到了批准。社会学系由帕森斯接管，而索罗金逐渐退出了社会学圈子。20 世纪 40 年代，正当哈佛大学社会学改组计划在帕森斯的领带下如火如荼地展开之时，索罗金写信给博克，说道："（这一改组）在很大程度上是，或这时候可能是不幸的……严格说来不可能改变（社会学）理论、课程和教学等方面的任何问题。"[4] 索罗金转而去指导他于 40 年代末建立的"创造利他主义研究中心"（Research Center in

① Tuk- Sang Pyun, *Science, Social Science, and Society: Natural Images in Talcott Parsons's Social Theory*, PhD, Department of the History of Science, Harvard University, 2002, pp. 87-88. Barbara S. Heyl, "The Harvard 'Pareto Circle'," *Journal of the History of the Behavioral Sciences*, Vol 4, No. 4 (Ocober, 1968) pp. 316-334.

② William Buxton, *Talcott Parsons and Capitalist Nation-State: Political Sociology as a Strategic Vocation*, Toronto; Buffalo : University of Toronto Press , 1985, pp. 76, 283-284.

③ T. Parsons, "Sociological Department -Comments," (Parsons Papers, Harvard University Archives, 1930). 转引自 William Buxton, *Talcott Parsons and Capitalist Nation-State: Political Sociology as a Strategic Vocation*, p. 284.

④ P. Sorokin to Buck, Sept, 15, 1945, 转引自 Morton Keller & Phyllis Keller, *Making Harvard Modern: The Rise of America's University*, Oxford; New York: Oxford University Press, p. 92.

Creative Altruism）。研究中心曾意外地收到由礼来基金会（Eli Lilly Foundation）所提供的 10 万美元的捐赠。[1] 但是，当索罗金告诉校长柯南特（James Conant），他想要系统地研究"所有超验之爱的动力"（the energy of all transcending love）。柯南特的答复充满了冷嘲热讽的口吻，"（索罗金的研究）只会为这个已经够混乱的世界再添混乱"。[2] 虽然 1963 年索罗金还被选为美国社会学协会的主席，但这改变不了他生命最后十年中几乎被遗忘的命运。索罗金日渐背离主流的过程恰与帕森斯树立自己的社会学理念及其地位的努力形成鲜明的对照。

筹 备

1939 年，帕森斯获得了终身教职（tenured position）。他写信给校长柯南特，就哈佛大学社会科学的诸多方面陈述了自己的看法。柯南特的回信流露出对学科现状的不满。柯南特似乎不愿意看到经济学系和政府学院继续在社会科学领域中把持支配地位，他认为应该建立一个能够涵盖其他领域的机构。这一想法与帕森斯的念头不谋而合。[3]

现实的发展常常出人预料。1939 年 9 月二战爆发，帕森斯的计划搁浅了。欧洲的战争将学校分成了两大"阵营"：孤立主义或反战组织与那些支持盟军的组织。柯南特和大部分教员都支持后者的立场。[4]

---

[1] 刘易斯·科瑟：《社会学思想名家：历史背景和社会背景下的思想》，石人译，北京：中国社会科学出版社，1990 第，546 页。

[2] Morton Keller & Phyllis Keller, *Making Harvard Modern: The Rise of America's University*, pp. 92-93.

[3] Tuk- Sang Pyun, *Science, Social Science, and Society: Natural Images in Talcott Parsons's Social Theory*, p. 240.

[4] Seymour Martin Lipset & David Riesman, *Education and Politics at Harvard*, New York: McgrawHill, 1975, pp. 173-174.

柯南特认为，美国应该采取各种可能的措施保证击退希特勒，他说："在一个由极权国家统治的世界中，我们还能过上自由、和平、相对不受威胁的生活吗？作为一个国家，我们难道能无视英国为纳粹国家所征服这一事实吗？"①1940 年 6 月 14 日，柯南特接受了卡耐基研究所（Carnegie Institution）主席万尼瓦尔·布什（Vannevar Bush）的邀请，帮助成立一个科学委员会，与白宫合作，进行国防的研究和策略框架（defense research and the strategic framework）来帮助盟军。在哈佛大学内部，柯南特的这一决定引起了众人的批评，认为他忽视了学术工作。诸种情形迫使柯南特将其权力下放，次年任命历史学家保罗·巴克（Paul Buck）担任哈佛第一任，也是唯一一任教务长。国防研究委员会采取了前所未有的行动。与一战时科学委员会（the scientific committee）的情况不同，那时化学家和物理学家都汇聚于政府的实验室，这一次，政府完全将责任交给了大学，还有研究所和工业实验室。这一点即使是柯南特也没有料到。官僚和教授的联姻改变了美国战后的教育。②

帕森斯并不懈怠。1942 年，他再次向柯南特提交了一份计划，要求建立一个"超级"系（a "super" department）。他认为，学科和研究发展的现况足以证明，在一个应用领域中，社会学和其他社会科学技术的集合可以收获丰硕的成果，而先前这些学科却从未这样被加以应用。如果要使这些可能性变为现实，就要解决资金和组织结构的问题。"对我而言，大学应致力于为国家服务……如果一旦资金和机构的问题解决了，我们有可能获得更好的成就。"帕森斯认为，成立这

---

① Richard Norton Smith, *The Harvard Century: The Making of a University to Nation*, Mass.: Harvard University Press, 1998, p. 141.

② Richard Norton Smith, *The Harvard Century: The Making of a University to Nation*, pp. 142-144.

样一个新部门，对战争也有帮助。这份计划充分体现了帕森斯对社会学的学科角色的看法，他认为，第二次世界大战充分表现了时代的危机，这个危机与其说是政治性的，不如说是社会性的，也就是西方的思想、文化乃至整个欧美文明的危机，因此必须通过某种制度或机构，重新恢复对文明和文化的信心，重振文明的力量。帕森斯认为，在美国，哈佛大学有责任承担这样的使命，而且也有能力承担。[①]

但是，柯南特似乎无暇顾及校内事务。数次交涉的失败使帕森斯对哈佛大学的状况有些失望。但是到了 1943 年，又有了转机。博克升任为哈佛大学文理教授会（the Faculty of Arts and Sciences）主席，他对校内事务更有热情。上任不久，博克便任命帕森斯出任战务统辖和国际行政管理（the Committee on Military Government and International Administration Official）兼职官员。帕森斯十分高兴，感到这是自己实现一名社会学家职责的时机。他几乎将全部的工作时间都投入进去了。[②] 这一段时间内他还忙于海外行政管理学院（the School of Overseas Administration）的教学和研究事务，在这个学院里与他一起工作的还有人类学家克拉德·克拉克洪（Clyde Kluckhohn）。1948 年克拉克洪成为刚成立的哈佛苏联研究中心（the Harvard Russian Research Center）的主任，而帕森斯也是其积极缔造者之一。

1943 年 2 月 24 日，博克召集了一个餐桌会议。与会者来自社会科学的不同领域，其中有克拉克洪、心理学家亨利·莫瑞（Henry Murray）、心理学家霍巴特·莫勒（Hobart Mowrer）、心理学家奥

[①] Tuk- Sang Pyun, *Science, Social Science, and Society: Natural Images in Talcott Parsons's Social Theory*, pp. 244-245.

[②] Uta Gerhardt, *Talcott Parsons: An Intellectual Biography*, Cambridge; New York: Cambridge University Press, 2002, pp. 136-137.

尔波特以及帕森斯。会议的议题是关于战后哈佛本科生教育的改革问题。这五个人提议博克任命一个特别的委员，重新评估各个社会科学部门中的课程设置以及行政组织的管理情况，尤其是那些发展很快的部门。他们提醒博克，其他大学也正在进行类似的尝试，比如耶鲁的人类关系中心（Institute of Human Relations）和芝加哥的人类发展委员会（Committee on Human Development）。他们认为，现有的系科界限已经阻碍人们获得各种综合知识（integrated knowledge）。不论哈佛愿不愿意成立相似的机构，也应该思考类似的问题。他们认为，在战后现有的系科结构（departmental structure）将完全不合时代要求，不符合跨学科研究和教育的要求。

1943 年 6 月 11 日，博克任命这些人组成了一个非正式的委员会，并要求他们直接向自己汇报工作。他说，任何机构重组都会遇到的困难，但是仍"希望你们对我这次重建并努力完善哈佛教育结构的尝试有信心"。

这个非正式委员会花了 4 个月的时间起草一份报告，并在 1943 年10 月某天递交给了博克。这份题为《哈佛大学社会科学重组》（*Reorganization of the Social Sciences at Harvard*）的报告，清晰反映了帕森斯式的社会学观念与措辞，只关注社会学、心理学与人类学之间的整合，完全没有把经济学、历史学和政治纳入考量范围。"在我们看来，最为致命的误解乃是社会科学每个部门'分支'在整个科学体中都具有同等重要性——每一分支都是独一无二的、支配性的'科学'，这一误解乃为当前这所大学以及其他大学中的部门组织形式所催生。我们并不质疑在这一庞杂且复杂的领域中劳动分工的必要性；但是当前划分界限及处理不同领域间相互关系的做法是有害的。可这种弊端是能够加以避免的。通过一种更为宽泛的标准，我们从这一处理社会关系中人的行动的复杂整体中划分出了三种主要的学科类型。"

这份报告对历史学、政治学和经济学只是轻描淡写地稍加提及，主要讨论社会科学对于历史学和经济政治学（econopolitical）的基础性作用，其理由乃是报告的起草者认为社会学处理的问题和对象正是其他学科所预设的基本前提。基本知识之间的界限不能以现有的部门界限为依据，而是以整个处理制度社会学和比较社会学、处理社会和临床心理学以及社会和文化人类学中的基础和概念为前提。近来，整个基础社会科学知识（basic social science knowledge）已经发展到了一个相对成熟的阶段。这份报告的结论是：基础社会科学已经成为"社会领域的核心，可比解剖学、物理学和生物化学在生物学中的地位"。此外，既然在这一趋势中哈佛大学处于落后而非领先的地位，那么基础社会科学的迅速成长和整合的新阶段就应该成为哈佛大学社会领域中的教学和研究的基础部分的组织焦点，这是必要的也是可行的。[①] 这份报告可看成是后来"社会关系系"成立的宣言书。此后，帕森斯在哈佛大学推进社会科学改组的努力显得更为顺利了。

1943 年下半年，帕森斯被邀请参加于次年春天在纽约召开的一个跨学科的讨论会。讨论会是由纽约城市学院（the College of the City of New York）的加德纳·墨菲（Gardner Murphy）和美国科学促进会（the American Association for the Advancement of Science）的常任秘书

---

① Nils Gilman, *Madarins of the Future: Modernization Theory Cold War America*, Baltimore: The Johns Hopkins University Press, 2003, pp. 76-77. Tuk-Sang Pyun, *Science, Social Science, and Society: Natural Images in Talcott Parsons's Social Theory*, pp. 247-250.

摩尔顿（F. R. Moulton）主持的。召开这个会议的目的是要讨论科学在其普遍哲学及其实践层面上的统一，以及科学作为一项普遍的事业推进全球和平的途径。在此，科学被视为一套统一的方法（a universal method），一种思考和行动（thinking and acting）的方式，将重新塑造非生物的世界（the nonliving world）、生命科学，以及对人类和社会关系的研究。许多人类学家、经济学家、政治学家、心理学家和社会学家曾采用旧式科学的系统化的方式（systematized methods of the older sciences）。社会科学被认为继承了物理学和生物学的方法和标准，要提升其地位，提高其有效性。人们认为所有的物理学家、生物学家和社会科学家能一起维持科学的标准。会议旨在为所有科学的统一化提供理论依据，并指导致力于社会和全球秩序的方式。[①]

1944 年春天，帕森斯收到美国西北大学的一份"厚礼"。这一年西北大学得到了一大笔捐赠，它希望能拓展本校的社会学系，于是决定授予帕森斯以系主任和全职教授的职称。这对帕森斯来说可是一个等待了很久却一直没有实现的机会。"系主任"和"全职教授"就能完全保证他可将自己的才能和雄心付诸实践："我很清楚，仅仅就是涨点工资，……而没有组织上的变化是不行的。我宁愿去西北大学。"[②]不久，他就坐车前往芝加哥。然而令人惊奇的巧合发生了。博克也乘坐着同一辆火车。一路长谈，博克终于挽留住了帕森斯，条件是帕森斯得到了他在哈佛大学向往已久的东西。[③] 要是没有这次巧合，哈佛大

---

① Tuk- Sang Pyun, *Science, Social Science, and Society: Natural Images in Talcott Parsons's Social Theory*, pp. 252-253.

② Ibid., p. 257.

③ Morton& Phyllis Keller, *Making Harvard Modern: The Rise of America's University*, p. 92. Gordon Allport and Edwin Boring, "Psychology and Social Relations at Harvard University," *American Psychologist*, Vol. 1, No. 1 (April., 1946), pp. 119-122.

学社会学系的历史很可能就被改写了。

"火车会议"之后不久，校长柯南特和教务长博克经过商量，一致同意，如果帕森斯决定留在哈佛大学，那么从 1944 年 7 月 1 日开始就聘他为全职教授，并任命他为社会学系的主任，授权帕森斯协调和计划合并其他两个系的相关事宜。①

但是，帕森斯还必须得到教师会的支持，他需要动员一切力量来营造一个适宜的环境。他继续与那些在哈佛大学行政系统中有影响力的人保持联系。他认为，哈佛的现状不能令人满意，因为社会科学的重组尚未取得正式的成就，相关的努力也大多采取非正式的形式。但是，他也觉察到"一个突破性的机会即将到来，所以我想我们能够期待在不久的几年中会有很大的发展"。②此外他希望能将波士顿作为社会学研究职业化的扎实的根据地。这样的做法很明显是以芝加哥大学社会学系为榜样的。

1945 年春天，博克让帕森斯去访问几所正在进行跨学科研究的重要大学及研究中心。帕森斯走访了耶鲁大学的人类关系中心、哥伦比亚大学的应用社会研究处（the Columbia Bureau of Applied Social Research）、北卡罗来纳大学的社会科学研究中心（the North Carolina Institute for Research in Social Science）等，并提交了一份报告，提出在 1945—1946 学年中成立一个新的"超级院系"，其委员会由帕森斯本人担任主席。③

---

① Tuk- Sang Pyun, *Science, Social Science, and Society: Natural Images in Talcott Parsons's Social Theory*, pp. 257-258.

② Ellen Condliffe Lagemann, *The Politics of Knowledge: The Carnegie Corporation, Philanthropy, and Public Policy*, Chicago and London: The University of Chicago Press, 1992, p. 163.

③ Ellen Condliffe Lagemann, *The Politics of Knowledge: The Carnegie Corporation, Philanthropy, and Public Policy*, p. 168.

1945 年末柯南特回到了校园，继续担任校长。战争给大学带来的不小的变化。全国范围内大学和学院大约招收了 230 万退伍军人，战后 3 年半中哈佛大学总共招收了 6 万余名军人。"学生潮"迫使教师更新他们的教学方法和教学理念。战后几个教授合作教学的方式取代了战前个人教学的方式，这不能不说与战争期间诸多跨学科合作研究的尝试有关。现在大多教授都"信奉"经济学和社会学，而冷落了生物学。①

这样的情形对帕森斯是有利的。他的跨学科合并计划及其教学理念受到了社会学系、心理学系和人类学系的支持。经过一系列的讨论，1946 年 1 月 29 日文理教师会全票通过成立社会关系系，并授权其负责指导社会学、社会心理学和临床心理学以及社会人类学。新成立的社会关系系位于哈佛大学的艾默生大楼里。一开始帕森斯希望这个新的院系取名为"人类关系"系（the Department of Human Relations），却遭到了教师会的反对，原因有两个，首先这一名称已为当时耶鲁大学所采用，其次与会的历史系、经济学系等院系代表认为"人"是他们研究的对象，新系起码在名义上不能侵犯他们的"领地"。经过一番讨论，最后决定采用"社会关系系"这个名称。②

社会关系系

社会关系系的缔造者除了帕森斯本人以外，还有来自心理学系的

---

① Richard Norton Smith, *The Harvard Century: The Making of a University to Nation*, p. 169.
② Nils Gilman, *Madarins of the Future*, p. 77. George Caspar Homans, *Coming to My Senses: the Autobiography of a Sociologist*, New Brunswick, N.J.: Transaction Books, 1984, p. 294.

奥尔波特教授和莫雷博士，以及人类学家克拉克洪。这些人有共着同的经历，也有着共同的兴趣。

首先，除了克拉克洪以外，其他人在他们原先的院系中基本处于边缘位置，社会关系系给他们提供了走向了学科和权力中心位置的机会。奥尔波特研究的领域是人格和社会心理学（personality and social psychology），心理学家斯蒂文森（S. S. Stevens）和行为主义者斯金纳（Fred Skinner）认为这些都不是科学研究的对象。而且奥尔波特和系主任埃德温·博林（Edwin G. Boring）关系很不好，有很长一段时间他们几乎没有面对面说过话。莫雷所推行的弗洛伊德及新弗洛伊德的研究（Freudian and neo-Freudian research）也被同行们看成是"软心理学"科学（"soft psychology"），要不是家财雄厚，莫雷或许真的很难再待下去了。[1]

另外，第二次世界大战期间，这些学者之间就有过合作的经历和跨学科教研的经验。1943 年，帕森斯、克拉克洪和奥尔波特都曾在海外行政管理学校工作。帕森斯还和克拉克洪一起开设了一门关于意大利的家庭、传统和习俗的课。[2] 战争期间，奥尔波特完成了其重要著作《偏见的性质》（*The Nature of Prejudice*），在其所感谢的思想及学术挚友中就有帕森斯。[3]

就帕森斯本人而言，20 世纪 30 年代到 40 年代也是其个人思想的转型的重要阶段。一方面，他在为实现其社会学的理想，为实现自己作为社会学家的价值忙碌奔走，另一方面，他的思想和学术旨趣也

① George Caspar Homans, *Coming to My Senses: the Autobiography of a Sociologist*, p. 295.

② Uta Gerhardt, *Talcott Parsons: An Intellectual Biography*, pp. 109, 145,146.

③ Gordon W. Allport, *The Nature of Prejudice*, Reading, Mass.: Addison Wesley, 1954, p. xx. 转引自 Uta Gerhardt, *Talcott Parsons: An Intellectual Biography*, p. 146.

经历了关键性的转变。1937 年，他完成了《社会行动的结构》（*The Structure of Social Action*），这可以看成是他从欧洲受训以来思想历程的一个总结。但是，此书所展现的社会行动的概念基本上还只是一个抽象的社会学范畴，并不能用于分析社会进程或是特定社会行动的结构。20 世纪 30 年代中期以后，他和社会学家劳埃德（W. Lloyd）和埃尔顿·梅奥（Elton Mayo）有密切的交往。梅奥是第一个促使他关注弗洛伊德思想的人。弗洛伊德的思想以及更为广泛的心理学的阅读促使帕森斯从他在《社会行动的结构》中所阐述的行动理论出发，进一步探索有关行动的社会系统的结构功能理论（the structural- functional theory of social systems of action）。[①]1951 年，《社会系统》（*The Social System*）和《迈向行动的一般理论》（*Toward a General Theory of Action*）问世，标志着帕森斯形成了自己独特的理论体系。[②] 转变的另一迹象是他告别了经济学，不再是熊彼得的信徒，而对心理学产生了兴趣，因此他同克拉克洪、奥尔波特和莫雷之间有了更加一致的兴趣，他们都很关注人格、文化和社会这三者之间的关系，并试图形成一套完整的解释理论。1953 年克拉克洪、莫雷等人合编的论文集《自然、社会和文化中的人格》（*Personality in Nature, Society, and Culture*）就体现了这一旨趣。[③]

社会关系系的教员除了先前社会学系的所有教师外，还有来自

[①] Peter Hamilton, *Talcott Parsons*, Chichester: E. Horwood, 1983, pp 83, 100-104, p. 110.

[②] T. Parsons, *The Social System*, New York: Free Press, 1937. *Toward a General Theory of Action*, editor and contributor with Edward Shils, Cambridge, Mass.: Harvard University Press, 1951. 关于帕森斯这一思想转变的分析参见 J. Finlay Scott, *American Sociological Review*, Vol. 28, No. 5 (Oct., 1963), pp. 716-735.

[③] George Caspar Homans, *Coming to My Senses*, p. 294. Clyde Kluckhohn, Henry A. Murray & David M. Schneider eds., *Personality in Nature, Society, and Culture*, 2nd ed, New York: Knopf, 1953。这本论文集收入了 T. Parsons 的文章 "Illness and the Role of the Physician: A Sociological Perspective."

人类学系的社会人类学家和心理学系中的那些人格心理学家和社会心理学家。原先的社会学系不复存在了，而人类学系只剩下了那些心理人类学家和考古学家，心理学系只留下了体质心理学家（the physical psychologists）和实验心理学家。[1] 事实上，社会学系在这一合并过程中收益最大。那时社会学系尚有两个空缺的教席，1945—1946 学，乔治·霍曼斯和萨缪尔·斯托弗（Samuel Andrew Stouffer）来到了社会关系系。博克视斯托弗为哈佛社会科学发展中不可或缺的人选。后来，斯托弗执掌了社会关系实验室（the Laboratory of Social Relations）的主任一职。霍曼斯成为 50 年代以后哈佛大学历史社会学的领军人物，查尔斯·梯利（Charles Tilly）就师出其门。[2]

社会关系系的教员并不都在艾默生大楼里办公。一些人类学的教授住在皮博迪大楼（the Peabody），克拉克洪、阿列克斯·英克尔斯（Alex Inkeles）和巴林顿·摩尔在苏联研究中心办公；斯托弗、霍曼斯、帕森斯、心理学家奥尔波特、理查德·所罗门（Richard Solomon）和热诺姆·布鲁纳（Jerome Bruner）等人在埃默森楼里办公。

社会关系系的教研理念体现了帕森斯对社会科学的现状以及社会学的使命的看法。帕森斯认为，19 世纪以后，社会理论的最终目标就是要建设一种总体性的综合理论，而其"事业的核心目标就是构想一套概念框架，能够吸收所有社会行为的分析性知识，从而打破社会科学的部门分立"。[3] 现在或许正是实现这一目标和理想的时候。1944 年，

[1] George Caspar Homans, *Coming to My Senses*, p. 293.

[2] 丹尼斯·史密斯：《历史社会学的兴起》，周辉荣等译，上海：上海人民出版社，2000 年，第 15-19 页。

[3] Charles Camic, "The Making of a Method: A Historical Reinterpretation of the Early Parsons," *American Sociological Review*, Vol. 52, No. 4 (Aug., 1987), p. 423.

帕森斯就是以这样的口吻给博克写了一封信："一场伟大的科学革命正在快速聚集能量。我以自己所有的职业声望担保，这必将是当代科学思想中最伟大的运动。"[①]抱有这样信念的不仅仅是帕森斯一人，事实上可以这样说，当时整个社会关系系中充满了这种激情以及神圣的使命感。社会心理学家戴维·麦克里兰（David McClelland）说道："我们正经历着一个伟大的时代，……我们以必将能造福于人类的方式促进基础社会科学的发展。"[②]克利福德·格尔茨后来也回忆道：社会关系系的目标就要从创造一种等同于牛顿体系的社会系统。[③]

社会关系系想要塑造一种关于社会以及人类行为的普世的、一般性的科学，因此，跨学科的合作研讨就是达成这一目标的必要手段。当时社会关系系普遍采用研讨会和研讨班相结合的教学方式。由于招收的学生来自不同的专业，所以要求每一届学生第一年都要参加系里的研讨会（proseminar）。这样的研讨会每周召开一次，由几位教授主持。每次研讨会上，教授们按要求要介绍各自领域中的重要学者及其著作思想，并对现行的理论进行分析评价。马克斯·韦伯、阿尔弗雷德·韦伯、埃米尔·涂尔干、乔治·米德成为学生耳熟能详的人名。但是，几乎没有人提起卡尔·马克思和凡伯伦的名字。到了学年期末，还有考察学生跨学科知识的测验。这次考试对学生将来进行自己的研究很关键，因为研讨会和考试的目标就是要让学生们找到适合自己问题的方式与视角。"社会关系"系至少涵盖了四个不同的专业，按要求，每一专

[①]　Talcott Parsons to Paul H. Buck, April 3, 1944, 转引自 Gilman, *Madarins of the Future*, p. 78.

[②]　David C. McClelland, *Motives, Personality, and Society: Selected Papers*, New York: Praeger Publishers, 1984, p. 18.

[③]　Clifford Geertz, *After the Fact: Tow Countries, Four Decades, One Anthropologist*, Cambridge: Harvard University Press, 1995, p. 100.

业至少要举行两场这样的研讨会。那时像英克尔斯、摩尔这样的人还没有资格担任研究会的主持，常常与学生会面的是帕森斯、克拉克洪、莫雷这些资深教授。①

研讨会的主题主要是抽象意义上的社会科学范畴和概念，内容范围主要包括科学的本质、物理学和社会科学的区别、社会科学的基本假设、基本的概念、命题和假设、价值问题以及社会科学的应用问题等，所要求阅读的著作也主要围绕着科学的性质、社会科学的概念、命题和理论这样一些基本问题。比如 1948 学年的研讨会所制定的大纲就包括以下 8 个方面的内容：1. 科学的形成：现实和科学的语言；不同概念图式的决定因素及其结果；价值的尺度；物理学和社会科学的区别。2. 基本社会科学的假设。3. 界定基本概念。4. 基本的命题和假设。5. 当前理论的分析和评价。6. 策略性问题。7. 社会科学和价值范畴。8. 社会科学的应用。同样，这一学年所要求的阅读书目中就列举了像柯南特的《论理解科学》（*On Understanding Science*）和诺斯若普（F. S. C. Northrop）的《科学及人文学科的逻辑》（*The Logic of the Sciences and the Humanities*）这类著作。② 学生们也有自己的研究小组。他们三五成组，彼此分工，按照教授的要求分工阅读，提供著作的概要、心得，并做总结。不同研究小组之间还会互相交换讨论报告。这些报告被当时的学生形象地称为"汉堡包"（hamburgers）。③

贯彻这些研讨会和研究小组的指导方针是所谓的"基础社会科学"

---

① Arthur Vidich, "The Department of Social Relations and 'Systems Theory' at Harvard: 1948-50," *International Journal of Politics, Culture, and Society*, Vol. 13, No. 4 (Summer, 2000), pp. 616-617.

② Arthur Vidich, "The Department of Social Relations and 'Systems Theory' at Harvard: 1948-50," pp. 619-620.

③ Arthur Vidich, "The Department of Social Relations and 'Systems Theory' at Harvard: 1948-50," p. 618.

（Basic Social Science，下面简称为 BSS）的观念。BSS 就是能适用于社会关系系各门学科的一套命题，因此从学科归属上来看，BSS 涵盖了社会关系系的四门学科，即社会学、社会人类学、社会心理学和临床心理学，其研究对象是作为物种的人（the species man）、人类所创建的文化以及作为个体的人。BSS 与其他学科的区别有两点：首先，BSS 所阐述的"共同理论体系"正是像历史学、经济学和政治学这些学科赖以依赖和进行研究的理论前提；其次，BSS 是纯理论的，是非历史性的，经济学、政治学正是由于其历史性而有别于 BSS。

这一思想十分清晰地体现在 1951 年出版的《迈向行动的一般理论》中。这本论文集是 1949 年到 1950 年一系列研讨会的成果。这一年左右的研讨会得到了卡内基公司的赞助，因而被称为"卡内基系列研讨会"（the Carnegie seminar series）[①]。文章作者包括帕森斯、克拉克洪、莫雷和奥尔波特，还有加州大学的爱德华·托尔曼（Edward C. Tolman）芝加哥大学的社会学家爱德华·西尔斯。论文集开篇即言本卷书"致力于建设社会科学的一般理论"（a general theory in the social sciences）。[②] 个体及群体的行动（action）便是社会科学理论化的出发点。在帕森斯看来，所有的社会科学或是人文科学都在各自不同的经验层面上研究人的行动，因而都是"行动的"科学。[③] 社会科学的目标便是揭开人类行为的动机，最终便能达到对事件的科学预测以及控制。经济学是行动理论的一部分，政治学则更有可能从行动理论所涵盖的

[①] Peter Hamilton, *Talcott Parsons*, p. 43.

[②] Talcott Parsons and Edward A. Shils eds., *Toward a General Theory of Action*, Cambridge: Harvard University Press, 1951, p. 3.

[③] Peter Hamilton, *Talcott Parsons*, p. 86.

诸多因素中推演出来，并将行动因素与特定经验利益联系起来。①《迈向行动的一般理论》是社会关系系合作研究的重要成果。同年，帕森斯出版了他的第二本重要著作《社会系统》（*The Social System*）。从《社会行动的结构》到《社会系统》，这标志着帕森斯根本性的理论转变，这与社会关系系中多学科的氛围是分不开的。

解　散

但是就现实的状况而言，无论是"基础社会科学"理念，还是《迈向行动的一般理论》所倡导的"一般理论"，似乎都不能在方法论和理论上给社会关系系提供某种明确的一致性。知识整合的理念伴随的却是现实中的思想冲突和各行其是。帕森斯之形式社会学（formal sociology）和克拉克洪对纳瓦霍人的经验研究有所冲突，而莫雷则代表了心理分析和对荣格心理学的兴趣，他时不时地会在研讨会上讥讽一下所谓的系统社会学观念。斯托弗一直就坚信统计学。而另一些人，如索罗金、霍曼斯、英克尔斯、摩尔、奥尔波特也有各自的兴趣所在。在后来的回忆中，霍曼斯说："我们每个人还是按照自己所喜欢的方法进行研究。对我而言倒是让我熟知了那些以前只闻其名的方法。"②

社会关系系更像是一群"相对不联通的小群体"（several relatively noncommunicating segments）。由斯托弗主掌的社会关系实验室也没有成为"思想的工厂和训练场"（intellectual factory and drill ground），它渐渐地从实验室成为一个行政团体，有其小规模的计划，

---

① Talcott Parsons and Edward A. Shils eds., *Toward a General Theory of Action*, pp. 28, 29.
② George Caspar Homans, *Coming to My Senses*, p. 297.